ANDERS REISEN

HERAUSGEGEBEN VON LUDWIG MOOS UND MANFRED WAFFENDER

Anders reisen heißt, sich einzulassen auf das tägliche Leben anderswo, zu lernen, welche historischen Wurzeln und gegenwärtigen Bedingungen es hat. Die soziale Isolation und politische Enthaltsamkeit des Touristen aufzuheben, die fremde Wirklichkeit unverstellt und mit Lust zu erleben, hat verändernde Kraft über die Reise hinaus.

Wer möchte das nicht gerne: unterwegs in Frankreich mit den Franzosen wirklich französisch reden. Herkömmliche Sprachführer, die ausgerichtet sind auf touristische Probleme wie Hotel, Post und Restaurant lassen einen da bald im Stich. Und im Unterricht haben wir anderes gelernt als die Alltagssprache: zuviel Grammatik und den gehobenen Ton eines idealen Mittelstandes.

Das «Sprachbuch Frankreich» setzt Grundkenntnisse voraus und liefert alles Wissen, das man für den wachen Umgang mit einer widersprüchlichen Wirklichkeit braucht. Es folgt den Interessen eines «anders Reisenden» und macht in lebendigen Text/Bild-Montagen mit unterschiedlichen Milieus und konkreten Situationen vertraut. Und es baut Sprechhemmungen ab, indem es Zustimmung, Widerspruch und Gefühle artikulieren hilft.

ISABELLE JUE

NICOLE ZIMMERMANN

SPRACHBUCH FRANKREICH

Cartoons Erich Maas
Layout Studio Sign / Hartwig Jung

rororo

ROWOHLT

INHALT

Originalausgabe
Umschlagentwurf Studio Sign / Hartwig Jung
Veröffentlicht im Rowohlt Taschenbuch Verlag GmbH,
Reinbek bei Hamburg, Mai 1984
Copyright © 1984 by Rowohlt Taschenbuch Verlag GmbH,
Reinbek bei Hamburg
Satz Times und Helvetica (Linotron 202)
Gesamtherstellung Clausen & Bosse, Leck
Printed in Germany
1280-ISBN 3 499 17520 7

GEBRAUCHSANWEISUNG

Dies ist kein Buch für Leute, die bei ihrem Frankreichurlaub einfach nur praktisch zurechtkommen wollen. Um ein Hotelzimmer zu reservieren, im Restaurant zu bestellen, nach dem Weg zu fragen oder einzukaufen, genügt die Kenntnis einiger Redewendungen, eines «français touristique», das man in den üblichen Sprachführern findet. Dies ist auch kein Buch für Leute, die noch kein Französisch können, denn es setzt die Kenntnis der wichtigsten grammatikalischen Regeln und des «Français fondamental» voraus, wie sie in der Schule, an Volkshochschulen und in den meisten kommerziellen Sprachkursen vermittelt werden (mehr über einschlägige Lehrmethoden im Anhang, Seite 194). Das «Sprachbuch Frankreich» fängt da an, wo herkömmliche Sprachführer und traditionelle Unterrichtsmethoden aufhören. Es geht näher heran an die Wirklichkeit, gemacht für alle, die die Franzosen und die von ihnen tatsächlich gesprochene Sprache verstehen wollen, die wissen wollen, was in Frankreich vor sich geht und was die Franzosen denken, die einen tiefergehenden und persönlicheren Kontakt suchen und die Erfahrungen austauschen wollen.

Vermutlich haben die meisten schon erlebt, daß sie auch nach einigen Jahren Fremdsprachenunterricht nicht in der Lage waren, im Land selbst mit einer alltäglichen Situation sprachlich zurechtzukommen, eine Radiosendung zu verstehen oder einen lockeren Zeitungstext voll zu erfassen. Denn bis die Wörterbücher und Sprachkunden auf die lebendige Umgangssprache reagiert haben – sofern sie es überhaupt tun und sich nicht ausschließlich an der gehobenen Schriftsprache ausrichten –, ist sie schon längst wieder ein großes Stück weiter. Zudem ist das Französische – und auch darauf nehmen die herkömmlichen Sprachführer kaum Rücksicht – eine Sprache mit vielen Gesichtern. Es gibt zahlreiche Ausdrucksebenen, je nach sozialem Milieu, Alter, Gegend, Beruf, Stellung. Bestimmte Gruppen neigen überdies zu einer eigenen Sprache aus neuen Wörtern, ungewohnten Bildern, besonderen Regel (zum Beispiel das «verlan», bei dem die Silben der Wörter umgestellt werden: «meuf» für «femme»; oder das Anfügen eines x ans Wortende: «l'autox» oder «le cafex» ...) – ein Erkennungscode, mit dessen Hilfe man sich von anderen abgrenzt und ein Zugehörigkeitsgefühl schafft. Das geht bis zum Argot, dessen Verwendung dem Nichteingeweihten das Verstehen gerade unmöglich machen soll.

Trotz dieser Vielfalt der Ausdrucksformen, der Formen sprachlicher Verwirklichung des einzelnen, verstehen die Franzosen einander. Es gibt ein Standardfranzösisch, das in der Sprachgemeinschaft die konstanten Formen des Lebens der Menschen und der Gesellschaft widerspiegelt und als Kommunikationsinstrument dient. Diese Sprache ist nicht homogen: Da ist einerseits die familiäre Sprache, die in der Familie, unter Freunden und in der Intimität benutzt wird – eine spontane, wenig reflektierte Sprache, die von der Populärsprache beeinflußt wird. Auf der anderen Seite steht eine gepflegte offizielle Sprache, die sowohl geschrieben als auch gesprochen wird und von der literarischen Sprache beeinflußt ist. Und zwischen beiden bewegt sich die Populärsprache, eine Umgangssprache für den Alltag, die in allen Situationen gebraucht werden kann. Der Franzose bedient sich dieser verschiedenen Sprachebenen ganz selbstverständlich und geht je nach der Situation, dem Gesprächspartner oder ganz einfach seiner Stimmung von der einen zur anderen über. Er weiß, unter welchen Umständen er welches Sprachregister ziehen kann. Benutzt dagegen ein Ausländer dieses Register falsch, sind die Franzosen schockiert.

Will man mit dem Mann/der Frau auf der Straße wirklich sprechen, muß man auch die familiäre und populäre Sprache kennen, denn das ist die Sprache, die er/sie benutzt. Wenn man bestimmte Schlüsselwörter nicht versteht, läuft man Gefahr, den Sinn des Gesagten nicht zu verstehen, es sei denn, man bittet seinen französischen Gesprächspartner, das Register zu wechseln, was für diesen bedeutet, daß er sich kontrollieren muß und weniger spontan sein darf. Gerade diese Populärsprache ist es, die meist in den Sprachbüchern fehlt. Vergeblich sucht man dort die idiomatischen Wendungen, die gebräuchlichsten Wörter, die vorgefertigten Ausdrücke, die Witze, die Anspielungen, die Abkürzungen, die Ausrufe, die die gesprochene Sprache kennzeichnen.

Das «Sprachbuch Frankreich» legt den Schwerpunkt auf die familiäre und populäre Sprache; es berücksichtigt die gebräuchlichsten Ausdrücke, die in der gesprochenen Sprache verwendeten Ausrufe und Einschübe sowie die gängigsten Zusammenziehungen und Abkürzungen. Ausgehend von der Voraussetzung, daß der Leser, was Wortschatz und Grammatik angeht, bereits über die Elemente des «Français fondamental» verfügt, sind alle dazu gehörenden Worte und Wendungen unübersetzt geblieben, und wir haben auch keine grammatikalischen Regeln erklärt. Im übrigen stehen bereits genügend Grammatiklehrbücher zur Verfügung, so daß wir eine Behandlung dieses Bereichs nicht für erforderlich halten.

Um die Franzosen zu verstehen, muß man auch wissen, wovon sie reden. So kann es passieren, daß man zwar die meisten Wörter einer Unterhaltung versteht, aber trotzdem nicht erfaßt, um was es geht, weil sich die Teilnehmer auf eine Erfahrung oder ein Wissen beziehen, über die man selbst nicht verfügt. Andererseits kann man auch mit beschränkten Sprachkenntnissen einer Diskussion folgen, wenn man weiß, worum es geht. Bei der Wahl der Themen, die sprachlich behandelt werden, haben wir uns an den Interessen eines «anders Reisenden» orientiert: Alltag, Politik und Gegenpolitik, Kultur von unten.

Das «Sprachbuch Frankreich» ist Sprachbuch und Landeskunde zugleich, aber weder ein herkömmlicher Fremdenführer (keine Hinweise auf Sehenswürdigkeiten) noch ein traditioneller Sprachführer (kein Dialog mit dem Zimmerkellner). Es ist eine imaginäre Reise durch Frankreich, zu typisierten Orten und Milieus. Den Arbeitsplatz haben wir ausgeklammert – was überraschen mag –, denn wer durch Frankreich reist, wird kaum Gelegenheit haben, ein Büro oder eine Fabrik von innen zu sehen. Dagegen haben wir das «Zuhause» der Franzosen einbezogen, obwohl auch hier gewisse Voraussetzungen (vorheriger Kontakt, Einladungen) erfüllt sein müssen. Die «banlieue» gehört ebenfalls nicht zum üblichen Besuchsprogramm, aber sie ist der Nährboden für viele Probleme und für eine spezifische Sprache, die man auch andernorts in weniger ausgeprägter Form wiederfindet. Dabei haben wir auch die praktische Seite nicht vergessen: Was muß man wissen, um im Fall einer Panne oder am Telefon zurechtzukommen oder mit Situationen fertig zu werden, in denen man sich verteidigen muß, eine Bekanntschaft machen will, jemanden los werden möchte.

Jedem Ort entspricht ein Sprachtyp. Jeder Ort bedingt einen eigenen Gesprächsstil, der eine je unterschiedliche Form der Beziehung herstellt. In einem Pariser Bistrot knüpft man ein Gespräch anders an als mit einem Bauern auf dem Land. Weder Sprache noch Gesprächsthemen sind die gleichen. Die ausgewählten Themen und die verwendete Sprache entsprechen der französischen Alltagswirklichkeit. Es ist die Sprache des Durchschnittsfranzosen, der Jugendlichen, der Intellektuellen, der Randgruppen, der Hausfrauen, der Bauern. Wir haben uns bemüht, nah an der französischen Lebenswirklichkeit zu bleiben: Das ergibt nur selten ein harmonisches, idyllisches Bild. Die in den Dialogen gebrauchte Sprache ist häufig direkt, brutal, banal, aber auch gewählt. Die Texte sind oft in einem bestimmten journalistischen Stil geschrieben, um einen Zugang zur Lektüre fortschrittlicher Zeitungen wie «Libération» oder «Le Monde» zu verschaffen, und weil dies eine Sprache ist, die unmittelbar zu den aktuellen Themen paßt.

Will man persönliche Kontakte haben, so muß man sich auch persönlich und emotionell in die Beziehungen zu den anderen einbringen, das heißt, seine Gefühle ausdrücken können und wissen, wie man in Frankreich Gefühle äußert. Wenn man nicht weiß, wie man Wut, Bewunderung, Sympathie oder Antipathie ausdrückt, werden die Beziehungen wohl sehr oberflächlich bleiben. Ebenso wichtig ist es, unter Beachtung der von Franzosen befolgten Regeln seiner Meinung Ausdruck geben zu können. Die dazu notwendigen Wörter und Wendungen, die in den Texten vielfach vorkommen, sind deshalb am Ende des Buches noch einmal systematisch nach Situationen zusammengefaßt.

Bestimmte Wörter und Wendungen können in einem Zusammenhang vulgär, in einem anderen dagegen durchaus akzeptiert sein. Beispiel: «en avoir plein le cul» ist ein grober, «cul-de-sac» dagegen ein gebräuchlicher Ausdruck.

Für einen Ausländer ist es schwierig, sich auf den unterschiedlichen Sprachebenen zu bewegen. In manchen Fällen wird der Gesprächspartner vielleicht nur belustigt sein, in anderen Fällen dagegen schokkiert. So ist es nicht ratsam, als Gast bei einer Familie nach den «chiottes» zu fragen. Um derartige peinliche Situationen zu vermeiden, haben wir bei den Übersetzungen jeweils angegeben, ob das Wort familiär ⟨ ⟩ oder vulgär ⟨!⟩ ist. Auf alle Fälle ist es zwar nützlich, die Bedeutung familiärer Wörter oder Wendungen zu kennen, doch sollte man sie selbst nur dann gebrauchen, wenn man sich ihrer ganz sicher ist. Ebenfalls in der Absicht, Ausrutscher zu verhindern, haben wir die Wörter und Ausdrücke in die unterschiedlichsten Verwendungszusammenhänge gestellt, um ihre verschiedenen Bedeutungen zu zeigen.

Das «Sprachbuch Frankreich» ist nicht durchdidaktisiert. Jedes Kapitel kann einzeln gelesen werden: Es gibt weder eine grammatikalische noch eine linguistische Entwicklung. Die übersetzten Wörter und Wendungen sind durch einen * beim ersten Auftauchen (Erklärung unten auf der Seite) oder zwei ** bei Wiederholungen (im Anhang nachschlagen). Ein französisch-deutsches Verzeichnis faßt die übersetzten Wörter und Wendungen am Ende des Buches noch einmal alphabetisch zusammen.

Zum «Sprachbuch Frankreich» haben wir auch eine Ton-Cassette gemacht. Auf dieser Ton-Cassette haben wir auf trockene Sprachübungen weitgehend verzichtet und statt dessen eine fast anderthalbstündige Ton-Collage mit vielen lebendigen Szenen aus diesem Buch gefüllt: Auch tönend soll erfahrbar werden, wie sich Französisch im lebendigen Alltag anhört. Bei den Szenen, die auf Cassette vertont sind, befindet sich am Seitenrand ein Symbol. Die Cassette mit kurzem Begleittext kann, wenn im Buchhandel nicht vorrätig, auch direkt bei folgender Adresse für 14,80 DM plus 2,80 DM Versand bezogen werden: Network Medien-Cooperative, Hallgartenstr. 69, 6000 Frankfurt/M. 60. Weitere Informationen zu dieser Ton-Cassette auch auf Seite 233.

Herzlich bedanken möchten wir uns bei den deutschen und französischen Freunden und Freundinnen, die uns bei diesem Sprachbuch geholfen haben, insbesondere: Daniel Feldhandler, Rosy Haas, Elisabeth Heidkamp, Brigitte Jue und Familie, Christian Scholze, Wolf von Siebert, Bernd Zimmermann.

Frankfurt, im Februar 1984
Isabelle Jue / Nicole Zimmermann

EN ROUTE

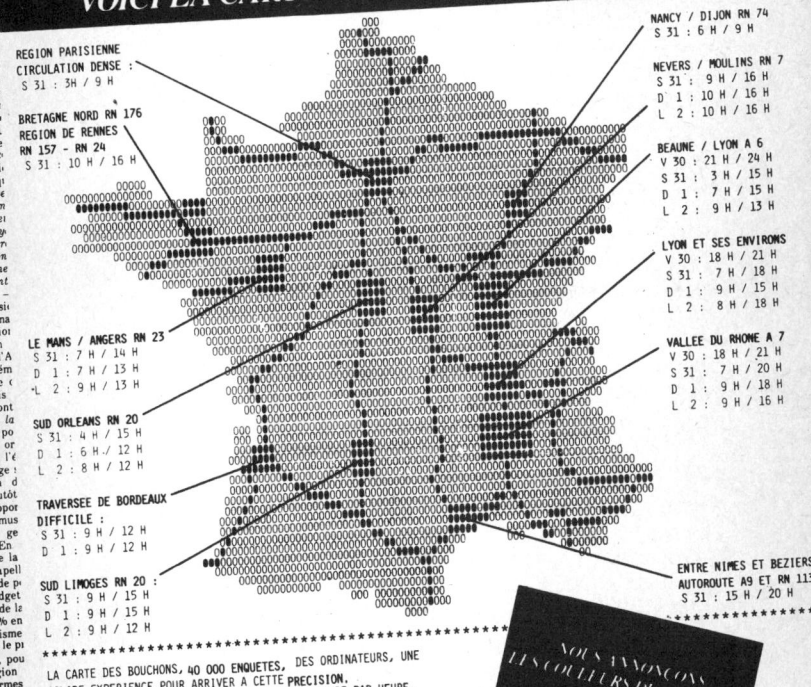

IM STAU · AUTOSTOP · DIE PANNE · IN DER WERKSTATT · SCHNELLER, WEITER, HÖHER

Unterwegs sein während der Ferien bedeutet mit größter Wahrscheinlichkeit: lange Autoschlangen, die Ungeduld der Autofahrer, Kommentare, Flüche und Frust. All das nur deshalb, weil die Schulferien mit nur einer Woche Unterschied beginnen und viele Fabriken im August ganz zumachen. Dem Auto wird auch im Leben der Franzosen viel Platz eingeräumt: Wer mitreden will, muß sich auch über Autos unterhalten können.

Wem die Reise zu langweilig wird, der kann Radio hören. Bei der Gelegenheit erfährt er, wie das Wetter wird, was in der Welt passiert und wie er Stauungen umgeht.

Trampen ist billig und manchmal unterhaltsam, aber nicht immer sicher, vor allem für Frauen. Die Gespräche fangen meist ähnlich an, doch werden manche rasch unangenehm. Dann ist es wichtig, schnell zu erkennen, was los ist, und in der Fremdsprache angemessen zu reagieren.

Bei einer Panne unterwegs hilft eine genaue Beschreibung des Defekts, Zeit zu sparen. Es könnte sonst passieren, daß der Mechaniker alles auseinanderbaut.

Das Auto ist natürlich nicht das einzige Mittel, sich fortzubewegen. Flugzeug und manchmal auch Zug sind schneller. Die Franzosen sind besonders stolz auf ihre neuen Verkehrsmittel. Aber auch für Frankreich gilt: Man fährt immer schneller, aber man hat immer weniger Zeit.

Verkehrsinformationen, Wetterbericht, Nachrichten wurden nach Rundfunksendungen geschrieben. Die Texte über die neuesten Verkehrsmittel sind der Werbung entnommen.

Seite 13 – **un ciel minéral:** steinfarbener Himmel **au bord du précipice:** am Rande des Abgrunds **je vais mal:** mir geht es schlecht **l'état d'urgence:** Ausnahmezustand **malgré les apparences:** trotz des Anscheins

Bonjour à tous sur France-Inter. Ici Philippe, il est 11 heures, et nous allons rester ensemble jusqu'à midi. Nous commençons tout de suite avec Bernard Lavilliers «Etat d'urgence»

Sous un ciel minéral*
Seul
Dans le règne animal
J'peux vraiment plus choisir entre le bien et le mal
Au bord du précipice*, je vais mal, je vais mal*
J'suis en état d'urgence*
Seul dans la lumière blanche
Malgré les apparences*
Tu sais la différence
J'suis en état d'urgence

‹Bison futé› est à votre service pour vous indiquer jour par jour, heure par heure, la carte des bouchons. Pour toutes informations complémentaires, vous pouvez appeler le 8 58 33 33. Pour éviter les embouteillages, nous vous conseillons de bien calculer votre heure de départ ou d'emprunter les itinéraires-bis, 8000 kilomètres bien fléchés grâce aux panneaux verts. Nous vous souhaitons bonne route!

Je suis pas rassurée*, mon canard, reste plutôt derrière. Tu dois conduire encore 1000 kilomètres, même en le dépassant*, on arrivera pas plus vite.

Béatrice, t'as pensé à prendre le carnet de chèques? ... Passe-moi un sandwich, s'il te plaît ... Ah, si je pouvais le doubler*, il m'agace!*

J'en ai par-dessus la tête*! Dès qu'on part en vacances, tu es de mauvais poil* ... Et puis après tout*, c'est toi qui a voulu partir en août, t'as que des idées stupides. Je te l'avais bien dit, mais tu ne veux jamais me croire.

Quelle vacherie*! Jamais j'arriverai à l'heure. C'est exaspérant* à la fin!

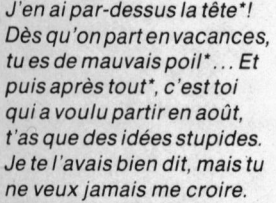

Seite 14 – **je ne suis pas rassurée:** ich habe ein bißchen Angst **dépasser:** überholen **doubler:** überholen **agacer:** auf die Nerven gehen **en avoir par-dessus la tête** ⟨ ⟩: es satt haben **dès que:** sobald **être de mauvais poil** ⟨ ⟩: schlecht gelaunt sein **après tout:** schließlich **quelle vacherie** ⟨!⟩: was für eine Sauerei **c'est exaspérant:** es ist zum Aus-der-Haut-Fahren **un petit somme:** Nickerchen **crevé** ⟨ ⟩: todmüde

STAU

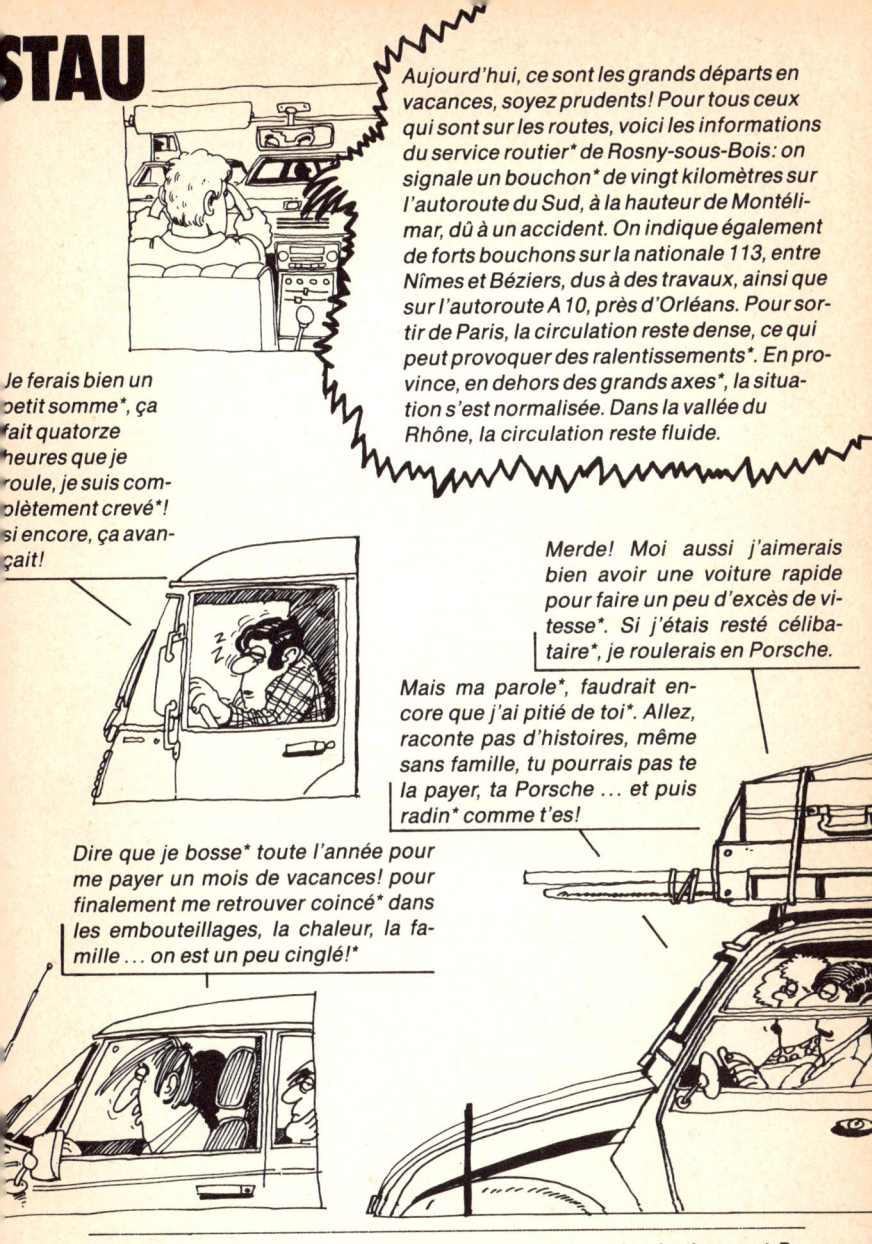

Aujourd'hui, ce sont les grands départs en vacances, soyez prudents! Pour tous ceux qui sont sur les routes, voici les informations du service routier* de Rosny-sous-Bois: on signale un bouchon* de vingt kilomètres sur l'autoroute du Sud, à la hauteur de Montélimar, dû à un accident. On indique également de forts bouchons sur la nationale 113, entre Nîmes et Béziers, dus à des travaux, ainsi que sur l'autoroute A 10, près d'Orléans. Pour sortir de Paris, la circulation reste dense, ce qui peut provoquer des ralentissements*. En province, en dehors des grands axes*, la situation s'est normalisée. Dans la vallée du Rhône, la circulation reste fluide.

Je ferais bien un petit somme*, ça fait quatorze heures que je roule, je suis complètement crevé*! si encore, ça avançait!

Merde! Moi aussi j'aimerais bien avoir une voiture rapide pour faire un peu d'excès de vitesse*. Si j'étais resté célibataire*, je roulerais en Porsche.

Mais ma parole*, faudrait encore que j'ai pitié de toi*. Allez, raconte pas d'histoires, même sans famille, tu pourrais pas te la payer, ta Porsche … et puis radin* comme t'es!

Dire que je bosse* toute l'année pour me payer un mois de vacances! pour finalement me retrouver coincé* dans les embouteillages, la chaleur, la famille … on est un peu cinglé!*

---

*Seite 15 – **le service routier:** Straßendienst **le bouchon:** Stau **le ralentissement:** Behinderung **les grands axes:** Hauptverkehrsstraßen **l'excès de vitesse:** Raserei **célibataire:** ledig **ma parole** ⟨ ⟩: meine Güte! **avoir pitié de:** Mitleid mit jemandem haben **radin** ⟨ ⟩: Geizhals **dire que je bosse** ⟨ ⟩: dran zu denken, daß ich arbeite **coincé:** eingeklemmt **cinglé** ⟨ ⟩: durchgedreht*

AUTOSTOP

Faire du stop* est le moyen de transport le plus économique pour se déplacer à travers la France. On peut aussi, avec un peu de chance, rencontrer des gens ouverts, chaleureux* qui se feront un plaisir de discuter, d'expliquer et même d'inviter leurs compagnons de rencontre. Pourtant le stop ne présente pas que des avantages, loin de là: d'abord, il n'est pas facile d'être pris, surtout en été. Les familles françaises en route pour les vacances ou pour le week-end ne sont pas particulièrement accueillantes* dans leur domicile roulant: il n'y a pas de place et puis, on se méfie* de tous ces jeunes qui font la route.

En fait, ce sont plutôt les autostoppeurs, surtout les femmes, qui devraient avoir des raisons de se méfier et de ne pas monter en toute confiance* avec le premier inconnu qui s'arrête. Lorsqu'on fait le bilan des «accidents» d'autostop: on constate que ce sont les femmes seules et étrangères qui sont les victimes de conducteurs violeurs* ou meurtriers*. Statistiquement, le stop semble être plus dangereux pour les passagères que pour les automobilistes! On déplore* rarement des morts chez les conducteurs! Pour voyager avec plus de sécurité, il vaut mieux* s'adresser à «Allostop*» à Paris tél: 2400066.

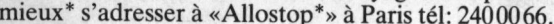

Vous allez en direction de Paris?
Mais oui, montez mademoiselle!
Merci, y a pas beaucoup de bagnoles* qui s'arrêtent. Ça fait*

plus d'une heure que j'attends!
Une si jolie fille comme vous, alors je ne comprends pas! Les gens sont bêtes! Vous êtes en vacances?
Pas vraiment, j'ai quelques jours de libre, alors je vais voir des copains à Paris.
Vous connaissez Paris? Moi, vous savez, je connais plein d'endroits sympas*, si vous voulez, je vous y emmène.

Seite 16 — **faire du stop:** trampen **chaleureux:** warmherzig **accueillante:** gastfreundlich **se méfier de:** jemandem mißtrauen **en toute confiance:** in blindem Vertrauen **le violeur:** Vergewaltiger **le meurtrier:** Mörder **déplorer:** beklagen **il vaut mieux:** es ist besser **«Allostop»:** Mitfahrzentrale **y a** ⟨ ⟩: es gibt **la bagnole** ⟨ ⟩: Schlitten, Karre **sympa** ⟨ ⟩: sympathisch *Seite 17* — **histoire de faire connaissance**

Merci, c'est très gentil mais je veux aller voir mes amis et je n'ai pas beaucoup de temps.

Allez allez, vous avez bien une heure ou deux de libre. On pourrait déjeuner ensemble, histoire de faire un peu connaissance.*

Je regrette, mais je n'y tiens pas!

Vous avez un si joli genou. Y a pas de mal à essayer!*

Non mais qu'est-ce que vous croyez! Ça va pas, vous abusez! C'est dégueulasse* de profiter de la situation! Arrêtez! Retirez votre main ou je vous donne une paire de claques!*

Ah faudrait savoir ce que tu veux, merde! Si tu fais du stop seule, c'est ton risque! Moi, je me suis dit: une nana* seule bien roulée*, elle cherche l'aventure!

Vous l'aurez voulu! Salaud! Maintenant foutez-moi la paix*, laissez-moi descendre immédiatement! Sale macho*, ordure*, gros cochon, sale frustré, connard*!!!*

Vous comprenez, moi je voulais vous être agréable. Et qu'est-ce que vous faites dans la vie? Vous êtes fiancée, mariée?

Non non, j'ai bien le temps.

Alors, un petit ami peut-être?

J'ai pas envie de parler de ma vie privée.*

C'était simplement pour bavarder* et puis je vous trouve très mignonne.

Eh! votre main! enlevez-la immédiatement!

⟨ ⟩: nur um sich ein bißchen kennenzulernen **je n'y tiens pas:** ich möchte nicht **j'ai pas envie:** ich habe keine Lust **bavarder:** plaudern **y a pas de mal à essayer:** man kann's ja mal probieren **abuser:** zu weit gehen **c'est dégueulasse** ⟨!⟩: das ist zum Kotzen **une paire de claques** ⟨ ⟩: Ohrfeige **nana** ⟨ ⟩: Frauchen **bien roulée** ⟨ ⟩: gut gebaut **salaud** ⟨!⟩: Drecksau **sale macho** ⟨ ⟩: dreckiger Chauvi **ordure** ⟨!⟩: Schwein **connard** ⟨!⟩: Arschloch

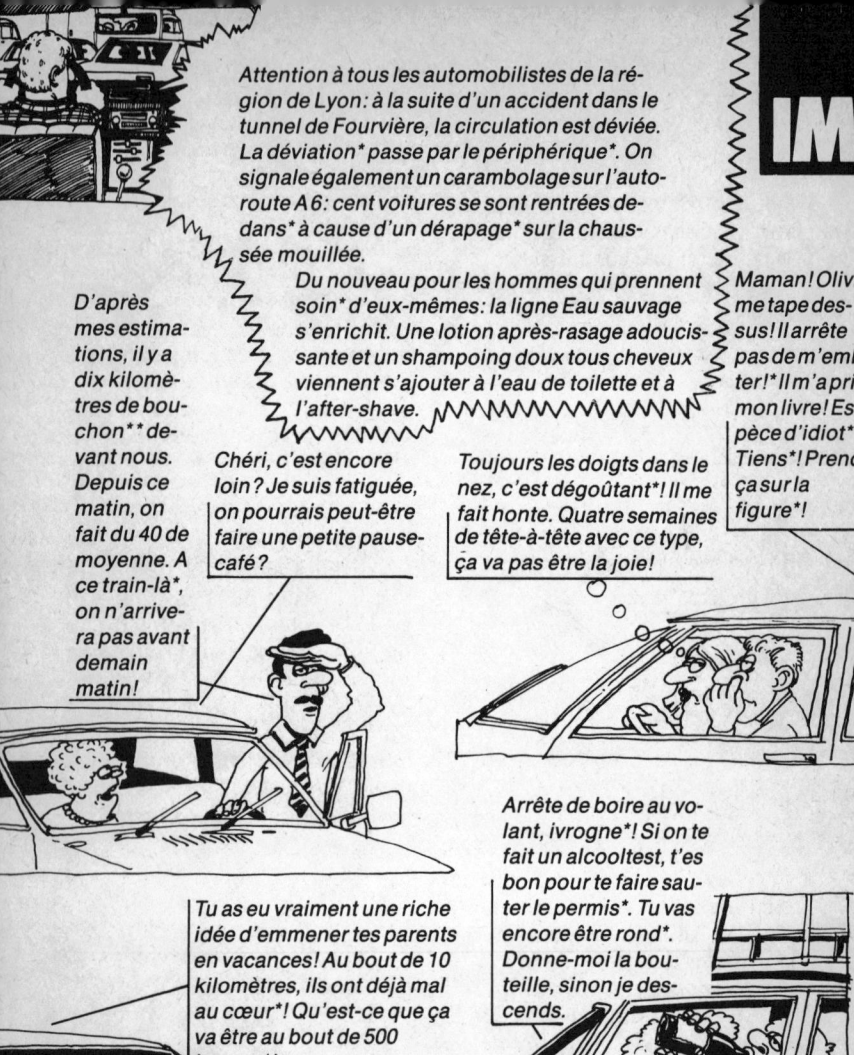

Seite 18 – **la déviation:** Umleitung **le périphérique:** Ring **se rentrer dedans** 〈 〉: zusammenstoßen **le dérapage:** Schleudern **prendre soin de:** auf sich achten **embêter** 〈 〉: ärgern **espèce d'idiot** 〈 〉: Idiot **tiens!** 〈 〉: da hast du's! **prendre sur la figure** 〈 〉: was einfangen **à ce train-là:** bei dem Tempo **dégoûtant** 〈 〉: ekelhaft **ivrogne:** Säufer **faire sauter le permis** 〈 〉: Führerschein entziehen **être rond** 〈 〉: betrunken **avoir mal au cœur:** Übelkeit verspüren **une borne** 〈 〉: ein Kilometer **ferme-la** (!): halt die Klappe! *Seite 19* – **la météo:** Wettervorhersage **maussade:** unfreundlich **une averse:** Platzregen **une éclaircie:** Aufheiterung **la dissipation des brumes matinales:** Auflösung von Morgennebeln **vous n'avez pas honte?:** pfui,

STAU

Et maintenant nos prévisions: la météo* non plus n'est pas optimiste: temps maussade* sur une grande partie du pays, avec de nombreuses averses* et des orages isolés. Ailleurs, le ciel est couvert avec des éclaircies* l'après-midi, surtout dans le sud-ouest. Pour demain, on prévoit des améliorations: temps variable sur la moitié nord du pays, par contre le soleil fera son apparition dans le sud de la France après dissipation des brumes matinales*, mais risque d'orage en fin d'après-midi.

Ça suffit, vous deux! Vous n'avez pas honte* de vous chamailler* comme des bébés! Si ça continue, votre père va vous donner la fessée*!

Fais tenir les gosses* tranquilles! Donne-leur une baffe*! Occupe-toi de tes gosses! Fais-les taire!

Il a failli me rentrer dedans* cet imbécile! Eh, tu peux faire attention en doublant, espèce de con*! T'as trouvé ton permis dans une pochette-sur-prise*!

Ferme-la!* Sale enquiquineuse*! J'en ai ma claque*!

Mufle*! Va te faire foutre*, sale râleur*!

Attache ta ceinture de sécurité*! C'est obligatoire et puis j'ai pas envie que tu passes à travers le pare-brise!* Ça t'arrangerais pas*!

schämt euch! **se chamailler** ⟨ ⟩: sich zanken **donner la fessée** ⟨ ⟩: den Hintern versohlen **les gosses** ⟨ ⟩: Gören **donner une baffe** ⟨ ⟩: eine runterhauen **il a failli me rentrer dedans**: er ist mir beinah reingefahren **espèce de con** (!): Arschloch **le pare-brise**: Windschutzscheibe **une pochette-surprise**: Wundertüte **l'enquiquineuse** ⟨ ⟩: Nervensäge **j'en ai ma claque** ⟨ ⟩: mir reicht's **la ceinture de sécurité**: Sicherheitsgurt **le mufle** ⟨ ⟩: Flegel **va te faire foutre** (!): Geh zum Teufel! **sale râleur** ⟨ ⟩: Meckerer **ça ne t'arrangerait pas** ⟨ ⟩: du würdest bestimmt nicht besser aussehen

DIE PANNE

C'est l'été, la France vous ouvre tout grand ses bras. C'est si bon un été français Alors appelez France-Loisirs, Info-vacances au 2393333. Sur la route il fait chaud vous transpirez, alors revivez la fraîcheur des îles avec le déodorant Fa. Il est 1. heures, vous écoutez Europe 1. Le flash d'actualité* présenté par Jean-Pierre Du

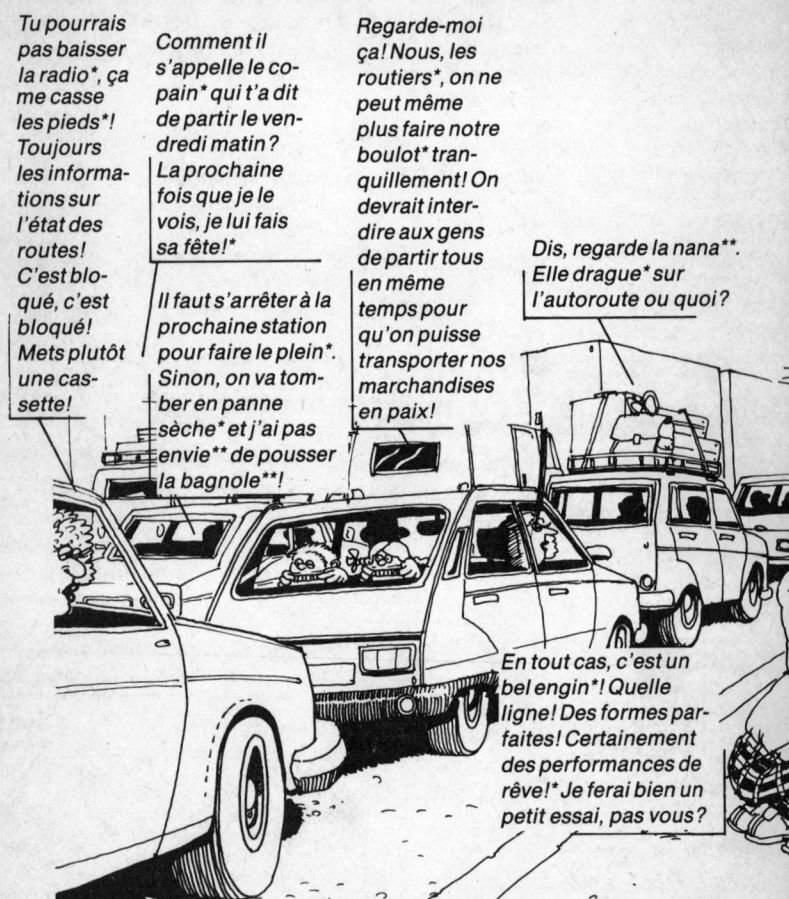

Tu pourrais pas baisser la radio*, ça me casse les pieds*! Toujours les informations sur l'état des routes! C'est bloqué, c'est bloqué! Mets plutôt une cassette!

Comment il s'appelle le copain* qui t'a dit de partir le vendredi matin? La prochaine fois que je le vois, je lui fais sa fête!*

Il faut s'arrêter à la prochaine station pour faire le plein*. Sinon, on va tomber en panne sèche* et j'ai pas envie** de pousser la bagnole**!

Regarde-moi ça! Nous, les routiers*, on ne peut même plus faire notre boulot* tranquillement! On devrait interdire aux gens de partir tous en même temps pour qu'on puisse transporter nos marchandises en paix!

Dis, regarde la nana**. Elle drague* sur l'autoroute ou quoi?

En tout cas, c'est un bel engin*! Quelle ligne! Des formes parfaites! Certainement des performances de rêve.* Je ferai bien un petit essai, pas vous?

Seite 20 – **le flash d'actualité:** Kurznachrichten **baisser la radio:** leise stellen **casser les pieds** ⟨ ⟩: auf den Wecker gehen **le copain:** Freund **je lui fais sa fête** ⟨ ⟩: dem werd ich was erzählen **faire le plein:** volltanken **tomber en panne sèche:** kein Benzin mehr haben **le routier:** Fernfahrer **le boulot** ⟨ ⟩: Arbeit **draguer** ⟨ ⟩: anmachen **l'engin:** Maschine **la performance de rêve:** traumhafte Leistung *Seite 21* – **le viticulteur:** Winzer **le barrage:** Sperrung **l'encombrement:** Stau **le porte-parole du gouvernement:** Regierungssprecher **le SMIC (Salaire Minimum Interprofession-**

ois: Mesdames et Messieurs, bonjour. Les nouvelles ne sont pas bonnes en cette fin de semaine. Un nouvel attentat ce matin à Paris. On ne connaît pas encore le nombre exact de victimes. Les viticulteurs* sont mécontents, des barrages* sur les routes risquent de créer des encombrements*. Les prix montent, et le dollar monte aussi à la bourse de Paris. Quand même deux bonnes nouvelles: La saison s'annonce bonne pour les hôteliers français, on enregistre une augmentation du nombre de touristes étrangers en France et le porte-parole du gouvernement* vient d'annoncer que le SMIC* sera augmenté de 0,01 pour cent. On court cet après-midi à Saint-Cloud: nos pronostics* pour le tiercé*: le quatre, le douze et le six.

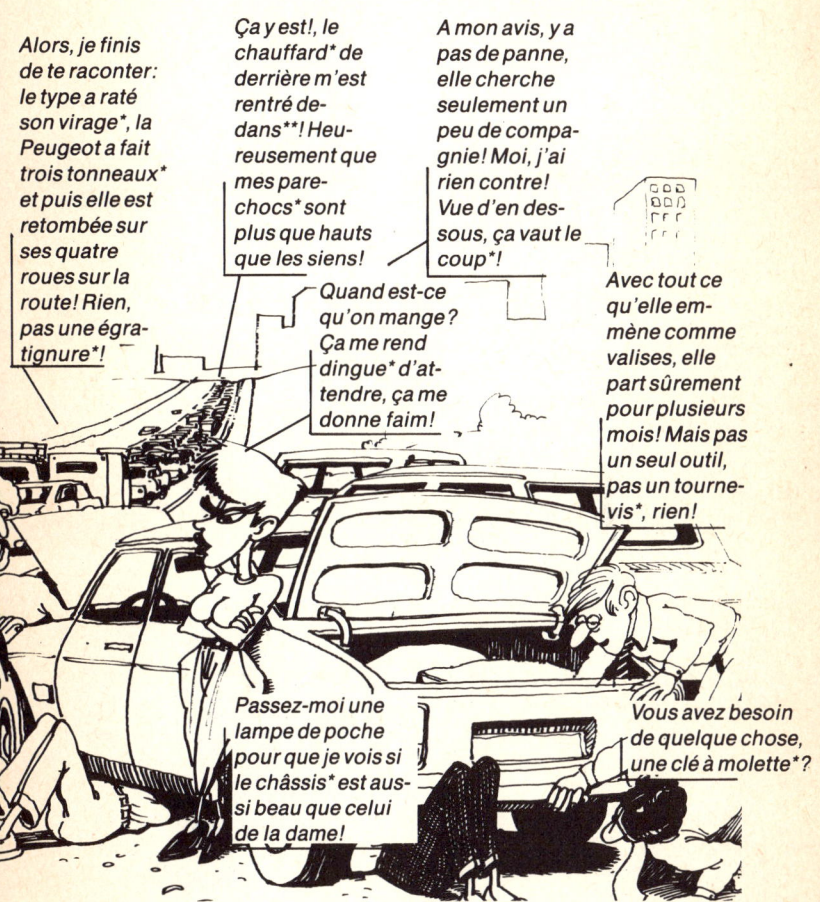

nel de Croissance): gesetzlich garantierter Mindestlohn **le pronostic:** Tip **le tiercé:** Pferderennen (Dreierwette) **rater le virage:** aus der Kurve fliegen **faire des tonneaux:** sich überschlagen **l'égratignure:** Kratzer **le chauffard** ⟨ ⟩: Sonntagsfahrer **le pare-choc:** Stoßstange **ça vaut le coup** ⟨ ⟩: es lohnt sich **ça me rend dingue** ⟨ ⟩: das macht mich verrückt **le tourne-vis:** Schraubenzieher **le châssis:** Fahrgestell, im Doppelsinn: ein schöner Frauenkörper **la clé à mollette:** verstellbarer Schraubenschlüssel

21

IN DER WERKSTATT

LES MYSTERES DE LA VOITURE

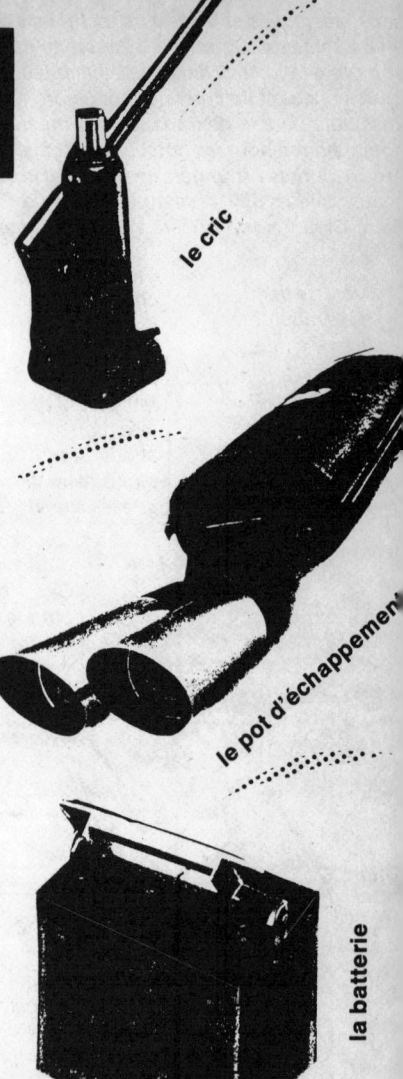

le cric

le pot d'échappement

la batterie

Pardon, monsieur, est-ce que vous pourriez regarder ma voiture, je ne sais pas ce qui se passe mais dès que** je m'arrête pour prendre de l'essence par exemple, je ne peux plus la refaire démarrer*. Il faut toujours qu'on la pousse! Ah oui, elle cale* aussi très facilement, et puis elle tire à gauche*. Je suis vraiment ennuyé*, vous me rendriez vraiment service en regardant un peu ce qui ne va pas.

Bon, on va regarder … c'est peut-être la dynamo.

Non, je ne crois pas, c'était en ordre avant de partir.

Ecoutez, on va la mettre en route. Je vais la faire démarrer, vous pouvez pousser?

Oh là là! Ça fait un drôle de bruit*! Le carburateur* a l'air encrassé*! Votre pot d'échappement* est sûrement foutu*!

Ouais, ouais, mais c'est pas le principal pour le moment, c'est le moteur qui me donne des soucis! C'est peut-être les bougies* ou la courroie de transmission*?

Seite 22 – **démarrer:** anspringen **caler:** ausgehen **tirer à gauche:** nach links ziehen **je suis ennuyé** ⟨ ⟩: ich bin ratlos **un drôle de bruit:** ein komischer Lärm **le carburateur:** Vergaser **encrassé:** verschmutzt **le pot d'échappement:** Auspuff **foutu** ⟨ ⟩: kaputt **la bougie:** Zündkerze **la courroie de transmission:** Keilriemen

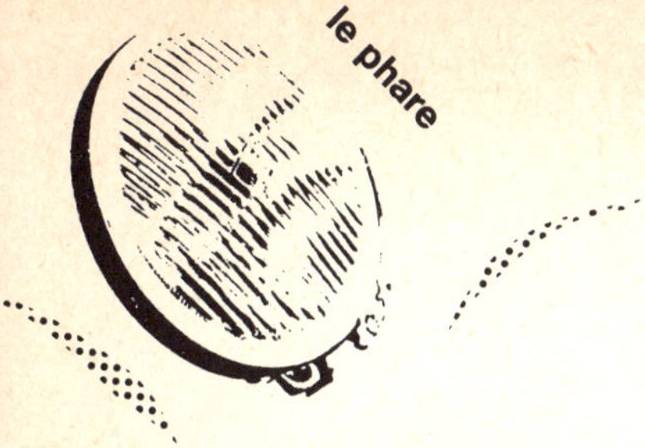

le phare

le bidon d'essence

l'essuie-glace

la roue de secours

Je vais regarder, mais ça va durer un moment! Le patron est pas là, moi, je suis seulement l'apprenti*, alors je connais pas tout!

Bien, mais essayez quand même de réparer parce que moi, j'y connais rien non plus! Vous pourriez demander à votre collègue de vous aider. Il pourrait faire la vidange* et réparer la roue de secours*: on a crevé* juste après Dijon.

Oh, dites donc, votre boîte de vitesse* me semble bizarre, la pédale d'embrayage* est trop souple! Vos freins font un drôle de bruit, il faut certainement changer les plaquettes* sinon vous allez fiche* les disques* en l'air! ... Partir avec une voiture pareille en vacances! ... et puis chais pas* si on a toutes les pièces de rechange*! C'est un vieux modèle!

Vous êtes sûr que je ne dois pas repartir à pied, non? Est-ce qu'elle peut encore rouler?

Non, non, faut pas s'affoler*! Les voitures n'aiment pas la chaleur! C'est peut-être tout simplement ça! Attendez, je vais demander au patron, ce sera mieux!

la clé anglaise

Seite 23 – **l'apprenti:** Lehrling **la vidange:** Ölwechsel **la roue de secours:** Reserverad **crevé:** Reifenpanne **la boîte de vitesse:** Getriebe **la pédale d'embrayage:** Kupplungspedal **les plaquettes:** Bremsbeläge **ficher en l'air** ⟨ ⟩: kaputtmachen **les disques:** Bremsscheiben **chais pas** ⟨ ⟩: ich weiß nicht **la pièce de rechange:** Ersatzteil **faut pas s'affoler** ⟨ ⟩: kein Grund zur Aufregung

23

SCHNELLER, WEITER, HÖHER

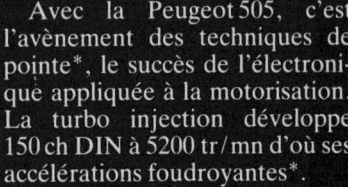

Ça, c'est une auto. Une auto doit avoir des pare-chocs** solides. Véritable bouclier* enveloppant la calandre* pouvant absorber sans se déformer des chocs légers. Le pare-choc avant de la Citroën Visa, ça c'est un pare-choc.

Avec la Peugeot 505, c'est l'avènement des techniques de pointe*, le succès de l'électronique appliquée à la motorisation. La turbo injection développe 150 ch DIN à 5200 tr/mn d'où ses accélérations foudroyantes*. Avec une vitesse de pointe de 200 km/h chrono (sur circuit), la 505 Turbo injection est un superbe animal de la route. Mais qui se comporte en ville avec la même aisance*.

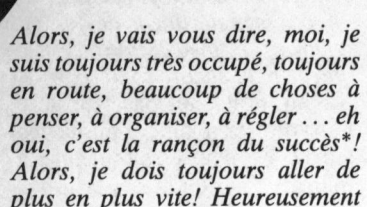

Alors, je vais vous dire, moi, je suis toujours très occupé, toujours en route, beaucoup de choses à penser, à organiser, à régler ... eh oui, c'est la rançon du succès! Alors, je dois toujours aller de plus en plus vite! Heureusement qu'en France, on est vraiment à la pointe du progrès*! Regardez par exemple: ma voiture à turbo injection, avec elle, je gagne cinq minutes le matin pour arriver au bureau ... J'ai tellement à faire, mais avec cette nouvelle bagnole**, je fais Paris–Cherbourg et retour en une journée, en revenant*, je peux encore repasser au bureau. C'est bien simple, plus ça va, plus je me déplace rapidement et plus je peux travailler. Oh là là!, il faut que je me grouille*, pas le temps de souffler*! J'ai mon TGV à 14h 15 pour Marseille ...*

Seite 24 – **le bouclier:** Schild **la calandre:** Kühlerverkleidung **la technique de pointe:** Spitzentechnik **une accélération foudroyante:** blitzschnelle Beschleunigung **la même aisance:** mit derselben Leichtigkeit **la rançon du succès:** Preis des Erfolgs **à la pointe du progrès:** an der Spitze des Fortschritts **en revenant:** auf dem Rückweg **se grouiller** ⟨ ⟩: sich beeilen **souffler:** verschnaufen *Seite 25 –* **à la por-**

A partir de 1983, les gains de temps* sont considérables, à plus de 260 km/h, Paris n'est plus qu'à 1h 40 de Dijon, 2 heures de Lyon et 4h 50 de Marseille!

Le TGV, le train du siècle. «L'une des plus grandes prouesses* techniques de cette fin de siècle dont peut, à juste titre*, s'enorgueillir* la France», déclare M. Chadeau, Président de la S. N. C. F.

Le TGV ou train à grande vitesse, qui met la grande vitesse à la portée de tous*, ne constitue pas le mode de transport* d'une minorité privilégiée. Tout les voyageurs de seconde comme de première classe y ont accès à* des conditions de prix très voisines des trains habituels.

En partant à 14h 15, je serai à Lyon à 16h 15, formidable, j'ai le temps de dicter mon courrier pour demain, de prendre un café, de préparer les rencontres avec les clients, de lire un rapport, extra* ce train, on est comme en avion! Ça va si vite qu'on ne voit pas le temps passer! Alors, bon, réfléchissons ... en arrivant, je saute dans un taxi ... je fonce* chez Berger où j'ai rendez-vous à 16h 30. Ça devrait aller en deux temps trois mouvements*! Après, après, je fait un saut* chez Ginette, j'espère qu'elle sera pas aussi compliquée que la dernière fois! Toujours ses besoins de tendresse, de bavardage** ... ah, ce que les femmes sont romantiques! A notre époque, enfin, c'est ridicule ... faut être réaliste quoi! On n'a pas que ça à faire*! Et demain matin hop, New York en Concorde!*

---

tée de tous: für jeden erreichbar   **le mode de transport:** Verkehrsmittel   **avoir accès à:** Zugang haben   **le gain de temps:** Zeitgewinn   **la prouesse:** Spitzenleistung   **s'enorgueillir:** stolz sein   **à juste titre:** mit Recht   **dicter le courrier:** Korrespondenz diktieren   **extra ⟨ ⟩:** super   **foncer:** schnell fahren   **en deux temps trois mouvements:** aufs schnellste erledigen   **faire un saut ⟨ ⟩:** kurz vorbeischauen   **on n'a pas que ça à faire:** ich habe doch was anderes zu tun

Si prendre l'avion signifie gagner du temps, alors Concorde est tout simplement le summum* du vol en avion: 2200 kilomètres à l'heure, Mach 2. Le temps de vol jusqu'à New York est de 3 heures et demi. Qu'est-ce que cela signifie en plus du gain réel de temps? A votre arrivée, vous n'avez pas un jour de voyage derrière vous, mais seulement un voyage agréable. Vous avez encore devant vous toute une journée que vous pouvez utiliser comme journée de travail complète. Ce n'est pas surprenant* que les hommes d'affaires* aient compris les avantages du Concorde: ce sont eux qui constituent la majorité des passagers du Concorde.

Les Amerloques, on les a bien eus* avec notre Concorde! On est les premiers à aller aussi vite en avion pour passagers! Sur le plan technique, les Français, chapeau!* ... On gagne quatre heures sur le Paris–New York! C'est fou ce que je peux faire en plus, je peux prendre deux fois plus de rendez-vous ... Bon, bon, avant de partir, il faut que je donne un coup de fil* à Rio, ah oui, il faut pas que j'oublie de* prendre un rendez-vous chez le médecin, je me sens un peu fatigué, un peu surmené* en ce moment, c'est peut-être le temps ... il faut encore que je ... oh! qu'est-ce qui m'arrive?, ma tête, vous pourriez pas faire attention, non? oh! aie! mon nez! ... je vois trente-six chandelles* ... ça tourne ... ça va trop vite ...

---

le summum: Inbegriff   ce n'est pas surprenant: kein Wunder   l'homme d'affaires: Geschäftsmann   les Amerloques ⟨ ⟩: die Amis   on les a bien eus ⟨ ⟩: denen haben wir es ganz schön gezeigt   chapeau ⟨ ⟩: alle Achtung   donner un coup de fil: anrufen   surmené: überarbeitet   voir trente-six chandelles ⟨ ⟩: Sternchen sehen

A PARIS

METRO • ANRUF • BULLEN • LEBEN IN PARIS • JUNGPARISER • PRESSE • KLEIN-ANZEIGEN • FREIE RADIOS • BILDUNGS-FERNSEHEN • AUSGEHEN • EINSAMKEIT • DEPRESSION • KONTAKTE

Für die meisten Nicht-Pariser ist Paris eine Traumstadt. Zentrum des aktuellen Geschehens in Politik, Mode, Kultur, Subkultur. Jeder glaubt, dort finden zu können, was er sucht. Aber Paris ist eine widersprüchliche Stadt, schwer zu begreifen, sobald man hinter die Fassade blickt, sich für den Alltag interessiert und für die Menschen, die hier leben. Wir zeigen unterschiedliche Situationen: von anonymen Begegnungen bis zu intensiven Beziehungen.

Den Anfang macht die Metro, die jeder mit ihren praktischen wie lästigen Seiten kennenlernen wird. Dann eine Probe der Schwierigkeiten, jemanden telefonisch zu erreichen.

Polizisten, die eigentlich den Bürgern helfen sollten, mißbrauchen mitunter ihre Macht. Andere versuchen, der Polizei ein gutes Image zu erhalten. (Ein Fall aus «Libération»)

In authentischen Interviews erzählen Pariser, wie sie in ihrer Stadt leben und was sie dort festhält.

Junge Pariser lieben ausgefallene Moden: Wie unterscheiden sie sich? (Hinweise aus «Monde de l'Education»)

Paris ist die Hauptstadt der Presse. Fast jede politische Richtung hat hier ihr Blatt. Wo die Zeitungen stehen, verraten ihre Schlagzeilen. Auch an den Kleinanzeigen erkennt man die Leser einer Zeitung. In «Libération» zum Beispiel finden Freunde des anderen, besseren Lebens, was und wen sie dazu brauchen.

Die freien Radios geben trotz Einschränkungen immer noch den Ton an. Sie vermitteln den Parisern das schöne Gefühl, ein Radio für sich zu haben, das sie mit seiner speziellen Ausdrucksweise unmittelbar anspricht. (Authentische Auszüge)

Einige Fernsehsendungen muß man unbedingt gesehen haben, um mitreden zu können. Ein Muß für Literaturfreunde ist «Apostrophes». (Kommentare dazu aus «Le Français dans le Monde» und «Le nouvel Observateur»)

Unterhaltung: ein zentrales Bedürfnis der Pariser. Man trifft sich, geht zusammen ins Kino, ins Theater oder zum Essen. Und manchmal geht dabei alles schief. (Ein Comic)

Paris, das heißt auch: Einsamkeit, das Gefühl, niemanden zu kennen, mit dem man reden könnte. Depression ist die Folge, Kontaktanzeigen ein möglicher Ausweg. (Aus «Nouvel Observateur», Bretécher, «Libération»)

MÉTRO

SOUS LES PAVÉS DE PARIS

Si vous êtes pressé, si vous avez rendez-vous avec votre futur patron, chez le dentiste ou avec votre petite amie, si vous avez des chaussures qui n'aiment pas la pluie, si vous n'avez pas de voiture, si vous habitez à l'autre bout de Paris, ou bien si vous n'avez rien à faire, prenez le métro: vous serez à l'heure et puis ça vous distraira*!

Entre le premier départ à 5h 30 du matin et le dernier départ à 1h 15 du matin, vous avez la possibilité d'utiliser une ou plusieurs des 3500 voitures de la R. A. T. P. sur les 156 kilomètres de voies des 15 lignes de métro reliées à l'air libre* par 315 stations.

N'ACHETEZ PAS VOTRE BILLET A UN REVENDEUR A LA SAUVETTE VOUS RISQUEZ DE LE PAYER PLUS CHER ET D'ÊTRE EN INFRACTION EN L'UTILISANT

Eh monsieur! Je peux vous rendre un service, je vous vends un ticket pour trois francs, comme ça, vous n'avez pas besoin de faire la queue. Allez, vous m'en prenez un?

se distraire: sich unterhalten   **relié à l'air libre:** verbunden mit der Außenwelt   **le revendeur à la sauvette:** Schwarzverkäufer   **être en infraction:** gegen das Gesetz verstoßen

29

Merde, j'ai raté ma station! Laissez-moi passer! Laissez-moi descendre!

Pardon monsieur pour aller à la gare de Lyon, c'est quelle direction, s'il vous plaît?

Moi aussi! Je suis sur les genoux mais c'est parce que j'ai fait la bringue* toute la nuit. On a découvert une boîte* super à St Germain! Il faut absolument que tu y ailles!

Qu'est-ce que j'ai bossé** aujourd'hui!, je suis crevée**... Dans la boîte* avec le nouveau patron, on arrête pas! On est débordé* de travail!

Quatre millions de passagers sont transportés quotidiennement: des habitués* (presque tous), des étrangers, des fatigués, des Africains, des Vietnamiens, des Chinois, des provinciaux*, des Anglais, des Martiniquais, des artistes, des clochards, des rêveurs, des resquilleurs* ...

En dehors des heures de pointe* le matin vers 8 heures et le soir à 18 heures où le métro est bondé* et ne présente aucun charme, on peut y voir toutes sortes de milieux, de groupes, de

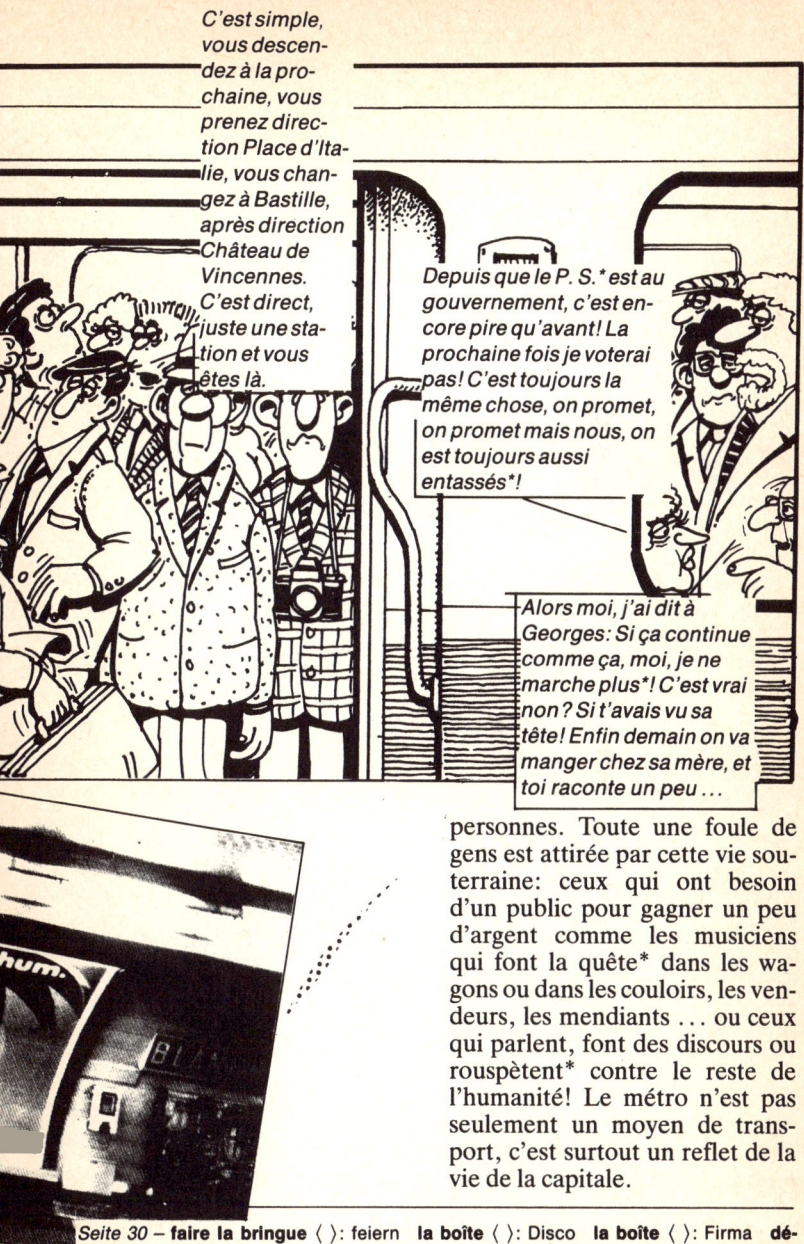

C'est simple, vous descendez à la prochaine, vous prenez direction Place d'Italie, vous changez à Bastille, après direction Château de Vincennes. C'est direct, juste une station et vous êtes là.

Depuis que le P. S.* est au gouvernement, c'est encore pire qu'avant! La prochaine fois je voterai pas! C'est toujours la même chose, on promet, on promet mais nous, on est toujours aussi entassés*!

Alors moi, j'ai dit à Georges: Si ça continue comme ça, moi, je ne marche plus*! C'est vrai non? Si t'avais vu sa tête! Enfin demain on va manger chez sa mère, et toi raconte un peu …

personnes. Toute une foule de gens est attirée par cette vie souterraine: ceux qui ont besoin d'un public pour gagner un peu d'argent comme les musiciens qui font la quête* dans les wagons ou dans les couloirs, les vendeurs, les mendiants … ou ceux qui parlent, font des discours ou rouspètent* contre le reste de l'humanité! Le métro n'est pas seulement un moyen de transport, c'est surtout un reflet de la vie de la capitale.

Seite 30 – **faire la bringue** ⟨ ⟩: feiern **la boîte** ⟨ ⟩: Disco **la boîte** ⟨ ⟩: Firma **débordé de travail:** mit Arbeit überhäuft **l'habitué:** Stammkunde **le provincial:** Nicht-Pariser **le resquilleur** ⟨ ⟩: Schwarzfahrer **les heures de pointe:** Stoßzeiten **bondé:** überfüllt *Seite 31* – **le P. S.:** le parti socialiste **entassé:** zusammengedrängt **ne plus marcher** ⟨ ⟩: nicht mehr mitmachen **faire la quête:** Geld sammeln **rouspéter** ⟨ ⟩: schimpfen

piquer ⟨ ⟩: klauen   le fric ⟨ ⟩: Geld   qu'est-ce qui se passe?: was ist los?   faucher ⟨ ⟩: klauen   avoir l'air tranquille: unverdächtig aussehen

32

ANRUFEN

ALLO! ALLO! Y A QUELQU'UN AU BOUT DU FIL*?

‹Ceci est un répondeur automatique. Je suis actuellement absente. Vous pouvez laisser un message* ou m'appeler au numéro 7532626›

Quelle barbe, ces répondeurs!*	Maisons d'édition* ‹Femmes libres›, je vous écoute.
Est-ce que je pourrais parler à Véronique Dujardin?	C'est de la part de qui*?
Anna Maier.	Ne quittez pas*, je vous la passe.* Allô!
C'est toi, Véronique?	Elle est en réunion, je ne peux pas la déranger. Vous pouvez rappeler dans une heure?
Zut, je me suis trompée de numéro.*	‹Il n'y pas d'abonné au numéro que vous avez demandé, il ...›
J'ai déjà téléphoné il y a une heure, est-ce que je pourrais avoir Véronique Dujardin.	Qui est à l'appareil?
Anna Maier.	La ligne est occupée, pouvez-vous patienter un peu? Ah, ça y est, c'est libre.
Véronique? C'est moi, Anna.	Ça alors, quelle surprise! Tu es à Paris?
Oui, je suis de passage. Est-ce que je pourrais dormir chez toi, cette nuit?	Dis-donc, tu es un peu gonflée* de m'avertir au dernier moment.
Mais écoute, ça fait deux heures que j'essaie de te joindre.*	C'est un peu juste, mais on s'arrangera. Qu'est-ce qu'on ferait pas pour une bonne copine*!

---

au bout du fil: am Ende der Leitung   **le message:** Nachricht   **quelle barbe!** ⟨ ⟩: wie mich das nervt!   **la maison d'édition:** Verlag   **c'est de la part de qui?:** wer ist am Apparat?   **ne quittez pas!:** bleiben Sie dran!   **passer:** weiterverbinden   **zut!** ⟨ ⟩: verflixt   **être gonflé** ⟨ ⟩: übertreiben   **joindre:** erreichen   **la copine:** Freundin

DIE BULLEN
LES FLICS. LES BONS ET LES MAUVAIS

Les Français n'apprécient pas spécialement leur police. Ils l'accusent d'être inefficace* et envahissante*, de ne pas protéger les honnêtes gens et de s'immiscer* insidieusement* dans la vie sociale. Les bavures* de la police n'ont certainement pas amélioré son image de marque parmi les citoyens. Tout le monde peut avoir à faire* à la police, même en ayant la conscience tranquille. La loi «Sécurité et Liberté» a légalisé les contrôles d'identité, ce qui reste très controversé* dans l'opinion publique*. Les étrangers, les marginaux*, enfin quoi*, tous ceux qui ont une ‹sale gueule›*, sont souvent contrôlés. La police peut retenir six heures au poste de police les personnes interpellées* pour vérification d'identité.

Si cela vous arrive, il vaut mieux** être prudent, rester cool et en dire le moins possible!

Au commissariat: Un flic et un jeune ramassé* dans le métro parce qu'il n'avait pas ses papiers sur lui.

Alors, comme ça, on se balade sans papiers.*

Je les ai laissés chez moi, je peux aller les chercher.

Le règlement, c'est le règlement, sans papier, il faut vérifier. Nom, prénoms, domicile, et que ça saute!*

---

*Seite 34 – **inefficace**: ineffektiv **envahissant**: aufdringlich **s'immiscer**: sich einmischen **insidieusement**: hinterlistig **la bavure**: taktischer Fehler **avoir à faire à**: zu tun haben mit **controversé**: umstritten **l'opinion publique**: die Öffentlichkeit **les marginaux**: Randgruppen **enfin quoi** ⟨ ⟩: kurz gesagt **une sale gueule** ⟨!⟩: drekkige Fresse **interpellé**: aufgefordert **ramassé** ⟨ ⟩: aufgelesen **se balader** ⟨ ⟩: herumlaufen **et que ça saute!** ⟨ ⟩: aber schnell! Seite 35 – **le métèque** ⟨ ⟩: Kanake*

Michel Dubois, j'habite à St-Denis.

T'es français? T'en as pas l'air** avec ta gueule de métèque*.

Vous voulez voir mon permis de conduire*?

Ah, tu veux faire ton petit malin* avec moi? Fais gaffe*, hein! On va discuter gentiment une heure ou deux, et après tu peux foutre le camp*. Profession?

Je suis au chômage.

Tiens, tiens*, encore un de ces fainéants* qui se la coulent douce*.

Mais écoutez, je …

Ferme ta gueule, petit con*. C'est moi qui pose les questions. Qu'est-ce que tu faisais dans le métro à cette heure-ci?

Ça ne vous regarde pas.*

Non mais, dis-donc, pour qui tu te prends?

(Le policier le giffle*.)

Tiens, ça t'apprendras.

Mais vous n'avez pas le droit, je vais me plaindre à …

Pas le droit, tu vas voir si j'ai pas le droit, je vais te montrer ce que j'en fais des salauds** de ton espèce.*

(Le policier commence à le tabasser. Un collègue arrive.)

Bon, arrête, ça suffit, fiche-lui la paix*, sinon on va encore avoir des histoires!

Mais il veut pas me répondre.

Allez, laisse-le, tu t'énerves trop vite. Et vous, vous pouvez partir. Vous voyez, on est pas tous méchants, c'est comme partout, y a les bons et les mauvais!

LEBEN IN PARIS
POURQUOI VIVRE A PARIS

Sonia, photographe, 27 ans, Jacques, un copain de Sonia, 28 ans

Jacques: Il y a plus d'avenir à Paris, le métro, le boulot**, revenir le soir, sortir.

Sonia: Paris, c'est les sorties, les sorties pour s'enfermer* dans un cinéma, dans un restaurant, dans une boîte**, aller au spectacle . . .

Finalement, c'est toujours s'enfermer. Quand on lève les yeux, on ne voit que des immeubles, on ne voit que des murs autour de nous.

Tu as l'impression d'étouffer?*

Sonia: Absolument, d'ailleurs, à Paris, tout le prouve, les voitures, les immeubles, les usines . . . Le matin, il faut pointer* au boulot, les trois quarts des gens sont obligés de pointer. Si j'arrive avec deux minutes de retard, dans la boîte** où je suis actuellement, je perds un quart d'heure.

En fin de compte, Paris, c'est seulement négatif?*

Sonia: C'est le souk*, quoi, c'est tout et c'est rien à la fois, c'est vide, c'est inerte, ça ne bouge* plus. Paris ne vit plus, Paris ne s'exprime plus, Paris, c'est une énorme usine. Moi, je ne me plains pas, parce que Paris c'est mon seul moyen d'existence*, enfin, dans mon métier. En province*, je ne trouverais pas de travail.

Marc, Belge, assistant-réalisateur* à la télévision, 32 ans

Moi, je suis flamand, je suis né à Bruxelles.

Pourquoi tu es à Paris?

Ben*, je suis à Paris parce que Paris me fascinait. Je suis venu quelquefois, je trouvais ça très beau, très grand, plein de possibilités. Je croyais qu'il fallait venir à Paris pour faire du cinéma.

Seite 36 – s'enfermer: sich in einem geschlossenen Raum wiederfinden **étouffer:** ersticken **pointer:** Stechuhr stechen **en fin de compte:** letzten Endes **le souk:** (arabischer) Markt **bouger:** sich rühren **le moyen d'existence:** die Lebensgrundlage **la province:** alles, was nicht Paris ist **l'assistant-réalisateur:** Regieassistent **ben** ⟨ ⟩: Kurzform von bien *Seite 37 – emmerder* ⟨!⟩: auf den Nerv gehen **arriver à le faire:**

Je ne voulais pas rester à Bruxelles, ça m'emmerdait*, et je voulais vivre l'aventure de la grande métropole de Paris.

Et maintenant, c'est toujours la même chose?

Maintenant, ça a changé. Je suis dans une phase où j'essaie de me trouver, et ce n'est pas à Paris que j'arrive à le faire*, ou du moins, ce n'est pas à Paris que je le fais bien. J'ai l'impression que je perds beaucoup de temps. Il y a trop de tentations*, trop de possibilités, et ça me disperse*. Paris donne des tas de possibilités*, multiplie les aventures que l'on cherche, à condition de s'être trouvé, sinon on fait n'importe quoi, sans que ça apporte beaucoup de choses sur le plan personnel.

Concierge du XXième Arrondissement, 70 ans

Est-ce que vous avez toujours vécu à Paris?

Ah, toujours, je suis née à Paris, moi. Moi, j'ai sept générations pour être Parisienne. Et pour me déraciner*, moi, pas

question*. Quand, dans le temps*, je partais en vacances, ben, quand il y avait un mois de fait*, c'était grandement suffisant. J'avais qu'une hâte*, c'était de revenir à Paris.

Qu'est-ce qui vous attire de plus à Paris?

Rien, je suis chez moi, c'est mon univers, je suis chez moi.

*Qu'est-ce qu'il vous manque en province?**

Ben, chais pas**, tout sans doute*, le dépaysement*, je suis déracinée.

Michèle, professeur de français, 35 ans

Qu'est-ce que ça signifie pour toi habiter Paris?

Eh bien, ça signifie quelque chose d'un peu négatif sur le plan familial. Mon mari est très pris* par son travail, moi, je travaille à l'autre bout de Paris, donc je suis absente pratiquement toute la journée de chez moi. Et les week-ends, ce sont les week-ends en province, et alors c'est le grand chambardement* le same-

---

schaffen **la tentation:** Verlockung **se disperser:** sich verzetteln **un tas de possibili-tés:** ein Haufen Möglichkeiten **déraciner:** entwurzeln **pas question:** es kommt nicht in Frage **dans le temps:** damals **un mois de fait:** nach einem Monat **avoir hâte:** es eilig haben **sans doute:** wahrscheinlich **le dépaysement:** Sich-fremd-Fühlen **très pris:** sehr beansprucht **le chambardement:** Durcheinander

di midi, fatigués le dimanche soir, avec les enfants couchés à minuit, ou alors c'est de rester à Paris le dimanche, avec la promenade au bois de Boulogne, la télévision en fin d'après-midi. D'un autre côté, j'ai l'impression d'un éventail de possibilités*, dont je ne profite peut-être pas du tout, mais qui me donne l'impression d'être la France. Quand on écoute les informations, tout vient de Paris. On a l'impression d'être au centre de tout ce qui se passe, c'est valorisant*. On a l'impression d'être en avance d'un métro*.

Ouvrier à la retraite, 75 ans

Vous aimez bien vivre ici, dans le quartier?

Oh oui, alors moi, c'est ma vie ici. On a tous les commerçants à portée de la main*, et je les connais bien.

Vous connaissez d'autres personnes dans le quartier?

Non, je ne fréquente* pas beaucoup.

Qu'est-ce que vous faites toute la journée?

Ah, rien, dites-donc*! J'ai assez travaillé dans ma vie, cinquante ans j'ai travaillé ... Je fais la sieste, je m'occupe de mes oiseaux, je m'occupe de mon manger.

Vous regardez aussi la télévision?

Ah, y a que ça qui m'intéresse, alors le soir, je me mets dans mon fauteuil, je bois ma petite bière brune, et puis hop*, je regarde ma télé*, après manger.

Jean-Pierre, sociologue au chômage, 29 ans

C'est quoi pour toi, Paris?

Pour moi, Paris, c'est d'abord un quartier. Moi, si j'ai choisi ce quartier du Marais, c'est que,

---

Seite 38 – **un éventail de possibilités:** Fülle von Möglichkeiten **valorisant:** gut fürs Selbstwertgefühl **en avance d'un métro:** «in» sein **à portée de la main:** in Reichweite **fréquenter** ⟨ ⟩: Leute treffen **dites-donc!** ⟨ ⟩: hören Sie mal! **et puis hop!** ⟨ ⟩: und dann fix **la télé** ⟨ ⟩: Kurzform für télévision **dingue** ⟨ ⟩: verrückt **hein** ⟨ ⟩:

bon, tu es en plein centre de Paris, et en même temps tu es presque dans un village. Et les touristes s'arrêtent à la rue Beaubourg, ils ne traversent jamais, c'est dingue* hein*! Ils s'arrêtent là.

Qu'est-ce qui te plaît à Paris?

Ce qui me plaît à Paris? Je crois que, à Paris, c'est possible, à tous les niveaux, tout est possible. Je crois que tu peux rencontrer toutes sortes de gens, tu peux aller voir toutes sortes de spectacles, c'est dingue. Alors c'est drôle*, parce qu'on dit, à Paris, il n'y a pas de Parisiens, c'est vrai, tous les Parisiens sont des provinciaux**. Et je crois que tous les gens qui naissent à Paris finissent par déménager et aller autre part. Mais moi, à la limite*, je trouve que c'est très bien que ce soit des provinciaux qui soient à Paris, parce qu'ils sont plus parisiens que les vrais Parisiens. Bon, et puis il y a un style de vie très particulier. Alors, quand tu viens à Paris, c'est que tu en as besoin, psychologiquement ou culturellement. Donc, si tu en éprouves le besoin, tu t'adaptes très bien, tu finis par très vite fonctionner.

ment intégrée, et contrairement à la plupart des gens qui habitent Paris, j'en profite, c'est-à-dire, je peux à toute heure du jour et de la nuit me trimballer*. J'ai rarement les problèmes spécifiques des embouteillages**, des transports en commun*, parce que, bon, je peux voir les gens que je veux voir à l'heure qui me convient*. Et puis je marche énormément dans Paris, parce que c'est quand même une ville que j'aime, et puis j'aime le contact avec la foule. On ne peux pas sortir dans la rue sans qu'il se passe des choses. Paris reste une ville de flânerie*, les Parisiens sont toujours disponibles pour flâner.

Jean-Pierre, écrivain, 38 ans

J'ai quand même une position très marginale par rapport à la vie habituelle des gens, bon, je n'ai pas de travail régulier, je n'en cherche pas, bon, donc, c'est une marginalité parfaite-

---

nicht wahr *Seite 39* – **c'est drôle:** das ist komisch **á la limite:** eigentlich, fast **se trimballer** ⟨ ⟩: herumlaufen **les transports en commun:** öffentliche Verkehrsmittel **ça me convient:** es paßt mir **la flânerie:** der Bummel

JUNGPARISER
BABAS* ET COMPAGNIE

Baba ou bab: hippy nouvelle façon. Il aime les communautés, il préfère l'amour à la guerre, l'écologie aux nouvelles technologies, la vie de quartier aux jeux électroniques.

Branché: à la mode, dans le coup*. Le branché est au courant de la mode d'avant-garde, et même la précède.

Classe: classique et chic. C'est une mode qui ne se démode pas, mais plutôt chère.

Clean: marginal ou intégré, on est sain, au physique comme au moral.

Clochard: c'est la pauvreté pour rire*: pantalon trop large, attaché par une ficelle, mais propre.

---

*Seite 40 – **la connerie** ⟨ ⟩: Blödsinn **cogner** ⟨ ⟩: schlagen **vachement sapé** ⟨ ⟩: unheimlich elegant **les balles** ⟨ ⟩: Francs **puer:** stinken **être dans le coup** ⟨ ⟩: dazugehören **pour rire** ⟨ ⟩: nicht ernst gemeint *Seite 41* – **tiens!:** ach!, sieh mal! **déconner** ⟨ ⟩: spinnen **se défouler** ⟨ ⟩: sich abreagieren **s'éclater** ⟨ ⟩: ausflip-*

Faites l'amour, pas la guerre.

Tiens*! Ça existe encore les babas?

Ils déconnent* tous.

Méditer, ça défoule*

Ce soir, je m'éclate*

6   7   8   9   10

Disco: être disco, c'est aimer une sorte de musique qui appartient à un certain groupe de jeunes, de tous les milieux sociaux, mais à peu près du même âge: de 15 à 18 ans.

Minet, minette: cher ou bon marché, le minet suit la mode des magazines et des vedettes.

Punk: crâne rasé* avec une seule mèche* de cheveux teints* aux couleurs criardes*. Pantalon trop court et trop large, veste trop grande. Etre punk, c'est vivre dans la ville, c'est accepter de redevenir une bête, c'est ne plus lutter pour une·vie meilleure, c'est provoquer les autres.

Rasta: fan de reggae, la musique jamaïcaine. Les rastas français se distinguent par une allusion* discrète aux couleurs éthiopiennes – jaune, vert, rouge –, portées sur un petit bonnet, un badge, etc.

Rockies ou rockers: blouson de cuir noir, santiags–bottes courtes au bout pointu, souvent décorées de dessins – et une «banane», mèche de cheveux gominée*, très en avant sur le front.

Zonard: à l'origine, le terme désigne les jeunes marginaux fauchés* d'origine prolétarienne. C'est la misère sans justification* idéologique.

---

pen **le crâne rasé:** rasierter Kopf **la mèche:** Haarsträhne **teint:** gefärbt **une couleur criarde:** grelle Farbe **l'allusion:** Anspielung **une mèche de cheveux gominée:** Schmalzlocke **fauché** 〈 〉**:** blank **la justification:** Rechtfertigung

Libération

DIS-MOIS CE QUE TU LIS, JE TE DIRAIS QUI TU ES

Dans la presse française, on observe une grande différence entre la presse quotidienne régionale et parisienne. Les quotidiens régionaux écrivent surtout les événements locaux et régionaux. La presse quotidienne parisienne s'intéressent aux événements nationaux et internationaux et en fait l'analyse.

Depuis sa restructuration en février 1981, il monte, son tirage* augmente. Certains parlent d'embourgeoisement, c'est pourtant un canard* qui dénonce les injustices, qui s'occupe du Tiers Monde, des marginaux**, des ouvriers, des opprimés*, des handicapés*, des taulards*.

LE FIGARO

C'est Monsieur Hersant propriétaire du «Figaro», de «France-Soir», de «l'Aurore», du «Nord Matin», du «Havre Libre» etc. qui donne le ton*, un ton conservateur. La bourgeoisie, les cadres* supérieurs et moyens sont ses principaux lecteurs.

Le Monde

Il s'achète avec «le Matin», avec «le Figaro», avec «Libé», ou encore avec «l'Humanité» et n'importe quel* journal de province**. De gauche à droite, du Parisien au provincial**, tous ceux qui sont au courant de l'actualité, qui veulent faire sérieux et qui le sont quelquefois le lisent. C'est un journal libéral de gauche qui suit avec bienveillance* l'expérience socialiste tout en critiquant quand il l'estime nécessaire*.

France-Soir

C'est pour faire pleurer Margot le soir dans le métro. Monsieur Tout-le-monde* se met en colère en lisant les drames de la vie quotidienne comme par exemple: les malheurs de Mireille Matthieu, les animaux abandonnés, les drames de la passion et certaines grandes catastrophes. C'est la recherche du sensationnel avec les faits divers*.

Seite 42 – **n'importe quel**: irgendein   **suivre avec bienveillance**: mit Wohlwollen verfolgen   **estimer nécessaire**: für notwendig erachten   **le tirage**: Auflage   **le canard** ⟨ ⟩: Blatt   **les opprimés**: Unterdrückte   **les handicapés**: Behinderte   **le taulard** ⟨ ⟩: Knacki   **donner le ton**: den Ton angeben   **les cadres**: leitende Angestellte   **Monsieur**

l'Humanité

N'aime pas «Libé». C'est le porte-parole** du Parti Communiste Français. Il s'adresse essentiellement aux membres du parti, il analyse les problèmes politiques et sociaux et soutient les luttes sociales*, en particulier les actions de la CGT*.

LE MATIN

D'orientation socialiste, de même tendance que le «Nouvel Observateur» (hebdomadaire). Il est lu par les intellectuels. On y trouve des articles de fond*, des informations politiques, culturelles et générales.

Tout-le-monde: Herr Jedermann   **les faits divers:** vermischte Nachrichten   *Seite 43 –*
la lutte sociale: Klassenkampf   **C. G. T.: Confédération Générale du Travail:** Gewerkschaft   **l'article de fond:** Leitartikel

KLEINANZEIGEN

TAULARD

LIBERABLE DANS 4 MOIS 27 ans, désire correspondre avec jeune femme de 20 à 30 ans pour lier amitié et plus si affinités. Si possible joindre photo. Réponse assurée.

ENFANT

CRECHE PAREN-TALE. Groupe de parents cherche autres parents motivés pour se lancer dans la création d'une crèche parentale dans le 18e arrt. Voulons fonctionner dès la rentrée ! Vous pouvez appeler au 607 16 88 chez Pierre, Jacques et Ana. Insistez en cas d'absence.

MESSAGE

TU SAIS, MONSIEUR GLAÇON, tu as raison : je ne pense pas à toi, je ne suis sûrement pas amoureuse mais le mois d'août va être long sans tes câlins. Vivement ton appel. En attendant passe de bonnes vacances. Je t'écrirai prochainement. Signé ICEBERG

SOLITAIRE. Que mangez-vous, comment mangez-vous ou mangez-vous seul(e) ? Vous faites des excès, des régimes, du jeûne ? Vous grignotez, vous sautez les repas, vous pillez le frigidaire, vous ne pouvez plus vous arrêter... ? Vous allez au restaurant seul(e) ou vous avez horreur de ça ? Je travaille sur le mangeur solitaire. Vos témoignages m'intéressent, écrivez-moi. Ecrire au journal qui transmettra. MICHELE RIGALLAU

GRI-GRI

KEITA, HOMME DE DIEU, grand médium africain, don héréditaire vous révèle le passé, le présent et l'avenir, résout tous vos problèmes : travail, réussite dans les affaires, protection, désenvoûtement, argent, amour, affection. Résultats très surprenants. Paiement après les résultats. Reçoit tous les jours de 10h à 20h, par corresp. joindre env. timbrée. 82 av. de St-Ouen

FEMMES

FETE DU MIEL. Le Mouvement d'information et d'expression des lesbiennes fête samedi l'inauguration de sa caféteria l'Hydromel à la maison des femmes de Paris. 20 h, 8 cité Prost.

BOULOT

Propose

TROUPEAU Cherche pour s'occuper d'une petit troupeau ovin-caprin — âne pendant quelques semaines de vacances, personne de préférence sachant traire, motivée, aimant la campagne. Nourrie, logée, argent de poche. Belle région petite montagne du sud Aveyron (midi). Ecrire d'urgence à

ALGÉRIENNES. L'association de femmes maghrébines « Les Yeux ouverts » organisent un meeting ce soir contre la politique familiale algérienne. *19h, Maison des travailleurs immigrés, 46 rue de Montreuil, 75011 Paris.*

Seite 44 —ENFANTS: **la crèche parentale:** Krabbelstube GRI-GRI: **le don héréditaire:** vererbte Begabung **le désenvoûtement:** Austreibung böser Geister MESSAGE: **faire des câlins:** schmusen **vivement ton appel:** hoffentlich rufst Du bald an! **le jeûne:** Fasten **piller:** ausplündern **transmettre:** weiterleiten FEMMES: **l'inauguration:** Eröffnung TAULARD: **le taulard** ⟨ ⟩: Knaki **libérable:** vor der Entlassung BOULOT: **le troupeau ovin-caprin:** Schaf- und Ziegenherde **traire:** melken *Seite 45*—PACIFISME: **le gel des armements nucléaires:** Einfrieren der Atomwaffen LOGEMENT: **charges comprises:** inklusive Umlagen **tout équipé:** voll eingerichtet CONTACTS: **assez style:** ganz stilvoll **snobinard** ⟨ ⟩: snobistisch **la bagarre:** Schläge-

44

PACIFISME. Un rassemblement pour le gel des armements nucléaires aura lieu ce week-end sur le plateau du Larzac à l'appel des organisations non communistes La fédération de Paris du PSU et le CODENE affrètent des cars à cet effet. *PSU 10 cité de Popincourt, 75011 Paris 1/357 86 78 Codene, 23 rue Notre Dame des Lorettes,*

LOGEMENT

PARIS 2-3 PIECES 55m2, tout confort, 3000F maxi, charges comprises, quartier Austerlitz ou environs à 15-20 minutes. Tel 666 66 43, lundi après 19 H et mercredi et jeudi toute la journée.

CONTACT

BUFFET j'organise le 7 mai un buffet avec participation 150 Frs. par pers. beaucoup de places. C'est dans le 8ème assez style sans être snobinard. Danse également, amateurs de bagarres ou d'histoires non désiratas.

JE SORS DU PLACARD Je n'ai plus ni logement ni boulot. Bref, pas la peine de vous faire un dessin... Contactez de toute urgence ANNIE

QUE CELUI OU CELLE qui m'a piqué mon sac mercredi soir au journal me renvoie au moins tous les papiers, carnet de santé de mon bébé, carnet d'adresse, carnet de maternité, etc... Ça m'éviterait pas mal de galères, d'énergie et de pas inutiles en démarches administratives.

FRANCO-ALLE-MAND Morestel 38, du 28 août au 3 sep., les différences culturelles dans la cuisine, la cuisine une manière de se connaître, d'échanger, préjugés, évolution similitudes et différences de comportement, en mettant la main à la pâte, contacter M Dupré, 18 rue du Tonkin,

THERAPIE

ECOUTER ET COMPREN-DRE. Se faire écouter et respecter les autres. Parler de soi, de ses émotions, de ses besoins. Formuler une demande. Dire non. Ça vous tente ? C'est difficile ? Je peux vous accompagner dans votre chemin vers la réalisation de vous-même, la satisfaction de vos besoins en harmonie avec l'autre. J'utilise l'Analyse Transactionnelle, la Gestalt, la Bioénergie, en groupe, en séance individuelle. Premier entretien gratuit si motivé. Laissez un message à Anne-Claire (précisez SVP) soyez audible (mon répondeur a l'ouïe moins fine que moi)

DONNE ECHANGE

MACHINE A LAVER La vaisselle contre des lits superposés, une grande table, un radio K7, ou du materiel photo

DIAMANT. Echange diamant placement 0,37 carat, val. 16 000 F, contre moto grosse cylindrée ou petit bateau ou autre chose

TRES BEL APPT 62m2 HLM 3P Vanves, 5mn Paris, calme, clair, vue sur parc. Loyer 1300FCC contre appart. similaire

CHOMAGE. En contact quotidiennement avec des chômeurs (chômeuses) recherche adresses associations assurant formations, cours de recyclage, alphabétisation, recherche d'emploi sur Paris et 93 et toutes informations (documents, livres, articles) sur le chômage et les façons d'essayer d'en sortir.

FREIE RADIOS
A L'ECOUTE DES RADIOS LIBRES*

Radio Libertaire (anarchiste)

Eh bien voilà, depuis hier soir, on est illégal! C'est la «Haute Autorité»* qui en a décidé. On est de nouveau pirate. Que ce soit un gouvernement de gauche ou de droite, c'est pareil, nous, on renoue avec la tradition*! Il y a maintenant 22 stations autorisées, ici on est sur 89 points 5 Mégahertz.

On tient les auditeurs* au courant. On compte sur vous! Et on espère que vous répondrez présent!

Bon, nous poursuivons notre programme, on en était à 1963, voici un morceau de Blues: Gipsy's woman, on a un autre titre pour après, le dernier de l'autre face.

Vous êtes toujours à l'écoute de Radio Libertaire, malgré tout ce qui nous tombe sur le nez, on continue notre émission sur le Blues.

Juste avant, on avait écouté Judy Holliday.

Mais non, tu confonds tout!

Bon, dérogation* ou pas, on continuera à émettre*! Pour les gangsters du gouvernement, on n'existe pas! Les politicards* rêvent d'un discours aseptisé*! Radio Libertaire remet en question* la politique de ces messieurs ... quand on pense à Radio Energie sur 89,4 mgH qui ne diffuse* que de la merde! La liberté d'expression* est un droit pour lequel il faut se battre!

Bien, on va revenir à nos moutons*. Ce matin, c'est le Blues, on va écouter Eddie Harrisson.

Ça, c'était le super-Blues, il nous reste encore un quart d'heure pour écouter Taj Majal.

Nous sommes interdits d'expression, mais nous continuerons!

Merci.

De rien*, je t'en prie.

On va dire au revoir aux auditeurs en espérant les revoir la semaine prochaine!

Bon, on arrête là. Excusez-nous du caractère décousu* de

Seite 46 – **à l'écoute des radios libres:** hier sind die freien Radios **la Haute Autorité:** hohe Behörden für Rundfunk und Fernsehen **renouer avec la tradition:** an die Tradition anknüpfen **l'auditeur:** Zuhörer **la dérogation:** Ausnahmegenehmigung **émettre:** senden **les politicards** ⟨ ⟩: Politikheinis **le discours aseptisé:** ausgewogene Redeweise **remettre en question:** in Frage stellen **diffuser:** senden **la liberté d'expression:** freie Meinungsäußerung **revenir à ses moutons** ⟨ ⟩: wieder zur Sache kommen **de rien:** keine Ursache *Seite 47* – **décousu:** zusammenhanglos **vous me**

l'émission, mais on est fatigué! Salut!

Radio «Ici-et-Maintenant» (Radio où l'on discute de tout avec les auditeurs qui téléphonent)

Bonjour! Ici Paul avec nous pour ce début de programme! Et moi, c'est Philippe Delacroix, et là, Georges. Oui, vous me mettez un demi!* Merci! Ils sont par-faits, aujourd'hui, les employés, par-faits. Bon, voilà de la musique, et si vous voulez appeler, c'est le numéro 586 84 66, c'est notre standard*. Et si la musique que nous passons n'est pour vous que de la musique de sauvages, eh bien, tant pis!* Au revoir et à bientôt.

Y a quelque chose! Les esprits simples sont avec nous. Simple Mind Oh, le bel album!

Ah! du soleil! N'écoutez plus la radio! Mon petit camarade n'est pas d'accord. Mais si, n'écoutez plus la radio, sortez, allez prendre l'air*, désintoxiquez-vous!* Ne fumez plus dix paquets par jour, mais neuf par jour! Enfin bref, soyez vous-même! Ici radio Ici-et-Maintenant, la radio qui fait fuir* ses auditeurs. Salut à tous! (ronflements). Maintenant un titre étonnant: ‹Attention, attention!›

Simple d'esprit, simplesse d'esprit, rebonjour à tous! Ah, une nouvelle triste et pourtant joyeuse: le standard nous a quitté, oh, pas définitivement, non, il est simplement parti au Jardin du Luxembourg cueillir des fleurs. Le numéro de notre standard qui va revenir: 586 84 66, donc le numéro de téléphone qui vous permet d'intervenir à l'antenne et d'y être libre, de dire ce que vous avez à dire.

Bonjour Francis!

(Appel téléphonique)

«Bonjour, bon, j'ai téléphoné parce que je voyais que c'était calme chez vous. Je vous écoutais tranquillement en train de lire les journaux, en particulier un que je n'ai pas l'habitude de lire: le Figaro Magazine. Tu connais? Eh bien, ce truc*, c'est un tor-chon*. Sur 228 pages, il y a 147 pages de pub* faite par des professionnels qui savent très bien mettre en images avec des photos et en texte les fantasmes de consommation de tout le monde. Le rédactionnel est coincé** entre les deux, et il ne veut plus rien dire, il est complètement ringard*.»

Tu nous fais un tableau noir* de tes découvertes.

«Je trouve ça consternant, lamentable*.»

Si vous voulez répondre à Francis, appelez le standard. Ah oui, le titre que j'ai envoyé tout à l'heure à l'antenne, c'était les «Tueurs d'une lune de miel*» et «Décollage*, prends un avion pour un autre là-bas», mais c'est vrai! . . .

Oui, allô, on t'écoute . . .

---

mettez un demi: für mich ein kleines (Bier)   **le standard:** Telefonzentrale   **tant pis!:** kann man nichts machen!   **prendre l'air:** frische Luft schnappen   **se désintoxiquer:** sich entgiften   **faire fuir:** in die Flucht schlagen   **le truc** ⟨ ⟩: Ding   **le torchon** ⟨ ⟩: Dreckblatt   **la pub:** Kurzform von publicité   **ringard:** nicht mehr «in»   **faire un tableau noir:** schwarzmalen   **lamentable:** bedauernswert   **la lune de miel:** Flitterwochen   **le décollage:** Abflug

BILDUNGSFERNSEHEN
L'EMISSION LITTERAIRE «APOSTROPHES»

Le vendredi soir, les Français ne sortent plus, il s'installent devant leur petit écran*. Trois à quatre millions de téléspectateurs regardent avec attention l'émission littéraire ‹Apostrophes› sur Antenne 2*. Depuis 1975, pendant soixante-dix minutes chaque semaine, Bernard Pivot et ses invités, des écrivains connus, inconnus ou méconnus* (de préférence français) présentent aux Français les nouveaux livres, les analysent, les mettent en valeur* et leur conseillent par la même occasion ce qu'ils doivent acheter le samedi matin à la FNAC* ou chez leur libraire préféré.

Quelques minutes à ‹Apostrophes› représentent à peu près une vente de 20 à 25 mille exemplaires. Les éditeurs*, les auteurs l'adorent*! On y vient volontiers, de Valéry Giscard d'Estaing avec un ouvrage sur Maupassant, à Roland Barthes avec les ‹Fragments du discours amoureux› ou encore le philosophe – pas facile à lire – Vladimir Jankélévitch qui, grâce à son charme, réussit à vendre son livre ‹Le je ne sais quoi ou le presque rien› à 25 mille exemplaires (plus que dans toute sa vie) bien que le livre soit complètement hermétique.* à la majorité des acheteurs.

Dialogue entre Bernard Pivot et un écrivain un peu ‹engagé›

Vous venez de publier aux éditions Gallimard un livre qui parle de l'amour impossible entre une Parisienne et un jeune prolétaire.

Effectivement*.

Qu'est-ce qui vous a donné l'idée d'écrire ce livre?

Ma longue expérience.

Est-ce que vous vous identifiez à votre personnage principal?

Non, je le remets en question.**

En tant qu'écrivain, en tant qu' homme, qu'est-ce que cela veut dire pour vous personnellement?*

Pas grand chose … euh, enfin, je veux dire, j'analyse les antagonismes, les causes sociales, cultu-

---

*Seite 48 – **le petit écran:** Bildschirm **Antenne 2:** Zweites Programm **méconnu:** verkannt **mettre en valeur:** hervorheben **la FNAC:** Buch- und Schallplattenkette **l'éditeur:** Verleger **adorer:** über alles schätzen **hermétique:** unzugänglich **effectivement:** in der Tat **en tant qu'écrivain:** als Schriftsteller *Seite 49 – **tomber amoureux:***

Devant leur poste de télévision, le vendredi soir, les Français parlent aux Français ...

> Tu crois qu'il est pédé*, lui?

> Bof*, chais pas**, il a pas l'air**, mais remarque que, dans ce milieu: télé**, artistes, écrivains, ils sont tous un peu bizarres ...

> Regarde, t'as vu la nana** derrière Pivot? Elle a oublié de fermer son chemisier, elle est pas gênée ...

> Incroyable! Oui, mais écoute un peu ce qu'il raconte!

> Ça va... Oh! Regarde les cheveux du type, il a dû se faire faire un brushing avant l'émission, bon, maintenant j'écoute!

> Eh! On peut dire ce qu'on pense, non?

> Oh dis-donc**! Les godasses*, un vrai miroir.

> Tu me passes les clopes*, s'il te plaît?

> Tiens*!

> Il peut se le garder*, son bouquin*.

> Moi, j'écris le titre, on sait jamais.

relles, politiques, familiales, sociologiques, intellectuelles, monétaires, etc, qui rendent cet amour impossible.

Il y a un passage très impressionnant de la page 150 à la page 155.

Ah oui! Quand ils comprennent que leur amour est impossible.

Etes-vous tombé amoureux* de votre héroïne?

Un peu, j'avoue*.

Est-ce que vous pensez que le sujet intéressera le grand public?

Enfin, ce n'est pas accessible* à tous, mais le livre se trouve dans toutes les bonnes librairies au prix modique* de quatre-vingts francs.

Merci d'être venu.

---

sich verlieben **avouer:** eingestehen **accessible:** zugänglich **modique:** mäßig **pédé** ⟨ ⟩: schwul **bof:** Ausdruck der Gleichgültigkeit **les godasses** ⟨ ⟩: Schuhe **les clopes** ⟨ ⟩: Zigaretten **tiens!** ⟨ ⟩: da hast du's! **il peut se le garder:** das kann er behalten **le bouquin** ⟨ ⟩: Buch

49

AUSGEHEN
ON SORT CE SOIR

UN DIMAN(
DE FLIG

OMBIE

Pardon madame, vous faites tarif étudiant, ce soir? non? Tant pis**! Bon, alors, une place orchestre.

Ça sert à rien de pousser*, il y aura de la place pour tout le monde!

Tu sais quel genre* de film c'est? C'est policier, porno?

Pourquoi tu fais la gueule*? Si t'as pas envie**, dis-le, on rentre!

Toutes les places à 5 francs, toutes les places à 5 francs...

J'ai arrêté le gaz? Je crois que j'ai oublié de l'éteindre, zut**!

Seite 50 – se cultiver: sich bilden **pousser:** drängen **quel genre:** was für ein **le ciné** ⟨ ⟩: Kurzform von cinéma **faire la gueule** ⟨ ⟩: eine Fresse ziehen *Seite 51 –* **faire la queue:** Schlange stehen **le resto U** ⟨ ⟩: Kurzform von restaurant universitaire – Men-

Mais qu'est-ce que tu fous là*, Annie ? Tu devais rester à la maison avec les gosses**.

On va boire un pot* après ? On pourra discuter un peu.

Tu vas voir, ça va te plaire. Je crois que c'est un bon film. La critique est très bonne.

rs faire la *, dans le au resto U*, é ...

---

sa   **qu'est-ce que tu fous là ?** ⟨ ⟩: was machst du hier   **boire un pot** ⟨ ⟩: einen trinken
gehen

Je regrette monsieur, il n'y a plus de place.

J'aimerais deux balcons ou bien deux orchestres, s'il vous plaît.

Pas de chance! C'est dommage*! Qu'est-ce qu' on fait maintenant?

Il paraît qu'il y a une belle exposition au Petit Palais, ça te dirait*? On a peut-être encore le temps d'arriver avant la fermeture. On y va?

Ça fait rien, je propose qu'on aille au théâtre. On va prendre un taxi.

C'est déjà fermé, pas de pot*! Ah oui, j'avais oublié, on est mardi aujourd'hui, jour de fermeture des musées, zut!**

En raison de la grève des machinistes, pas de représentation ce soir

THÉ DE LA

Décidemment*! Je suis vraiment désolé* mais je n'y suis pour rien*! Si tu veux, je t'invite à l'Olympia, y a** Aznavour qui passe!

Seite 52 – **c'est dommage:** das ist schade   **ça te dirait?:** würde es dir zusagen?   **pas de pot ⟨ ⟩:** kein Glück   **la grève:** Streik   **décidemment:** aber wirklich   **je suis désolé:** es tut mir leid   **je n'y suis pour rien:** ich kann nichts dafür   *Seite 53* – **peu importe:**

egal **craquer** ⟨ ⟩: ausflippen **chouette** ⟨ ⟩: prima **un monde fou:** unheimlich viel los **ça alors!:** Ausdruck des Staunens **exprès:** absichtlich **la poisse** ⟨ ⟩: Pech **se faire avoir** ⟨ ⟩: reingelegt werden **doué:** begabt

EINSAMKEIT
SOLITUDE DANS LA FOULE

Je suis un mec** ni con*, ni moche*, ni déprimé, mais solitaire*! Si j'aborde* une fille, elle va m'envoyer sur les roses*! Pourtant, je suis sympa** et pas complètement idiot!

C'est pas marrant* d'être seul! J'ai tellement besoin de tendresse, de caresses, de chaleur, d'amitié. J'aimerais donner et aussi recevoir.

L'amour, l'amour, on en parle partout dans les journaux, sur les affiches de publicité et moi rien! Parce que l'amour c'est beau, le dire c'est bien, mais le faire c'est mieux!

Qu'est-ce que je pourrais faire ce soir? Ce serait chouette** d'avoir des copains** pour aller au cinéma, au restaurant et puis après dans une disco. Tout seul, c'est chiant!*

Seite 54 – **con** ⟨ ⟩: dumm **moche** ⟨ ⟩: häßlich **solitaire:** einsam **aborder:** ansprechen **envoyer sur les roses** ⟨ ⟩: zurückweisen **marrant** ⟨ ⟩: witzig **chiant** ⟨!⟩: beschissen *Seite 55* – **paumé:** verloren **en avoir marre** ⟨ ⟩: es satt haben **hostile:** feindselig **mignonne:** niedlich **douce:** zärtlich **décontracté:** locker **ennuyeux:** langweilig **affreux:** furchtbar **traîner** ⟨ ⟩: rumhängen **discuter de choses et d'autres:** von Gott und der Welt reden

Je me sens paumé* ici, ma famille et mes amis me manquent. Je me demande ce que je fous** ici tout seul, j'en ai vraiment marre*!

Je me sens seule, je n'ai personne à qui parler. Je ne connais personne et je ne sais pas où je pourrais faire connaissance de quelqu'un. Tout le monde a l'air** hostile*.

Je suis mignonne*, douce*, féminine et libérée. Où trouver l'homme de ma vie, un homme viril et tendre, solide et sensible, beau et intelligent, gai et sincère, généreux et décontracté*, et pourquoi pas riche en plus?

i j'avais su! C'est pas comme ça que je m'imaginais la vie à Paris. C'est encore plus ennuyeux* u'à la maison! C'est vraiment pas drôle!

Vivement lundi** que je puisse parler à quelqu'un au bureau. Ces dimanches où il ne se passe rien, où tout est fermé, c'est affreux*! Je préfère aller travailler que de traîner* comme ça toute la journée.

Ce serait bien d'avoir quelqu'un pour bavarder**, parler de soi, discuter de choses et d'autres*.

DEPRESSION A CHACUN SA TRISTESSE

La plupart des Français ne connaissent pas la déprime, ils sont tristes, inquiets ou pas en forme*. Plus on monte dans l'échelle sociale et plus on est instruit, plus on est optimiste. Les femmes, par contre, sont plus sensibles à leurs états d'âme*.

Les problèmes de santé et les problèmes familiaux sont les choses qui tracassent* le plus les Français. Les événements d'actualité comme le Liban, les famines*, la situation politique, économique internationale jouent un rôle plus important que les problèmes liés au* travail ou que les problèmes d'argent: tant que* l'on est pas touché directement par la crise, on évite d'y penser! Contrairement au cliché répandu, les problèmes sentimentaux* préoccupent les Français autant que le temps qu'il fait!

Si on ne sent pas en forme, un peu déprimé, le meilleur moyen de voir les choses plus en rose*, c'est de sortir, voir des gens pour se changer les idées*. D'autres font de grands rangements, bricolent* pour ne pas trop y penser. Un bon roman peut aussi aider, le travail, le sport, la nourriture sont également de précieux atouts* pour remonter la pente*. On peut aussi dépenser son argent (si on en a!). Les plus courageux se replient* sur eux-mêmes et essaient de voir ce qui ne va pas. Si ça ne suffit pas, les amis et le médecin deviendront les confidents, bien souvent avec l'aide de remontants* ou de somnifères. Rares sont ceux qui décident de connaître les causes profondes de leurs angoisses**. Si ça continue, les psychologues et les psychiatres vont finir par déprimer, faute de clients*.

> *Voilà, chais pas, mais ça ne va pas: Enfin je me sens bizarre. Comment vous expliquez? J'ai souvent le cafard* … Je me sens coupé des autres* … oui … parce que mes idées noires leur tapent sur les nerfs*… J'ai envie de** rien … je me sens mal dans ma peau. Oh, comme vous voyez, j'ai pas la frite*… En plus, j'arrive plus à baiser* et puis j'ai la trouille* en pensant à l'avenir: le boulot**, le chômage**, la surpopulation, la solitude, c'est la super-angoisse*. Je suis complètement abattu*! Vous ne pouvez pas savoir …*

> *Oh si, moi, c'est la même chose!*

Seite 56 – **être en forme**: sich gut fühlen **l'état d'âme**: seelische Verfassung **tracasser**: Sorgen verursachen **la famine**: Hungersnot **lié à**: in Verbindung mit **tant que**: solange **les problèmes sentimentaux**: Beziehungsprobleme **voir les choses en rose**: die Dinge rosiger sehen **bricoler**: basteln **se changer les idées**: sich auf andere Gedanken bringen **un atout**: Trumpf **remonter la pente**: wieder auf die Beine kommen **se replier**: sich zurückziehen **le remontant**: Stärkungsmittel, hier Alkohol **faute de clients**: aus Mangel an Kunden **avoir le cafard** 〈 〉: niedergeschlagen sein **se sentir coupé des autres**: sich ausgeschlossen fühlen **taper sur les nerfs** 〈 〉: auf den Nerv gehen **j'ai pas la frite** 〈 〉: ich bin lustlos **baiser** 〈 〉: bumsen **avoir la trouille** 〈 〉: Angst haben **la super-angoisse**: unheimliche Angst **être abattu**: niedergeschlagen sein **Seite 57 – le môme** 〈 〉: Kind **adorable**: entzückend **généralisé**: allgemein **tiens**: zum Beispiel **tu m'achèves**: du machst mich fertig

KONTAKTE

AUCUNE S'ABSTE-NIR ! Jeune homme cherche femme(s) 18-40 ans, couples travestis ou transexuels pour relations physiques suivies un après-midi sur deux. Joindre photos tél etc... peut recevoir sodomite -sm-nynphomanes appréciées. Bises à toutes.

1308066 J'AI ENVIE DE M'ECLATER Presque 30 ans, grande, jolie je crois (ce n'est pas à moi d'en juger), quand je vais rentrer à Paris fin août, vacances terminées, j'aimerais tant connaître de « nouvelles têtes ». Quel homme grand, attirant, amusant, en un mot comme un cent merveilleux, serait désireux de me rencontrer, de me plaire, de me séduire. J'ai envie de m'éclater, de vivre enfin. Personnes trop sérieuses s'abstenir.

30401. JEUNE MINET 22 ans, mignon, yeux bleus, sympa, recherche beau Parisien 18 à 30 ans, aimant la vie, l'amour, le ciné, et de préférence étudiant. Lettre détaillée et photo nécessaires. Tél. souhaité. Efféminés, vieux et autres idiots s'abstenir.

TENDRESSE QUAND TU NOUS TIENS ! J'ai la trentaine. Ma drogue à moi c'est la tendresse. Une amitié amoureuse solide et sincère vaut mieux qu'une passion aveugle et superficielle. Mademoiselle ! Toi qui aimes la vie, le 7e art, la tolérance, l'humour et l'horizon inconnu, écris à BORIE PR (67) 23, rue Yvonne le Tac 75018 Paris.

30411. MEC SYMPA quarantaine, grand, mince, sens de l'humour, propose grande balades, dîners aux chandelles, gros câlins et caresses sublimes à jolie jeune F. peut-être curieuse d'être initiée en douceur aux affres exquises des petits supplices érotiques. Tentée ? Même et surtout si cela vous demande un effort, craquez ! L'aventure est là. Envoyez-moi une jolie photo (de vous) et le récit de votre fantasme préféré

MASTURBER Si tu en as assez de te masturber seul, écris-moi. A deux, c'est nettement plus amusant et pourquoi pas un jour à trois. J'aime aussi photographier un sexe bien raide. Et je peux aussi poser. Voyeurs « voyeuses » exhibitionnistes à vos plumes. Je réponds à tous mais timbrez à 3,60F, merci. JC

VIERGE OU PAS J. filles de 18 à 30 ans, vierge ou pas, si vous avez beaucoup d'envies sexuelles mais vous avez peur, vous n'osez pas, alors je vous attends. J'ai 35 ans, beaucoup d'expérience, j'adore faire l'amour et un sexe assez gros. Je vous attends samedi vers 14/15H devant l'entrée de la Foire du Trône dans une voiture de sport rouge ou écrivez

---

*1 – le minet ⟨ ⟩: eleganter Jugendlicher **détaillé:** ausführlich **efféminé:** verweichlicht 2 – à vos plumes:* greift zur Feder *3 – s'abstenir:* sich enthalten **suivi:** regelmäßig *une bise:* Küßchen *4 – la trentaine:* um die dreißig *le septième art:* Film 5 *– vierge:* Jungfrau *un sexe assez gros:* ziemlich großer Schwanz *6 – séduire:* verführen *7 – la quarantaine:* um die vierzig *la ballade ⟨ ⟩:* Spaziergang *le dîner aux chandelles:* Abendessen bei Kerzenlicht *le gros câlin:* intime Zärtlichkeit **initié:** eingeweiht **en douceur:** sanft *les affres exquis:* raffinierte Schmerzen

EN BANLIEUE

LEBEN IN DER VORSTADT · ALLTAGS-GESPRÄCHE · WERBEFERNSEHEN · HAU-SIEREN · ANGST UND SCHRECKEN · JUGENDBANDEN · SCHLÄGEREI · MIN-DERHEITEN · WUNSCHTRÄUME

Die Banlieue von Paris ist gewiß keine touristische Gegend. Falls man nicht dort wohnt oder von einer unwiderstehlichen Neugierde gepackt wird, findet man wohl kaum dahin. Acht Millionen Menschen leben in diesen Vororten – für die meisten von ihnen ist eine Wohnung in Paris selbst einfach zu teuer. Sie leben in tristen Wohnblocks oder kleinen Häuschen und verbringen einige Stunden täglich im Auto oder in öffentlichen Verkehrsmitteln, um zu ihrem Arbeitsplatz in Paris zu kommen – falls sie nicht arbeitslos sind. In der Banlieue leben vor allem die benachteiligten Schichten der Bevölkerung. Sie ist der Dienstboteneingang der glänzenden Hauptstadt.

In fiktiven Gesprächssituationen versuchen wir, einige der Probleme zu schildern, die durch die beengten Wohnverhältnisse und durch finanzielle Schwierigkeiten geschaffen werden.

Das Glück wird im kleinen Komfort gesucht – Werber und Hausierer machen sich das zunutze (Werbefernsehen kann in Frankreich übrigens sehr witzig sein). Christiane Rochefort erzählte in ihrem Roman «Kinder unserer Zeit», dem wir einen Auszug entnommen haben, wie

Ratenkäufe durch staatliche Familienbeihilfen erst möglich werden.

Das Zusammenleben unterschiedlichster sozialer Gruppen auf engem Raum führt zu schweren Konflikten: Einerseits wächst die Kleinkriminalität, auf der anderen Seite bewaffnet sich der Mittelstand aus Angst vor eben jener Kriminalität.

Viele Jugendliche sind arbeitslos, es gibt kaum Abwechslung. Sie bilden oft Jugendbanden, die miteinander rivalisieren. Ihr harter Argot ist Ausdruck ihrer Lebensbedingungen. Für die jungen Ausländer, die besonders unter der ökonomischen Krise leiden und zugleich einem wachsenden Rassismus ausgeliefert sind, ist die Lage noch schwieriger. Unseren Texten liegen Informationen aus «Le Monde», «Nouvel Observateur», «Libération» und «Maintenant» zugrunde. Das Chanson stammt von Renaud, der in vielen Liedern das Leben der Banlieusards beschreibt.

«Libération» hat in einer Untersuchung über das Leben in der Banlieue auch nach den Träumen und Wünschen der Banlieusards gefragt. Das Ergebnis steht am Ende dieses Kapitels.

LEBEN IN DER VORSTADT

LA BANLIEUE: QU'EST-CE QUE C'EST?

Ce sont les agglomérations* qui entourent les grandes villes.

C'est souvent une prolifération* anarchique de la métropole qui dévore* villages, bourgs et campagnes autour d'elle, comblant tous les espaces disponibles par tout ce qui peut lui être utile: routes, autoroutes, voies ferrées, industries, habitations bon marché ou villas luxueuses loin du bruit de la capitale. On y trouve aussi bien la cité de transit* pour immigrés ou classes défavorisées, comme à la Courneuve que la banlieue chic à l'ouest de Paris à Neuilly, en passant par les cités pour cadres** dans la région de Versailles.

Avec ses terrains vagues*, ses grands ensembles*, ses petits jardins ringards** qui s'arrêtent sur une H. L. M.*, ses maisons proprettes à côté d'une décharge*, la banlieue est le lieu des contradictions.

La banlieue est le dortoir*, l'entrée de service* qui mène vers la capitale. Elle est sous-équipée dans tous les domaines: sociaux et culturels. Les cinémas, les théâtres, les bals, les disco, les cafés ou autres lieux de rencontre sont particulièrement absents ou sous-représentés.

---

l'agglomération: Ballungsgebiet **la prolifération:** Ausbreitung **dévorer:** verschlingen **la cité de transit:** Übergangssiedlung **le terrain vague:** Brachland **les grands ensembles:** Wohnsilos **H. L. M.: Habitation à Loyer Modéré:** Sozialwohnung **la décharge:** Schuttabladeplatz **le dortoir:** Schlafstadt **l'entrée de service:** Dienstboteneingang

ALLTAGSGESPRÄCHE

Alors, ça va ? Et le boulot**, ça marche ? Vous avez encore combien d'années avant la retraite* ? Vous devez commencer à en avoir votre claque** ! Hein** !

C'est vrai, j'attends le moment où je pourrais me retirer* à la campagne … Et votre femme, où elle est ? On la voit plus ? Qu'est-ce qu'elle devient ?

Ma femme ? Ben**, elle bosse** à mi-temps comme caissière au Prisunic. Vous comprenez, on a besoin d'une autre voiture et puis les gosses**, ça coûte ! Alors elle retravaille et chez vous la fille, ça va ?

Oh là là, j'y arrive pas ! Elle fait ce qu'elle veut ! On est complètement dépassés* ! L'autre jour, elle nous a ramené une espèce de* bicot* de la ZUP* d'en face. Si ça continue, on va devoir la foutre dehors* mais sa mère la soutient toujours !

Faut dire que dans ce quartier on est pas tranquille, on est envahi d'étrangers. Hier, à la télé**, ils ont montré une émission** sur les jeunes et le chômage** ! i zont* qu'à renvoyer chez eux tous ceux qui foutent* rien !

Oh oui ! Remarquez que j'ai rien contre eux mais ici c'est plus possible quoi ! On est plus chez nous ! Qu'est-ce que vous voulez comme voiture ? Moi chuis* allé au Salon de l'auto, ça vaut le coup** !

On sait pas encore … vous avez entendu ceux du 4ème hier soir ? Ça a bardé* ! Lui, il est toujours saoul** ! Si ça continue, je porte plainte. Ils n'arrêtent pas de faire du bruit ! C'est les disputes, la télé, les gosses** qui gueulent* !

Ben, c'est comme nos voisins de palier. Ça n'arrête pas ! L'appartement est dans un état de saleté* ! Vous voulez pas prendre l'apéro*, avant que ça ne réaugmente* ! Vous parlez d'un gouvernement* !

Seite 62 – **la retraite:** Rente **se retirer:** sich zurückziehen **être dépassé** ⟨ ⟩: überfordert sein **espèce de:** verstärkt eine Beschimpfung **le bicot** ⟨!⟩: Araber **la ZUP:** Zone à Urbaniser en Priorité: Siedlung ohne Infrastruktur **foutre dehors** ⟨!⟩: rausschmeißen **i zont qu'à** ⟨ ⟩: ils n'ont qu'à: sie brauchen nur **foutre** ⟨!⟩: machen **chuis** ⟨ ⟩: je suis **ça a bardé** ⟨ ⟩: sie haben sich gefetzt **gueuler** ⟨ ⟩: rumschreien

62

Je vous assure, ce n'est pas facile d'élever des enfants de nos jours. On les aime bien, mais quand même, ils nous coûtent chers.

Oui, y a bien les allocations familiales*, mais avec la vie qui augmente de jour en jour…

Tenez, avec la naissance du dernier, on a tout juste pu s'acheter un lave-vaisselle*.

Ça oui, je vous crois. Et pensez un peu que moi, je dois me débrouiller* toute seule avec mes trois gamins*.

Mais vous ne touchez pas une pension alimentaire* de votre ex-mari*?

Alors là, si je dois compter sur lui, je peux attendre longtemps. Bon, c'est vrai que je reçois l'allocation logement et l'allocation de parent isolé, mais j'ai du mal à m'en sortir. Et puis, imaginez-vous que la caisse ne se contente plus d'une attestation comme quoi je vis seule, ils disent que je dois porter plainte contre mon ex-mari, sinon ils suppriment une partie des allocations. Mais lui, il est payé au SMIC**, alors il peut pas me donner grand'chose. Ce qui fait que moi, je ne sais plus quoi faire.

C'est vraiment une honte*. Etre une femme divorcée, c'est dur… Vous devriez vous remarier.

Trouver un vieux monsieur, célibataire ou veuf, avec une bonne retraite… et à sa mort, hein, vous touchez 52 pour cent de sa retraite. Je vous le dis, les veuves sont mieux payées.

Ben, euh, finalement ce ne serait pas une mauvaise idée…

---

saleté: Dreck **l'apéro:** Kurzform von apéritif **réaugmenter:** teurer werden **vous parlez d'un gouvernement:** was für eine Regierung *Seite 63 –* **les allocations familiales:** Familienbeihilfe **le lave-vaisselle:** Spülmaschine **se débrouiller:** zurechtkommen **le gamin ⟨ ⟩:** Kind **la pension alimentaire:** Unterhalt **l'ex-mari:** geschiedener Mann **la honte:** Schande

«Eh beh*, c'est pas la forme!»
   «J'ai mal à l'estomac!»
   «Faut pas rester comme ça!»
   «Eh ouais, faut pas rester comme ça!»
   «Moi, je suis pas médecin mais mon papa, quand il a mal à l'estomac, eh bien, tu sais c'qui* prend? Rémy. Rémy soulage* rapidement les maux d'estomac n'importe où, n'importe quand! Pas d'utilisation prolongée sans avis médical.»

Hic … hic … hic …
sur un matelas Epéda-multispires, on peut vivre sa nuit sans réveiller l'autre … ou presque …

Meilleur qu'une laitière*: une autre laitière, l'authentique yoghourt nature de Chambourcy. Goûtez la qualité Chambourcy.

«Monsieur le curé, à table! Don Patillot, la gourmandise te fait perdre le sens de la mesure!*»
   «Ce ne sont que des pâtes, Seigneur.»
   «Des pâtes, oui, mais des Panzani!»
   «Oui!»

Un match de tennis, on ne sait pas combien de temps ça peut durer … avec Rexona nouvelle formule, je reste fraîche encore plus longtemps. Comme ça, je suis encore plus sûre* de moi … Nouveau Rexona frais pour gagner.

SUA COLLEZIONE N°1

Seite 64 – **Eh beh** ⟨ ⟩: Kurzform für eh bien   **c'qui** ⟨ ⟩: Kurzform für ce qu'il   **soulager:** erleichtern   **la laitière:** die Kuh oder die Milchfrau   **la mesure:** Maß   **sûr de soi:** selbstsicher   Seite 65 – **le velouté:** Art von Suppe   **ma louloute** ⟨ ⟩: Kosename für

Chaussettes Elanca, la chaussette qui monte, qui monte et qui ne descend pas.

«Maggi, Maggi
la soupe du pêcheur, ou tu l'aimes ou je meurs!»
    «Le velouté* de ma louloute*.»
    «Elle est si bath* / Dans sa to-mate / Moi tellement beau / Dans mon poireau / MAGGI, MAGGI / Avec bébé en cours* / Vue sur la cour / Tout près d'l'hypermarché / Qui reste ouvert en août / Exprès pour l'velouté / De ma louloute / De la magie dans le souper.»

Le vendeur vint reprendre la télé**, parce qu'on n'avait pas pu payer les traites*. Maman eut beau expliquer que c'est parce que le bébé était mort, et que ce n'était tout de même pas sa faute s'il n'avait pas vécu, et avec la santé qu'elle avait ce n'était déjà pas si drôle, et si en plus elle ne pouvait même pas avoir la télé**, le truc** fut bel et bien* embarqué*, et par-dessus le marché* quand papa rentra il se mit à gueuler** qu'elle se soit laissé faire, ces salauds-là** dit-il viennent vous supplier de prendre leur bazar*, ils disent qu'ils vous en font cadeau pour ainsi dire et au moindre retard ils rappliquent* le récupérer*; s'il avait été là lui le père le truc y serait encore. Christiane Rochefort

---

eine Frau **bath** 〈 〉: großartig **en cours:** unterwegs **la traite:** Rate **bel et bien:** geradezu **embarquer** 〈 〉: mitnehmen **par-dessus le marché:** und dazu **le bazar** 〈 〉: Kram **rappliquer** 〈 〉: auftauchen **récupérer** 〈 〉: wiedernehmen

HAUSIERER — LE PORTE-A-PORTE

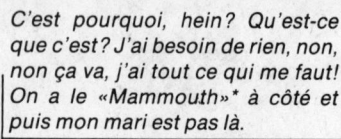

C'est pourquoi, hein? Qu'est-ce que c'est? J'ai besoin de rien, non, non ça va, j'ai tout ce qui me faut! On a le «Mammouth»* à côté et puis mon mari est pas là.

Je vous dis que je veux rien!

On a tout que je vous dis.

Vous voyez pas que je suis occupée?

Non ... mais écoutez: votre mari travaille toute la journée, il rentre fatigué le soir alors qu'est-ce que vous dites d'un petit journal porno pour l'exciter* un peu ...!

Non, mais ça va pas la tête*, non?

Doucement, on ne me parle pas comme ça! Vous êtes pas marrante**, vous savez pas ce que voulez!

---

le Mammouth: Supermarktkette **allez!** ⟨ ⟩: aber doch! **mentir:** lügen **sans engagement:** unverbindlich **les chiottes** ⟨!⟩: Klo **le séchoir à cheveux:** Föhn **exciter:** erregen **ça va pas la tête** ⟨ ⟩: Sie haben eine Macke

Allez*, allez, ma petite dame, il manque toujours quelque chose! Avec moi pas besoin de se déranger, j'apporte à domicile tout ce qu'une femme moderne, branchée**, sportive veut posséder!

Bon, alors, je suis sûr que vous avez besoin d'un séchoir à cheveux*! Il marche parfaitement: regardez donc ma coiffure! Je vous fais un prix: à partir de deux articles 10% de réduction!

Regardez, je mens* pas, allez, vous avez bien une petite minute! C'est sans engagement*! Admirez mes couteaux: pour le rôti, pour le pain et aussi pour l'aventure! Mes brosses à cheveux, à vêtements, à dents, à chaussures, à chiottes* ...

ANGST UND SCHRECKEN

LES BANLIEUSARDS ONT PEUR

La peur: elle baigne l'atmosphère banlieusarde, dramatise son ennui. C'est un phénomène qui relève* plutôt de la psychose collective que de la peur provoquée par des faits réels.

Il y a certes* des casseurs de voiture, des agressions commises souvent par des toxicomanes*, des vols, des cambriolages*, des bagarres**, mais rien de dramatique.

C'est Bobigny, dans la banlieue parisienne, qui détient le record de la frousse*, plus que ses voisines: Montreuil, Bagnolet, qui la dépassent pourtant de loin dans le chiffre des effractions*, agressions et divers «faits constatés» par la police. Les amicales de locataires* paniquent*, envoient des pétitions à la municipalité. Les habitants (79%) souhaitent un renforcement des effectifs de police, bien qu'il n'y ait eu en 1982 que deux vols à main armée.

«Où sont les policiers?» déclare une habitante, «moi, j'en vois jamais. Notre voiture a été ouverte deux fois en trois mois. Si ça continue, mon mari achètera un fusil. Parfaitement!» Beaucoup de banlieusards envisagent d'acquérir une arme à feu au cas où ils n'en posséderaient pas encore! Pour se protéger contre qui? «On ne sait jamais!» Il y a contamination* de cette peur collective comme cet homme qui hésite devant la vitrine d'armes du Mammouth**: «Je ne sais pas ce que je vais acheter. Peut-être une 22 long rifle ... Ma femme a peur que je ne sache pas me défendre à mains nues si on a un problème.»

On craint* l'autre, l'inconnu, l'étranger, l'Arabe. «Si vous saviez le nombre d'Arabes qui habitent ici, il faut tout le temps être sur ses gardes*», gémit* un facteur. Les bandes de jeunes qui traînent* sont aussi la cause de l'insécurité, de l'angoisse qui règnent dans certaines cités de la banlieue.

Ici, en plus de la fatigue quotidienne, de la crainte du chômage**, il n'y a dans ces grands ensembles** strictement rien à faire, à part les «promenades» dans les centres commerciaux. Pas de cinéma, pas de boîte** de nuit, peu de cafés, pas de métro ou de R. E. R.* proche pour filer* se distraire à Paris. Alors, les honnêtes gens surveillent leur af-

---

Seite 68 – **relever de:** zurückführen auf **certes:** gewiß **le toxicomane:** Drogenabhängiger **le cambriolage:** Einbruchdiebstahl **la frousse** ⟨ ⟩: Angst **l'effraction:** Einbruch **l'amicale des locataires:** Mieterverein **paniquer:** in Panik geraten **la contamination:** Ansteckung **craindre:** fürchten **être sur ses gardes:** auf der Hut sein **gémir:** stöhnen **traîner** ⟨ ⟩: herumlungern **le R. E. R.:** S-Bahn **filer** ⟨ ⟩: abhauen

faires. Les autres: les jeunes désœuvrés*, les enfants utilisent la rue comme lieu de rencontre, de distraction**. Les loubards* font marcher leurs motos sans pot d'échappement**, histoire de s'amuser: «On a pas de travail, faut bien qu'on se défoule*. Si en plus on est Beurs*, on n'embauche* pas, alors on est là, on fait des bêtises* …» Les habitants s'affolent* dès le moindre vol dans une voiture: on préfère entasser les voitures dans la rue pour mieux les surveiller que de les mettre dans ces parkings source d'angoisse**, qui restent déserts.

Ce climat d'anxiété est relié à** de multiples raisons qui enveniment* la vie quotidienne. C'est l'exaspération* à cause du bruit des autres à travers ces murs de béton et de carton: la télé** du troisième s'entend au premier et le couple du second est toujours en train de s'engueuler**, les chiottes** sont bouchées et la minuterie* ne fonctionne plus depuis deux mois, ça sent la pisse dans les couloirs et les conditions de vie se dégradent* continuellement.

On en arrive à un climat d'exaspération avec ses drames: meurtre à la Courneuve d'un petit garçon de dix ans qui faisait éclater des pétards* ou Ahmed tué d'une balle dans la tête. Trop de bruit, un vélomoteur trop bruyant sont généralement les prétextes pour tirer dans le tas*!

Paradoxalement les tragédies sont provoquées par ceux qui ont peur et qui réclament plus de sécurité et non par ceux qui font peur!

De la «22 long rifle» au fusil de guerre en passant par le revolver et le fusil de chasse, on peut estimer à dix millions le nombre d'armes en circulation en France. Pourtant, le marché de l'arme civile est en baisse constante: en 1982, on a vendu 90 000 «22 long rifle» contre 120 000 en 1975.

Seite 69 – **désœuvré:** untätig **le loubard** ⟨ ⟩: Rocker, Gammler **se défouler** ⟨ ⟩: austoben **le Beur** ⟨ ⟩: Gastarbeiter **embaucher:** einstellen **la bêtise:** Dummheit **s'affoler:** durchdrehen **envenimer:** verschlimmern **l'exaspération:** innere Erregung **la minuterie:** Zeitlichtschaltung **se dégrader:** schlechter werden **le pétard:** Knaller **tirer dans le tas:** in die Menge schießen

JUGENDBANDEN L'AMITIE, Y A QUE ÇA!

Dans la monotonie des HLM**, dans la grisaille des cités, les jeunes s'ennuient à mourir. Alors, on se retrouve entre copains sur le trottoir, dans le terrain vague** – s'il y en a un! – ou bien, en hiver, dans les halls des immeubles. On forme une bande, ils sont peut-être vingt, ou cent, ça dépend des jours et du temps. On se rassemble pour rien, pour draguer**, pour faire des conneries**, pour passer le temps, pour foutre le bordel*, pour faire n'importe quoi. L'essentiel, c'est de ne pas être seul. Certains travaillent, d'autres sont au chômage** et se débrouillent* pour manger, pour s'habiller et trouver du pognon*.

«Regarde-moi un peu ce pull, t'as vu comme c'est mignon**. Quatre cent balles** le pull! Je l'ai fauché** dans un grand magasin.»

D'autres font de petits cambriolages** ou volent les sacs à main.

«Maurice s'est fait ramassé* par la police, l'arme à la main. Il venait d'empocher la caisse d'un supermarché, 350 F.»

«Quel con**, le mec**. Il vaut mieux piquer** les sacs à mains des gonzesses*.»

«Ouais*, mais attention, y a** la technique. Faut se planquer* derrière elle, arracher le sac d'un

Seite 70 – **foutre le bordel** ⟨!⟩: Scheiß machen **se débrouiller**: sich zu helfen wissen **le pognon** ⟨ ⟩: Zaster **se faire ramasser**: erwischt werden **la gonzesse** ⟨!⟩: Weib **Vouais** ⟨ ⟩: klar **se planquer** ⟨ ⟩: sich verstecken *Seite 71* – **beaucoup de trucs** ⟨ ⟩: eine Menge **choper** ⟨ ⟩: erwischen **se réclamer de**: sich berufen auf **la zone** ⟨ ⟩: Arbeitervorort **le fils à papa**: Sohn aus reicher Familie **dépouiller**: beklauen **les santiags**: Cowboystiefel **un accrochage** ⟨ ⟩: Streit **une en-**

70

coup sec et filer** en sens inverse. Ne jamais montrer ton visage, c'est un principe de base.» («Libération»)

Il existe de nombreuses bandes, souvent rivales, chacune défendant son terrain et faisant régner l'ordre dans son quartier.

«Des bandes rivales ... enfin, elles sont pas rivales, mais il suffit qu'il y ait la fête à Athis, bon, c'est la bande d'Athis qui a la priorité.» («Le Monde»)

Il y a des bandes que l'on n'aiment franchement pas.

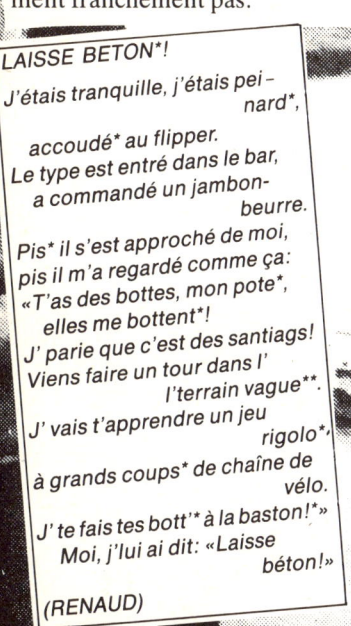

LAISSE BETON*!

J'étais tranquille, j'étais pei-
nard*,

accoudé* au flipper.
Le type est entré dans le bar,
a commandé un jambon-
beurre.

Pis* il s'est approché de moi,
pis il m'a regardé comme ça:
«T'as des bottes, mon pote*,
elles me bottent*!
J' parie que c'est des santiags!
Viens faire un tour dans l'
l'terrain vague**.
J' vais t'apprendre un jeu
rigolo*,
à grands coups* de chaîne de
vélo.
J' te fais tes bott'* à la baston!*»
Moi, j'lui ai dit: «Laisse
béton!»

(RENAUD)

«J'ai beaucoup de trucs* contre les punks. Et d'une, ils ont essayé de me choper* à huit à la gare du Nord. Parce que j'étais en rocky. Et de deux parce que le mouvement punk se réclame* du niveau musical rock'n'roll. Mais là, nous, on n'est pas du tout d'accord.» («Nouvel Observateur»)

«De toute façon les punks à Paris y en a très peu qui sont de la zone*.»

«Aucun. Les punks ils sont dans le quartier des Halles, c'est tous des fils à papa*.»

«Ouais, on en a dépouillé* un, il avait des ‹santiags›*; elles valaient 120000 balles ... Ben le lendemain il avait la même. Alors tu ne vas pas me dire qu'ils n'ont pas d'argent.» («Nouvel Observateur»)

Pour passer le temps, il y a aussi les accrochages* avec les voisins, les engueulades* avec les gardiens d'immeubles.

«Allez racaille*, dégagez!»

«Eh, oh, ne nous fais pas chier*, petit père.»

«Pourriez pas arrêter de faire le bordel avec vos engins à la con*? Si ça continue, je vais chercher mon fusil, et le premier qui revient, je lui tire une balle.»

Et maintenant, que faire pour combler ce vide? Le cinéma est trop loin, les boîtes trop chères; la maison des jeunes, le local, tout a été cassé. Y a rien à faire dans ce coin pourri*, on en a marre**!

---

gueulade ⟨ ⟩: Schreierei   **la racaille:** Gesindel   **faire chier** ⟨!⟩: anmachen   **un engin à la con** ⟨!⟩: Scheißmaschine   **un coin pourri** ⟨ ⟩: Mistgegend   **laisse béton** ⟨ ⟩: **laisse tomber** (besonderer Argot: verlan-Ausdruck, das heißt, umgekehrt auszusprechen – à l'envers): laß das   **peinard** ⟨ ⟩: relaxed   **accoudé à:** aufgestützt auf   **pis** ⟨ ⟩: puis   **le pote** ⟨ ⟩: Kumpel   **ça me botte** ⟨ ⟩: das gefällt mir   **rigolo** ⟨ ⟩: lustig   **à grands coups de:** mit harten Schlägen   **j'te fais tes bottes** ⟨!⟩: ich werde dir die Stiefel abnehmen   **à la baston** ⟨!⟩: auf der Prügeltour

SCHLÄGEREI

72

73

MINDERHEITEN
JEUNES IMMIGRES EN BANLIEUE

En France, ils sont environ cinq cent mille jeunes Maghrébins* de moins de vingt-quatre ans dont une grande majorité vit dans la région parisienne. Ce sont les «enfants de nulle part» ou de la «deuxième génération».

Ils sont pour la plupart nés en France et ils n'ont pas du tout l'intention de rentrer au pays de leurs parents. Jusqu'en 1973, on trouvait du travail relativement facilement, souvent au noir*. La crise économique, le manque de qualification, le racisme enlèvent pratiquement toute chance de trouver un premier emploi. «La différence entre moi et le jeune Français», explique Béchir, «c'est que lui, il est reçu avec le sourire et moi comme un malade inguérissable*.» («Le Monde»)

Ça commence à l'école où il faut apprendre correctement le français dans les classes d'adaptation dans lesquelles sont rassemblés les jeunes étrangers. Ils sont déjà à part: ils n'ont pas vraiment de contacts avec les autres Français, en même temps, ils perdent leur culture d'origine. Ensuite, viennent les classes de transition*, et puis les orientations vers divers CAP*: plombier*, menuisier*, mécanicien... on prend ce qui reste et ce n'est pas nécessairement ce qu'on aurait voulu faire. Mohammed ra-

conte: «Je n'avais pas choisi, je m'intéresse au sport. Je voulais faire du journalisme sportif. Je me suis renseigné, il fallait des diplômes, pas d'argent. On a plein d'idées sur ce qu'on veut faire, on est prêt à se défoncer* pour y arriver, mais on a pas les moyens. Je prends mon cas: le soir, quand je rentrais chez moi au bidonville*, j'avais des devoirs à faire. D'abord y avait pas de place pour étudier, le bruit, les frères et sœurs, les voisins; mais avant de se mettre aux devoirs, il fallait aller chercher l'eau à la fontaine à cinq cent mètres. Il fallait acheter le pain! D'accord, c'est normal,

Seite 74 – **le maghrébin:** Nordafrikaner   **le travail au noir:** Schwarzarbeit   **inguérissable:** unheilbar   **la classe de transition:** Sonderschule   **CAP: Certificat d'Aptitude Professionnelle:** Abschlußzeugnis einer Berufsschule   **le plombier:** Klempner   **le menui-**

mais l'eau à cinq cent mètres … trop dur! Donc, lorsqu'on habite dans un bidonville, faut pas s'attendre* à faire des études!» («Maintenant»)

Les filles veulent aussi se qualifier souvent comme secrétaires ou dactylos. Les problèmes d'emploi sont semblables. Salwa, jeune Tunisienne, raconte: «J'ai passé un CAP d'aide-comptable*. Toutes mes copines** françaises ont trouvé un emploi en quelques mois, mais aucune Maghrébine.» («Maintenant») Pour elles, s'ajoutent les problèmes de la vie quotidienne: les sorties, le travail à la maison, les études. Elles refusent de devenir des femmes au foyer comme leurs mères et doivent lutter pour se faire accepter, pour travailler, sortir, choisir librement leurs amis.

Etre jeune immigré en banlieue, c'est ne pas recevoir la formation* que l'on aurait souhaitée, c'est le chômage**, c'est la perte d'identité culturelle, c'est l'isolement dans un ghetto loin de tout, avec ce que cela comporte de frustrations, de désespoirs et d'encouragements à la délinquance*.

sier: Tischler **se défoncer** 〈 〉: sich durchschlagen **le bidonville:** Slum *Seite 75 –*
s'attendre à: mit etwas rechnen **l'aide-comptable:** Buchhalter **la formation:** Ausbildung **la délinquance:** Kleinkriminalität

WUNSCHTRÄUME

A QUOI REVENT LES BANLIEUSARDS?

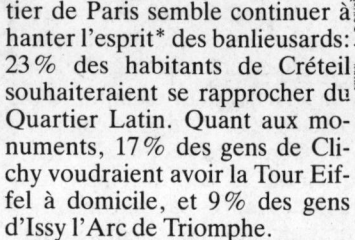

Ce n'est pas drôle, la banlieue. On pourrait penser que les banlieusards n'ont qu'une idée en tête, habiter ailleurs. Eh bien, non, la plupart ne souhaite pas habiter en province ou à Paris. Par contre, ils aimeraient bien avoir quelques quartiers ou monuments de Paris plus près de chez eux. 24% des habitants de Sarcelles ont réclamé qu'on déplace les Champs-Elysées dans leurs HLM**. Mais les Champs-Elysées ne viennent pas en tête des vœux* banlieusards: 35% des gens de Clichy aimeraient qu'on déporte* les arbres du Bois de Boulogne sur leur territoire. En troisième position, un quar-

tier de Paris semble continuer à hanter l'esprit* des banlieusards: 23% des habitants de Créteil souhaiteraient se rapprocher du Quartier Latin. Quant aux monuments, 17% des gens de Clichy voudraient avoir la Tour Eiffel à domicile, et 9% des gens d'Issy l'Arc de Triomphe.

Dans l'ennui de leur banlieue, les banlieusards rêvent de plus de distractions**, c'est évident. Mais pas n'importe lesquelles. Ils sont d'accord pour les festivals de films, les foyers de jeunes*, les radios locales, le câblage* des TV, les fêtes foraines*, et pourquoi pas une plage sous les pavés.

Les rêves des banlieusards sont sages: une toute petite minorité rêvent d'un sex-shop près de chez eux. Les zoos, les foyers d'immigrés, les établissements de jeux* et les boîtes** de nuit ne les enthousiasment guère*, et encore moins les festivals de rock et les circuits de motards*. Cela ne ferait qu'attirer encore plus de jeunes et d'étrangers. Il y en a déjà bien assez. Car dans la peur de leur banlieue, les banlieusards rêvent de sécurité: 62% voudraient que leur mairie développe une police municipale, et 8% souhaiteraient même une prison.

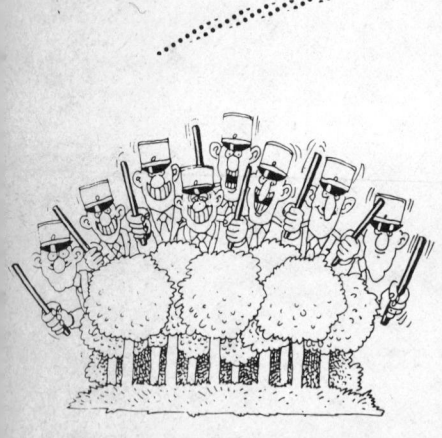

le vœu: der Wunsch   déporter: umpflanzen   hanter l'esprit: nicht aus dem Kopf gehen   le foyer des jeunes: Jugendhaus   le câblage: die Verkabelung   la fête foraine: Rummel   l'établissement de jeux: Spielhalle   guère: kaum   les circuits de motards: Motorradkurs

DANS LA RUE

ZEICHEN AN DER WAND · INTERVIEW MIT PASSANTEN·DEMONSTRATIONEN· STRAFBARE HANDLUNGEN·VERKEHRS-KONTROLLE · AUFFAHRUNFALL · UN-FALLPROTOKOLL

Auf den Straßen bekommt man die ersten Eindrücke von einem Land oder einer Stadt. Unterschiedliche Eindrücke, je nach der Tageszeit, dem Wochentag, der Jahreszeit und dem Stadtviertel. Man trifft mehr oder weniger eilige Leute, Paare, Passanten, Spaziergänger und Müßiggänger und natürlich auch die Hüter der Ordnung.

Einige nützen die Anonymität der Stadt und sprühen ihre Meinung auf Mauern oder kleben Plakate und zeigen so ihren Witz oder ihre Wut.

Die Straße ist auch der Ort für Umfragen: über Politik, eine neue Seife oder über das Glück des Lebens. (Aus einer Meinungsumfrage der Zeitschrift «Le Point»)

Bei den Demonstrationen zeigen die Bürger ihre Unzufriedenheit und bekennen ihre Überzeugungen. Der 1. Mai ist traditionell der Tag, an dem die französische Linke auf die Straße geht. Neu auf den Straßen ist die Friedensbewegung. (Nach Artikeln in «Libération», «Nouvelles Littéraires» und «Le Monde»)

Auf der Straße ist man ziemlich frei zu tun, was man will.

Einiges sollte man aber besser lassen, denn es kann teuer werden. (Nach einem Artikel aus dem «Cosmopolitain»)

Viele Franzosen halten die Erinnerung an den Mai '68 hoch. Wie sich das auswirken kann, zeigt der Streit zwischen einem flic und einem Altrevoluzzer. Der Comic folgt einer Idee von Jérôme Savary in seinem Theaterstück «Super-Dupont». Die Sprüche stammen aus: «Les murs ont la parole, mai 68».

Und schließlich eine praktische Hilfe: Was sagt man, wenn man einen Idioten im Auto vor sich hat? Wie kann man ihn vor und nach dem Unfall beschimpfen? Was ist zu tun, wenn man sich wieder beruhigt hat?

ZEICHEN AN DER WAND

jouissez sans entraves: grenzenlos genießen   **l'office de placement:** Arbeitsvermittlung

INTERVIEW MIT PASSANTEN

QU'EST-CE QUE C'EST QUE LE BONHEUR?

«Le bonheur? Vous me faites marrer*: un boulot merdique*, une ambiance merdique, un pays merdique, des problèmes merdiques; je vous le dis, hein, la vie c'est de la merde, alors ne venez pas me faire chier** avec vos histoires à la con!»**

«Le jour où on sera plus exploité*, on pourra en reparler.»

«Bah, c'est l'amitié … ouais**, c'est être branché sur les autres*.»

«Tu parles, le bonheur … avec tous ces gens au chômage**, sans compter* ceux qui crèvent* de faim dans le tiers-monde. Non mais sans blague*, tu veux rire*! Tu parles d'une vie!* Avec la pollution, le poulet aux hormones, les déchets nucléaires*, les fusées* stationnées en Europe, et j'en passe.

D'ici deux à trois ans, la guerre atomique … toute la planète va sauter*. Alors le bonheur, à d'autres!»

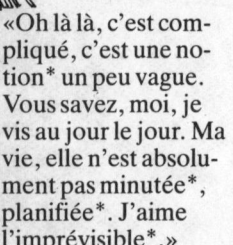

«Pour moi, le bonheur, c'est se sentir bien dans sa peau. Pour me maintenir en forme*, je fais du jogging tous les matins, en hiver du ski de fond*, de temps en temps des randonnées*.

Et de temps en temps une petite douceur.*»

«Oh là là, c'est compliqué, c'est une notion* un peu vague. Vous savez, moi, je vis au jour le jour. Ma vie, elle n'est absolument pas minutée*, planifiée*. J'aime l'imprévisible*.»

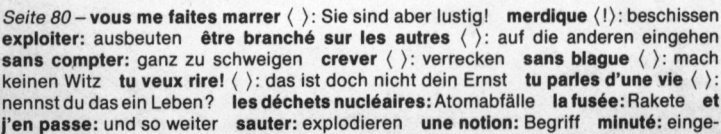

Seite 80 – **vous me faites marrer** ⟨ ⟩: Sie sind aber lustig! **merdique** (!): beschissen
exploiter: ausbeuten **être branché sur les autres** ⟨ ⟩: auf die anderen eingehen
sans compter: ganz zu schweigen **crever** ⟨ ⟩: verrecken **sans blague** ⟨ ⟩: mach
keinen Witz **tu veux rire!** ⟨ ⟩: das ist doch nicht dein Ernst **tu parles d'une vie** ⟨ ⟩:
nennst du das ein Leben? **les déchets nucléaires:** Atomabfälle **la fusée:** Rakete **et
j'en passe:** und so weiter **sauter:** explodieren **une notion:** Begriff **minuté:** einge-

«D'après le petit Larousse, le bonheur est un état de parfaite satisfaction intérieure. Maintenant, il s'agit de savoir si ce bonheur-là existe. Si on fait abstraction des contingences* de la vie quotidienne, peut-être qu'on peut atteindre le bonheur parfait …»

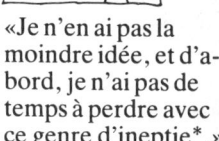

«Je n'en ai pas la moindre idée, et d'abord, je n'ai pas de temps à perdre avec ce genre d'ineptie*.»

«Monsieur, il vous manque quelque chose pour être heureux?»

«Moi? Absolument pas. J'ai tout pour être heureux: un travail peinard**, une télé** couleurs, un lecteur de cassettes**, un magnétoscope*, des jeux vidéo, des enfants bien élevés, une femme qui s'occupe de la maison …»

«Est-ce que vous êtes heureux?»

«Si je suis heureux? Ben, évidemment! Pourvu que ça dure* … touchons du bois*!»

«Le bonheur? Ça dépend. De toute façon, c'est un truc** aléatoire*, c'est par à coup* … le bonheur tout le temps, c'est un mirage*. Finalement, l'essentiel est de vivre en accord* avec ses idées.»

«Le bonheur, c'est qu'on me fiche la paix**.»

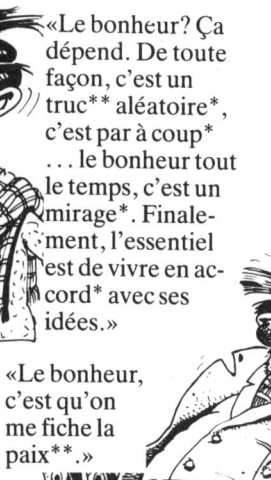

«Et vous Mademoiselle? Qu'est-ce que vous pensez du bonheur?»

«Le bonheur, euh, c'est vivre à deux, se donner entièrement à l'autre, à ce que l'on fait.»

---

teilt **planifié:** programmiert **l'imprévisible:** unvorhersehbar **se maintenir en forme:** sich fit halten **le ski de fond:** Skilanglauf **la randonnée:** Wanderung **une douceur:** Süßigkeit *Seite 81* – **le magnétoscope:** Video **l'ineptie:** Unsinn **aléatoire:** ungewiß **par à coup:** von Zeit zu Zeit **le mirage:** Fata Morgana **en accord avec:** im Einklang mit **faire abstraction des contingences:** Nebensächlichkeiten abziehen **pourvu que ça dure!:** hoffentlich bleibt es so **touchons du bois!:** toi, toi, toi!

DEMONSTRATIONEN I

LE PREMIER MAI

le rassemblement: Versammlung   **le syndicat:** Gewerkschaft   **Force Ouvrière:** konservative Gewerkschaft   **UNEF: Union Nationale des Etudiants de France:** Gewerkschaft der Studenten   **la profession libérale:** freier Beruf   **PME: Petites et Moyennes Entreprises:** Kleinunternehmer   **CGT: Confédération Générale des Travailleurs:** Gewerkschaft kommunistischer Richtung   **CFDT: Confédération Française et Démocratique du Travail:** Gewerkschaft sozialistischer Richtung   **FEN: Fédération de l'Educa-**

Le 1er mai partout on défile, mais pas nécessairement ensemble. D'un côté, on peut assister au rassemblement* des syndicats*: Force Ouvrière* accompagnés de l'UNEF* indépendante, de la Fédération anarchique et des Polonais de Solidarność. Plus loin, quelque chose de nouveau: le «défilé de la liberté» organisé par le syndicat national du patronat moderne et indépendant avec la participation de nombreux groupes représentant les professions libérales* et les P.M.E.* ainsi que le Syndicat national de l'industrie et du commerce, les charcutiers, les poissonniers, les boulangers etc. Pour terminer, le défilé le plus important: celui organisé par la CGT*, la CFDT* et la FEN* avec la participation du MLF*, la Ligue communiste révolutionnaire, les mouvements étrangers, les opposants kurdes, turcs, chiliens, péruviens, les Palestiniens, et les homosexuels (Comité d'urgence anti-répression ' homosexuelle).

Ce n'est pas l'harmonie totale, les points de désaccord sont nombreux, que ce soit à propos de la Pologne ou à propos de l'austérité. La distribution de tracts* pour Solidarność provoque la colère de militants cégétistes*: «Solidarność, c'est de la merde», Edmond Maire (CFDT) déclare: «c'est une manifestation de la solidarité: avec les Polonais, les immigrés, les chômeurs** …»

Sur les banderoles* de la CGT: «Garantir le pouvoir d'achat, imposer les grosses fortunes*, les patrons* doivent payer.» Les ouvriers immigrés scandent avec beaucoup de succès: «Français, immigrés, même combat», «le racisme ne passera pas.» On retrouve les slogans* habituels contre le patronat mais on épargne* le gouvernement de M. Mitterand.

Lorsque les défilés entrent en contact, on peut assister à des affrontements entre militants de la CGT et Force Ouvrière: «ces salauds** de Chiraquiens*!» qui promènent des banderoles contre l'austérité.

«Cannabis, bis bis», ceux-là n'étaient qu'une centaine et personne n'en a voulu. Les pro-khomeinystes se sont aussi fait expulser* après une violente bagarre**. Il y a beaucoup de monde comme d'habitude et après les discours de conclusion, le reggae remplace les slogans et donne le mot de la fin à cette grande manifestation traditionnelle.

---

tion Nationale: Lehrergewerkschaft MLF: Mouvement de Libération de la Femme: Frauenorganisation le tract: Flugblatt cégétiste: Mitglied der CGT la banderole: Transparent la fortune: Vermögen le patron: Arbeitgeber le slogan: Parole épargner: verschonen les Chiraquiens: Anhänger Chiracs .expulser: rausschmeißen

DEMONSTRATIONEN II
MARCHE POUR LA PAIX

Lors de cette «Marche pour la paix» du 20 juin 1982, ils étaient environ deux cent mille à marcher de Montparnasse à la Bastille. La manifestation était organisée par les premiers initiateurs du mouvement pacifiste en France: le PC et ses organisations: CGT** et MJCF*. Pourtant un grand nombre de personnalités non communistes participaient à la marche ainsi que beaucoup d'autres: des Auvergnats, des anciens combattants*, un squatter* Berlinois, des réfugiés* politiques venus manifester leur désir de paix contre l'impérialisme américain, ou encore leur antifascisme. Tout le monde n'apprécie pas la présence de Marchais. «De voir Marchais en tête du cortège, ça nous a fait presque dégueuler* …» («Libération»)

Quelques slogans «Nous voulons, nous aurons, un monde en paix» de la CGT** ou «Union, action, pour le désarmement*» dominaient la marche. La plupart des banderoles** se voulait apolitique: «Des champs de blé, pas de champs de bataille», «Nous voulons rester vivants! Nous voulons le bonheur demain! Nous allons la main dans la main! Nous voulons le désarmement!» («Nouvelles Littéraires»)

Reagan était bien sûr critiqué mais avec modération: «Non à Reagan et oui à la paix!», «Non Reagan, tu n'auras pas ta bombe à neutrons».

Un jolie pancarte*: «Arrête, tu me fais mourir», et des badges* du genre: «Faites l'amour, pas la guerre» (pas très nouveau) montrent le mélange des genres. «Reagan et Brejnev auraient presque pu y participer», observent certains. Finalement, on est resté dans le flou* et personne n'a dit comment il fallait faire pour désarmer.

Depuis se dessine un autre mouvement qui a pour mot d'ordre* le «gel nucléaire**» il réunit aussi bien les paysans du Larzac, le PSU*, le mouvement rural de la jeunesse chrétienne et surtout le CODENE*, qui regroupe plus de 30 organisations et mouvements pour la paix, non violents,

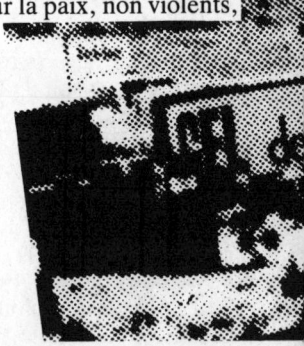

Seite 84 – **MJCF: Mouvement des Jeunes Communistes de France:** Jugendorganisation der KPF **l'ancien combattant:** Veteran **le squatter:** Hausbesetzer **le réfugié:** Flüchtling **dégueuler** ⟨!⟩: kotzen **le désarmement:** Abrüstung **la pancarte:** Plakat **le badge:** Meinungsknopf **rester dans le flou:** unbestimmt bleiben **le mot**

objecteurs de conscience* etc. Ses organisateurs veulent donner à la France un mouvement de paix crédible* et indépendant vis-à-vis des deux blocs.

Un arrêt de la modernisation de la force de frappe française pourrait, selon le CODENE, engager un processus de désarmement. Malgré son désir d'indépendance, le mouvement doit, pour l'instant, éviter toute confrontation avec le PC, car la gauche doit rester unie. D'autre part, le CODENE a besoin de soutiens comme celui de la CFDT** et des démocrates chrétiens pour pouvoir s'affirmer comme mouvement représentatif.

---

d'ordre: Leitwort **PSU: Parti Socialiste Unifié:** Splittergruppe der Sozialisten **CODENE: Comité pour le Désarmement Nucléaire en Europe:** Organisation gegen atomare Rüstung *Seite 85* – **l'objecteur de conscience:** Kriegsdienstverweigerer **crédible:** glaubwürdig

STRAFBARE HANDLUNGEN
CONSULTEZ LE TARIF DES CONTRAVENTIONS!

Si par exemple vous brûlez un feu rouge*, prenez un sens interdit ou garez votre voiture en stationnement interdit*, bref, si vous ne respectez pas le code de la route*, vous risquez une contravention si la police vous chope**. Mais on peut faire bien d'autres choses sur la voie publique: on rentre un peu bourré* d'une fête, et à la suite d'un pari* avec des copains** on va planter sa tente dans le jardin du Luxembourg, ou on va se promener en maillot de bain sur les Champs-Elysées. Et puis on se dégonfle** par peur des représailles. C'est peut-être dommage, car si vous vous promenez torse nu* dans les rues de Paris, cela peut vous attirer des ennuis, mais par contre promener votre panthère en laisse* est tout à fait permis.

Alors, avant de renoncer à vos fantasmes, consultez les tarifs.

Gifler** une contractuelle*

Tentant mais cher. La contractuelle n'est pas assermentée*, mais elle est protégée: deux mois à deux ans de prison et (ou) 500 à 20 000 F d'amende. Et même si ça vous démange*, ne déchirez pas sous son nez votre contravention, elle peut légalement se ven-

Seite 86 – **brûler un feu rouge:** bei Rot durchfahren   **le stationnement interdit:** Parkverbot   **le code de la route:** Straßenverkehrsordnung   **bourré ⟨ ⟩:** besoffen   **le pari:** Wette   **torse nu:** nackter Oberkörper   **en laisse:** an der Leine   **la contractuelle:** Politesse   **assermenté:** vereidigt   **démanger:** jucken   *Seite 87* – **violer:** vergewaltigen

ger: quinze jours à trois mois de prison et (ou) 500 à 8000 F d'amende.

Violer* un homme

Chères sœurs, aucune sanction n'est prévue, vu qu'on nous juge techniquement incapables d'une telle horreur sans le consentement de la victime.

Planter votre tente dans un jardin public

Vous n'êtes même pas obligé de vous planquer** car si on vous pique**, ça ne vous coûtera que 150 F maximum. C'est donné, quand on sait qu'une nuit au George V revient à 750 F, service et petit déjeuner non compris.

Peinturlurer* la vitre d'un parcmètre* ou glisser un chewing-gum dans la fente*

Cela s'appelle «dégradation de la propriété mobilière d'autrui*» et le code pénal* ne rigole* pas: trois mois à deux ans de prison et (ou) 2500 à 50 000 F d'amende.

Faire l'amour dans un parc

Malgré la révolution sexuelle, un juge austère qualifiera cet instant sublime d'«outrage public à la pudeur*». Vous aurez le temps de vous souvenir de ce moment inoubliable en prison: trois mois à deux ans de cachot* (seul), à moins que vous ne vous en sortiez* avec une amende de 500 à 8000 F.

---

peinturlurer: beschmieren **le parcmètre:** Parkuhr **la fente:** Schlitz **la dégradation de la propriété d'autrui:** Sachbeschädigung **le code pénal:** Strafgesetzbuch **rigoler** ⟨ ⟩: scherzen **l'outrage public à la pudeur:** die Erregung öffentlichen Ärgernisses **le cachot:** Kerker **s'en sortir:** davonkommen

VERKEHRSKONTROLLE

68? CONNAIS PAS!

Pourquoi vous m'arrêtez toujours? J'ai rien fait! Je n'ai rien à dire! La liberté c'est le droit au silence.

Stop! Arrêtez-vous immédiatement!

*Vos papiers et que ça saute**! Permis de conduire*, carte grise*, carte d'identité, certificats de vaccinations*!*

*Si vous continuez à faire chier** le monde, le monde va répliquer énergiquement.*

L'acte institue la conscience.*

Alors, ça vient? Pas de papiers, hein? J'en étais sûr!

*L'agresseur n'est pas celui qui se révolte mais celui qui affirme... Jouissez sans entraves**. Vivez sans temps morts. Baiser** sans carottes... A situation extraordinaire mesure extraordinaire et sacrifices en proportions.*

Vous pouvez pas parler français comme tout le monde, non? Pourquoi est-ce que vous passez dix fois par jour sous mon nez en riant? Allez, vos papiers!

Alle Sprüche des Fahrers original Pariser Mai '68. *Seite 88* – **le permis de conduire:** Führerschein **la carte grise:** Kraftfahrzeugschein **le certificat de vaccination:** Impfpaß **l'acte institue la conscience:** die Tat schafft das Bewußtsein *Seite 89* – **je m'en**

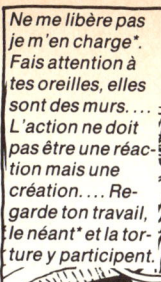

Ne me libère pas je m'en charge*. Fais attention à tes oreilles, elles sont des murs.... L'action ne doit pas être une réaction mais une création.... Regarde ton travail, le néant* et la torture y participent.

Je ne suis au service de personne, le peuple se servira tout seul... L'émancipation de l'homme sera totale ou ne sera pas... Désirer la réalité c'est bien! Réaliser ses désirs c'est mieux.

Je t'aime!!! Oh! dites-le avec des pavés*!!! Nous sommes tous des juifs allemands... Soyez réalistes demandez l'impossible.

Vivre au présent... Un flic dort en chacun de nous, il faut le tuer.

Arrêtez-le, il est fou. Je suis fou! Non lui! Revenez ici! Immédiatement! Sinon je fais un malheur!

---

charge: ich mach es selbst   **le néant:** das Nichts   **dites-le avec des pavés:** sprecht mit den Pflastersteinen

AUFFAHRUNFALL

Quelle andouille*! Il a failli** m'érafler l'aile* en me doublant**, et en plus il me fait une queue de poisson*. Mais qu'est-ce qu'il fabrique*? Il n'avance plus maintenant.

Mais où est-ce qu'il se croit, celui-là? Le vrai conducteur du dimanche! Il sort sûrement d'un bled* perdu ... tiens, un 07*, pas étonnant! Le vrai péquenot*! Il se croit encore sur son tracteur.

Seite 90 – **l'andouille** ⟨ ⟩: Trottel   **érafler l'aile:** Kotflügel schrammen   **faire une queue de poisson:** schneiden   **qu'est-ce qu'il fabrique?** ⟨ ⟩: was macht der denn?   **le bled** ⟨ ⟩: Kaff   **un 07:** Hinterwäldler (Nummer des Departements Ardèche)   **le péquenot** ⟨ ⟩: Bauer   *Seite 91* – **c'est pas croyable:** es ist nicht zu glau-

Mais c'est pas croyable*, il se fout du monde*. Il sait pas conduire, il se met sur la file* de droite et met son clignotant* à gauche. Je vais le pousser au cul*. Oh merde, il freine l'abruti!*

Ça y est, tout l'avant est esquinté*. Putain*, mon moteur est bousillé*. Enfoiré*, corniaud*, couillon*!!!

ben **se foutre du monde** ⟨!⟩: übertreiben **la file:** Spur **le clignotant:** Blinker **pousser au cul** ⟨!⟩: anschubsen **l'abruti** ⟨ ⟩: Vollidiot **esquinter:** beschädigen **putain** ⟨!⟩: Hure, hier: verdammt noch mal! **bousillé** ⟨ ⟩: im Eimer **enfoiré** ⟨!⟩: Trottel **corniaud** ⟨!⟩: Dummkopf **couillon** ⟨!⟩: blöder Hund

UNFALLPROTOKOLL

CONSTAT AMIABLE D'ACCIDENT AUTOMOBILE

Ne constitue pas une reconnaissance de responsabilité, mais un relevé des identités et des faits, servant à l'accélération du règlement

à signer obligatoirement par les DEUX conducteurs

1. date de l'accident	heure	2. lieu (pays, n° dept. localité)		3. blessé(s) même léger(s)
14/7/1983	19h45	Villefranche Corne d'Or		non ☒

4. dégâts matériels autres qu'aux véhicules A et B
non ☒ oui ☐ *

5. témoins noms, adresses et tél (à souligner s'il s'agit d'un passager de A ou B)
LEVASSEUR Catherine, 6 rue Maurice 25770 FRANOIS
N° Tel : 16-81 59 03 77

---

véhicule A

6. assuré souscripteur (voir attest. d'assur.)

Nom (majusc.) SANTO

Prénom Yves

Adresse (rue et n°) 98 Bd Pape Jean XXIII 06 Nice

Localité (et c. postal) Nice 06900

N° tél. (de 9 h. à 17 h.) 699626

L'Assuré peut-il récupérer la T.V.A. afférente au véhicule? non ☒ oui ☐

7. véhicule

Marque, type VOLVO

N° d'immat. (ou de moteur) 4565SV06

8. sté d'assurance Garantie Mutuelle Fonctionnaire

N° de contrat 72-729419-91e

Agence (ou bureau ou courtier)
76 avS TRONY PARIS

N° de carte verte
(Pour les étrangers)
Attest. ou carte verte } valable jusqu'au _____

Les dégâts matériels du véhicule sont-ils assurés? non ☐ oui ☒

9. conducteur (voir permis de conduire)

Nom (majusc.) SANTO

Prénom Yves

Adresse 98 Bd Pap. Jean XXIII

Permis de conduire n° 478733

catégorie (A, B, ...) délivré par Pref. AM
Alpes Maritimes le 4/8/76

permis valable du _____ au _____
(Pour les catégories C, C1, D, E, F et les taxis)

10. Indiquer par une flèche (→) le point de choc initial

11. dégâts apparents
pare choc - aile - phare

14. observations Au moment du choc, le véhicule B s'est tiré rait à gauche de la chaussée

---

12. circonstances

Mettre une croix (x) dans chacune des cases utiles pour préciser le croquis.

1	en stationnement	1
2	quittait un stationnement	2
3	prenait un stationnement	3
4	sortait d'un parking, d'un lieu privé, d'un chemin de terre	4
5	s'engageait dans un parking, un lieu privé, un chemin de terre	5
6	s'engageait sur une place à sens giratoire	6
7	roulait sur une place à sens giratoire	7
8	heurtait l'arrière de l'autre véhicule qui roulait dans le même sens et sur la même file	8
9	roulait dans le même sens et sur une file différente	9
10	changeait de file	10
11	doublait	11
12	virait à droite	12
X 13	virait à gauche	13
14	reculait	14
X 15	empiétait sur la partie de chaussée réservée à la circulation en sens inverse	15
16	venait de droite (dans un carrefour)	16
X 17	n'avait pas observé un signal de priorité	17

3 ◀ indiquer le nombre de cases marquées d'une croix ▶ ☐

13. croquis de l'accident

Préciser : 1. le tracé des voies - 2. la direction (par des flèches) des véhicules A, B - 3. leur position au moment du choc - 4. les signaux routiers - 5. le nom des rues (ou routes).

MOYENNE CORNICHE

céder le passage

15. signature des conducteurs

A _____ B _____

---

véhicule B

6. assuré souscripteur (voir attest. d'assur.)

Nom (majusc.) COLLEN

Prénom Pierre

Adresse (rue et n°) 6, rue des Papes

Localité (et c. postal) 76300 Luneray

N° tél. (de 9 h. à 17 h.) 532630

L'Assuré peut-il récupérer la T.V.A. afférente au véhicule? non ☒ oui ☐

7. véhicule

Marque, type Renault 5 TS

N° d'immatr. (ou du moteur) 6124 AKV 76

8. sté d'assurance La Prévoyance

N° de contrat 82-263375-3

Agence (ou bureau ou courtier)
33, BD de Paris Rouen

N° de carte verte
(Pour les étrangers)
Attest. ou carte verte } valable jusqu'au _____

Les dégâts matériels du véhicule sont-ils assurés? non ☐ oui ☒

9. conducteur (voir permis de conduire)

Nom (majusc.) COLLEN

Prénom Pierre

Adresse 6, rue des Papes

Permis de conduire n° 567 34

catégorie (A, B, ...) B délivré par Préfecture
Seine Maritime le 3.2.60

permis valable du _____ au _____
(Pour les catégories C, C1, D, E, F et les taxis)

10. Indiquer par une flèche (→) le point de choc initial

11. dégâts apparents
Roue - Pare-choc phare - Aile - capot

14. observations Avant le choc nous avons été obligé de nous déporté a gauche pour éviter le véhicule A

92

EN PROVINCE

LEBEN IN DER PROVINZ · ZENTRALISMUS · DIE DOPPELMORAL · SICHERHEIT UND ORDNUNG · DIE BÜROKRATIE · DIE RELIGION · DIE SCHULE · DER FORTSCHRITT · DIE GASTARBEITER · LOKALNACHRICHTEN

Die Provinz – alles, was nicht Paris ist – war über lange Zeit ein Opfer des französischen Zentralismus. Aber die regionalen Kämpfe haben langsam ein Bewußtsein für die eigene Identität geschaffen, und man leidet immer weniger unter einem Minderwertigkeitskomplex der Hauptstadt gegenüber.

Unsere Interviews mit Leuten, die in der Provinz leben, zeigen, wie sehr sie die Beschaulichkeit dieses Lebens schätzen und wie sehr sie ihrem Geburtsort verbunden sind.

Die Weigerung der jungen Leute, ihre Region aus beruflichen Gründen zu verlassen, hat die Regierung dazu bewogen, Dezentralisierungsmaßnahmen einzuleiten. (Informationen aus «Libération» und «Autrement»)

In der Provinz weiß jeder von jedem alles. Man hat dieses Gefühl der Freiheit nicht, das einem die Anonymität der Großstadt gibt. Trotzdem macht man, was man will, aber man legt Wert darauf, den Schein zu wahren: Man richtet sich mit der Doppelmoral ein.

Da die soziale Kontrolle in der Provinz größer ist, gibt man sich den Vertretern der Ordnung gegenüber respektvoller. Wie weit das gehen kann, zeigt eine kaum glaubliche, aber wahre Geschichte aus Reims.

Man achtet den Staat, selbst wenn man ihn kritisiert und unter der hartsteißigen Bürokratie zu leiden hat. (Ein Fall nach «Le Monde»)

Charakteristisch für die französische Gesellschaft ist ihr Anti-Klerikalismus – in Grenzen. Man macht sich gerne über die Pfaffen lustig, läßt sich aber weiterhin kirchlich trauen und seine Kinder taufen. (Nach «Libération»)

Die Schule ist eine Welt für sich, die durch strenge Regeln regiert wird. Davon vermittelt die «Hausordnung» aus «Nouvel Observateur» einen Eindruck. Schüler und Lehrer haben in der Anstalt ihre eigene Sprache entwickelt.

In einem Bereich hinkt die Provinz Paris nicht hinterher: bei den neuen Technologien, in jüngster Zeit vor allem den elektronischen Medien. Die neuen Möglichkeiten der Telekommunikation werden in verschiedenen Regionen Frankreichs getestet, eine neue Fachsprache breitet sich aus.

Fremde, vor allem, wenn sie aus armen Ländern oder ehemaligen Kolonien kommen, wirken störend auf das ruhige Leben in der Provinz. Die ökonomische Krise läßt rassistische Reaktionen zunehmend offener hervortreten. Wie sich das äußern kann, zeigt ein Comic.

LEBEN IN DER PROVINZ

Monique B., 38 ans, professeur d'anglais mariée, un enfant

Ça te plaît de vivre ici, à Mâcon?

Oui, j'aimerais que Mâcon soit un peu plus au sud, mais sinon, la taille* de la ville, le paysage lui-même me plaît bien.

Vous sortez souvent, le soir?

Oui, ça nous arrive assez souvent*. On va quelquefois chez des amis, passer la soirée, ou bien à un spectacle ... on a souvent l'occasion d'aller au Centre Culturel.

Et puis, on va à des réunions politiques ou syndicales, ou des réunions, à des manifestations* qui peuvent se passer en ville et qui nous intéressent. Bon, on va à ce genre de choses.

Est-ce que tu as l'impression qu'il y a pas mal de choses qui se passent à Mâcon?*

Oh non, il faut un peu les susciter. Mâcon n'est pas une ville trépidante*, il faut ... les mâconnais suscitent leurs propres manifestations.

Les gens de Mâcon font quelque chose pour qu'il se passe quelque chose.

Ah mais, il y a des tas de** choses à Mâcon, c'est sûr, et ça n'a peut-être pas l'ampleur* que ça pourrait avoir dans une grande ville, ça n'attire jamais les foules, mais sinon, il y a des tas d'associations, par exemple de ‹Femmes Avenir›, ‹Mâcon Amitié›, euh, je ne sais pas, y a des ... peut-être une centaine d'associations qui réunissent leur petit monde*.

Et est-ce que tu as l'impression que si tu vivais à Paris tu pourrais faire davantage de choses?

Moins, je crois. Il me semble que ce serait une autre échelle* et que ça me paraîtrait plus difficile, de, euh, de susciter des manifestations moi-même ... c'est-à-dire que je pourrais vivre davantage ce qui se passe, mais passive, je pourrais pas créer comme on peut le faire sur Mâcon.

Tu aimerais vivre à Paris?

Ah non, non, sûrement pas, non. Parce que c'est trop grand, on va trop vite, y a trop de monde, c'est trop pénible, c'est trop cher, j'imagine. Je pense, on vit beaucoup mieux à Mâcon, et puis j'aime pouvoir aller à la campagne en quelques minutes, ici c'est le cas, j'aime pouvoir aller cueillir des pissenlits*, des pe-

---

*Seite 95 – **la taille:** Größe   **ça arrive souvent:** das kommt häufig vor   **la manifestation:** Veranstaltung   **pas mal de:** ziemlich viel   **trépidante:** lebhaft   **l'ampleur:** Ausmaß   **leur petit monde:** ihre Leutchen   **l'échelle:** Größenordnung   **le pissenlit:** Löwenzahn*

tites fleurs, sans avoir de problèmes d'embouteillages** … C'est vrai, c'est précieux.

Roger M., 44 ans, ouvrier, marié, deux enfants

Où est-ce que vous travaillez?

Je travaille dans une usine, à cinq kilomètres d'ici. C'est une usine qui a été apportée dans la région pour créer des emplois nouveaux. Ça a été aussi financé, supporté par l'Etat qui a donné des parts*.

Vous travaillez de quelle heure à quelle heure?

Je travaille en journée continue*, c'est sensationnel. On travaille à la chaîne*, alors on fait le roulement*.

Ça vous plaît?

Bon, je ne savais pas ce que c'était qu'une usine, avant j'étais boulanger et je me suis reclassé* à la suite d'un accident, j'avais tellement entendu par des gens que l'usine, c'était la catastrophe, la bête noire* … je me demandais où j'allais atterrir*. Et puis, en réalité, et bien non, on s'habitue bien. Ça ne me déplaît pas du tout, il faut bien l'avouer*. Et puis, vous avez vos samedi et dimanche, ce qu'on apprécie très, très bien.

Qu'est-ce que vous faites pendant vos loisirs? Comment vous passez votre temps libre?

Ben**, je vais à la pêche, et puis en automne je vais aux champignons … et y a** la télé** qui prend pas mal de** temps. Est-ce un bien, est-ce un mal? Je ne sais pas. Avant on se réunissait en famille, c'était presque une obligation.

Vous ne le faites plus?

C'est fini, ce temps-là. Mais c'est toujours pareil, on a un autre rythme de vie. Il faut s'adapter, c'est tout, c'est pas si compliqué que ça.

Vous pensez que nous avons beaucoup plus besoin d'argent maintenant?

Ouh là là, ça varie du simple au double*, c'est incroyable, le besoin d'argent et qu'on avait pas il y a 20 ans en arrière.

Pourquoi?

Ben**, on avait pas de télévision, on avait pas de congélateur*, on n'avait pas de voiture, parce que, bon …

Vous pensez que c'était mieux avant?

C'était très bien avant, mais c'est beaucoup mieux maintenant, hein. Regardez, dans une cuisine, y avait pas de cuisinière à gaz*, y avait pas d'évier*, pas de frigo*. C'est quand même un soulagement. Mais attention, hein, c'est très bien mais il faut travailler pour payer tout ça, c'est tout.

Monique R., 50 ans, institutrice* à la retraite, trois enfants

Je pense que je suis très attachée à mon lieu de naissance,

Seite 96 – **des parts:** Anteile   **la journée continue:** Arbeitstag ohne große Mittagspause   **à la chaîne:** am Fließband   **faire le roulement:** in Schicht arbeiten   **reclasser:** umschulen   **la bête noire:** Schreckgespenst   **atterrir:** landen   **il faut bien l'avouer:** man muß schon sagen   **du simple au double:** doppelt so viel   **le congélateur:** Tiefkühltruhe   **la cuisinière à gaz:** Gasherd   **l'évier:** Spülbecken   **le frigo:** Kurzform von frigidaire, Kühlschrank   **l'institutrice:** Volksschullehrerin   Seite 97 – **éloigné:** weit

j'estime une chance de ne m'être jamais éloignée* d'une région bien précise, d'avoir pu trouver du travail là où j'avais fait mes études. C'est vrai que je défends l'idée de la France à l'intérieur du Marché Commun*, je n'aime pas du tout sentir qu'on risque d'être complètement uniformisé. Je pense que la France a énormément souffert de la centralisation sur Paris, de l'alignement* sur Paris, et du fait qu'* à un certain moment, nous qui étions occitans, avons dû nous comporter* comme des Parisiens; je pense qu'il en reste quelque chose* dans notre mémoire collective. Il m'est tout à fait désagréable de penser qu'on risque de parler par exemple tous l'anglais, parce qu'il faudra bien trouver une langue véhiculaire*.

Vous vous sentez plus occitane que française?

Je me sens sûrement plus occitane que française. L'appartenance* à un certain style de vie, disons, on le ressent* sur tout le sud de la France. Bon, monter* à Paris ... quoique tu veuilles faire, il faut monter à Paris, tu veux faire du théâtre, tu es obligé de monter à Paris pour arriver à être connu, et c'est toujours pour les gens du coin* quelque chose de douloureux, toutes les fois.

Vous aimeriez habiter à Paris?

Non, je ne pense pas ... c'est très beau à voir, mais quand je vois Paris par exemple, je ne me sens pas plus chez moi que je me sens chez moi par exemple en Tunisie ou à Bruxelles. Mais je ne suis pas séparatiste du tout, bon, je pense que la France est un ensemble de régions qui ont toutes leur charme et qui s'ajustent* bien les unes les autres, mais c'est certainement très très artificiel. Parce que bon, on n'aurait pas l'Alsace et la Lorraine, qu'on ait l'Alsace et la Lorraine et pas la Sarre, finalement, on s'en bat l'œil*. Pour nous, c'est pas important. J'ai été horrifiée une fois, quand, allant à un mariage de gens de l'Est qui, à la fin du mariage, c'est donc il y a une dizaine d'années, se sont mis à chanter tout un tas de** chants patriotiques, je te dis genre «Vous n'aurez pas l'Alsace et la Lorraine». Je n'en suis pas revenue*.

---

entfernt **le Marché Commun:** Europäische Gemeinschaft **l'alignement:** Angleichung **du fait que:** dadurch **se comporter:** sich verhalten **il en reste quelque chose:** es bleibt was übrig **une langue véhiculaire:** Verkehrssprache **ressentir:** empfinden **l'appartenance:** Zugehörigkeit **monter à:** fahren nach **du coin:** aus der Gegend **s'ajuster:** zusammenpassen **on s'en bat l'œil** ⟨ ⟩: es ist uns egal **je n'en suis pas revenue:** ich kann es nicht fassen

ZENTRALISMUS

VERS LA DECENTRALISATION

On assiste depuis quelques années à un renouveau* des mouvements régionaux, surtout avec
les jeunes qui refusent le centra-
lisme qui les oblige bien souvent
à quitter leurs régions pour trouver du travail ailleurs et qui nie
les différences: coutumes*, culture et langue particulière.

En janvier 1983, certaines
compétences de l'Etat ont été
transférées aux différentes col-
lectivités locales (communes, départements et régions). Les villes
ont maintenant plus de pouvoir
en matière d'urbanisme*, les régions sont responsables de la formation** professionnelle. D'ici
1986, on assistera à une décentra-
lisation dans l'organisation des
transports, de l'enseignement,
de l'action sociale* et de la santé.

Les plaintes s'élèvent déjà. On
estime que c'est finalement les
communes et régions qui devront
prendre les décisions impopu-
laires telles que les prélèvements
d'impôts* ou réduction de la formation professionnelle. De plus,
les régions ne disposent* pas des
moyens financiers et du personnel qualifié nécessaire pour réaliser ces changements.

Jusqu'à présent les Français
avaient l'habitude de tout mettre
sur le dos* de Paris.

Maintenant,
leurs repré-
sentants locaux*
sont directement
responsables des
difficultés et doivent
faire face aux reven-
dications* des élec-
teurs*. Une certaine
angoisse** devant
une émancipation
imminente par
rapport à Paris n'est
pas étrangère à ce
mouvement de
mauvaise humeur.

---

le renouveau: Erneuerung **la coutume:** Brauch **en matière d'urbanisme:** in Stadt-
planungsangelegenheiten **l'action sociale:** Sozialpolitik **le prélèvement d'impôts:**
Steuererhebung **disposer de:** verfügen über **mettre sur le dos** ⟨ ⟩: verantwortlich
machen **le représentant local:** örtlicher Amtsträger **la revendication:** Forderung
l'électeur: Wähler

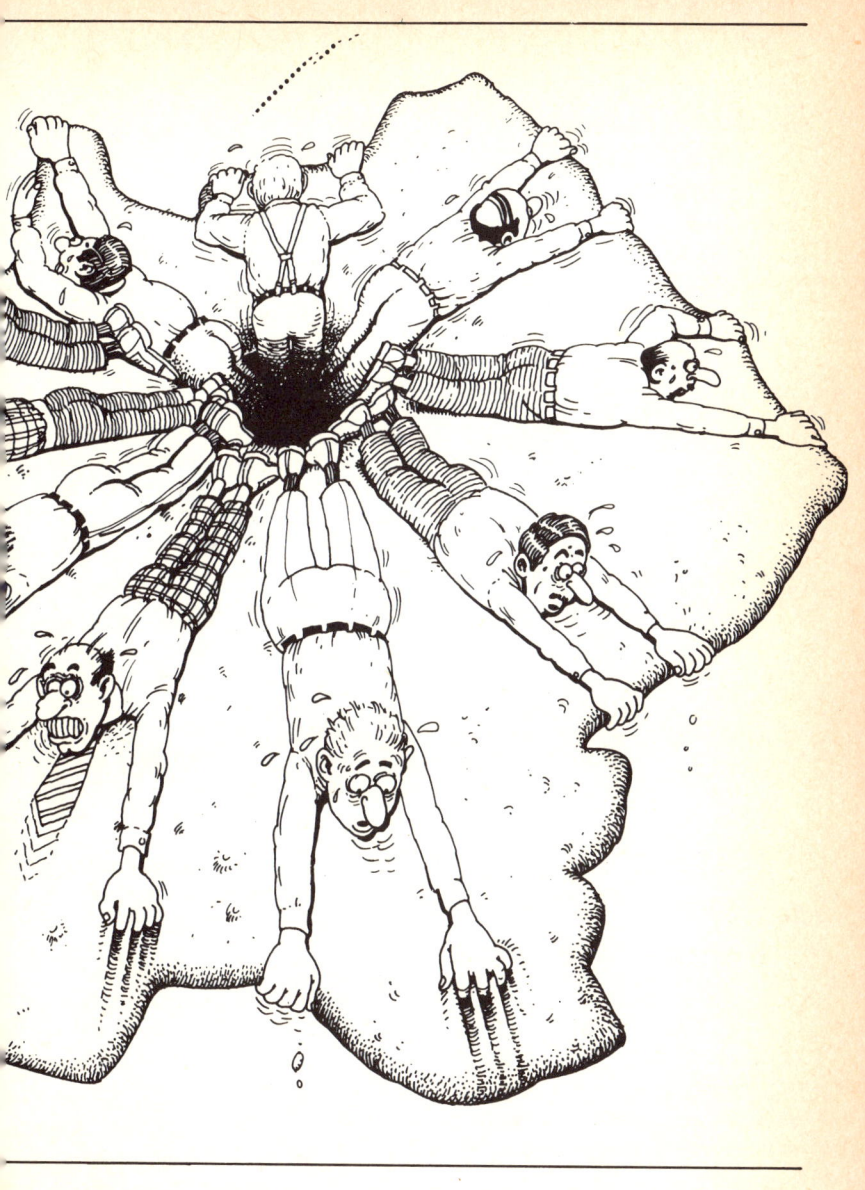

DIE DOPPEL MORAL

DANS UN SALON DE PROVINCE...

Mme Matuvu: Ah, il faut que je vous raconte ... Vous ne devinerez jamais qui j'ai vu hier! Eh bien, j'ai aperçu Monsieur Méziers avec Madame Delatour!

Mme Toupet: Ça alors! Ils ne sont pourtant pas parents*! Vous croyez qu'il y a quelque chose entre eux?

Mme Matuvu: Ça, je ne pourrais pas vous dire. Je sais seulement que son mari aurait quelque chose avec sa secrétaire et qu'il serait assez coureur*!

Mme Matou: Ce n'est pas une raison pour s'afficher* dans la rue avec un autre homme. Enfin elle a trois enfants, non vraiment, je n'admets pas!

Mme Matuvu: Moi non plus! Vous vous rendez compte* si tout le monde faisait comme ça ... vous voyez le scandale!

Mme Matou: Qu'est-ce que voulez dire?

Mme Matuvu: Rien de spécial, mais vous savez ... tout se sait* ...!

Mme Le Plat: Bon, bon, n'insistons pas! D'ailleurs j'ai invité Monsieur Méziers à mon dîner samedi prochain. Comme vous le savez, il est très bien* avec mon mari, ils ont construit ensemble la «cité des travailleurs» à la sortie de la ville. C'est un ensemble très bien réalisé pour les ouvriers, ils ont vraiment de la chance!

Mme Matou: C'est vous qui le dites, en réalité, ils ne sont jamais contents, on leur en donne comme la main, ils en veulent comme le bras*. Mon mari me disait encore hier soir: ‹Ils profitent du système, ils veulent en faire le moins possible et en gagner le plus possible!› Qui paye? Nous!

Mme Le Plat: Et votre mari, il va mieux depuis ses ennuis**?

Mme Matou: Quels ennuis? Ah oui, vous voulez parler des accusations injustes que l'on a portées contre lui? ... Il a tout simplement retiré l'argent qui lui appartenait dans la Société Malvut. Dimanche dernier, j'ai longuement discuté avec Maître Duvot qui s'occupe de l'affaire et il m'a pleinement rassurée. D'ailleurs, mon mari était en Suisse le week-end dernier et il a pu placer son argent de manière sûre et convenable.

Mme Patot: Ah, votre mari était en Suisse et vous, vous avez vu Maître Duvot? Il est bel homme!

Mme Matou: Ecoutez, je vous en prie, qu'est-ce que vous insinuez*?

Mme Matuvu: Bon, assez parlé de choses désagréables, je vais à Paris la semaine prochaine, je n'ai plus rien à me mettre* et il

---

Seite 100 – **être parent:** verwandt sein **le coureur** ⟨ ⟩: Schürzenjäger **s'afficher** ⟨ ⟩: sich zur Schau stellen **vous vous rendez compte!** ⟨ ⟩: stellen Sie sich mal vor! **tout se sait:** sinngemäß: da wäre eines zu erzählen **être très bien avec** ⟨ ⟩: sehr gute Beziehungen haben mit **on leur en donne comme la main, ils en veulent comme le bras** ⟨ ⟩:

paraît qu'il y a de très bons nouveaux spectacles! Il faut bien dépenser son argent quelque part!

Mme Patot: A propos d'argent, la fille de madame Bienvenue va épouser le fils Trucmuche, vous savez, ces parvenus qui sortent de ‹Je-ne-sais-où›! On dit qu'elle est enceinte!*

Mme Patot: Et alors, ce n'est plus une raison pour se marier, l'avortement*, ça existe, non?

Mme Matou: Mais c'est inadmissible! Madame Bienvenue est très pratiquante*, elle n'accepterait jamais une chose pareille!

Mme Patot: Allez, ne soyez pas vieux jeu*, moi aussi, en fait je suis contre, j'ai même donné de l'argent à ‹Laissez-les-vivre›* mais il y a des circonstances où ça

vaut mieux qu'une mésalliance!

Mme Matuvu: Vous avez raison! Quand on voit ce qui se passe après dans les couples qui ne sont pas du même milieu! Par exemple: j'ai entendu dire que les Duparfait allaient divorcer! Ils ont pourtant une si jolie maison, et lui, c'est un très bon médecin, leurs enfants sont adorables, ils ont fait leur communion l'année dernière …

Mme Patot: Et elle …?

Mme Matuvu: Eh bien, figurez-vous* que Madame s'ennuie, qu'elle déprime. Elle veut retourner à Paris et retravailler dans l'art ou un truc** dans ce genre-là! Complètement folle! De toute façon, si elle reste ici, je ne la recevrai plus!

gibt man ihnen den kleinen Finger, wollen sie die ganze Hand **insinuer:** andeuten **rien à se mettre:** nichts anzuziehen *Seite 101* – **enceinte:** schwanger **l'avortement:** Abtreibung **pratiquante:** fromm **être vieux jeu:** altmodisch sein **«Laissez-les vivre»:** Name einer Assoziation gegen die Abtreibung **se figurer:** sich vorstellen

SICHERHEIT UND ORDNUNG

LA POLICE PEUT COMPTER SUR EUX...

«Il n'y a plus aucun respect pour la vie privée, alors?»

«Mais monsieur, la vie privée est une invention de notre épo-

Le Français se croit individualiste et indiscipliné. Mais cela ne l'empêche pas d'être respectueux de l'ordre. Quand, en 1983, des plaisantins* ont distribué dans la ville de Reims des convocations* invitant les citoyens à se présenter au commissariat pour se faire mettre en fiche* sous prétexte de la lutte antiterroriste, de nombreux français se sont effectivement présentés au poste de police.

«Vous avez reçu vous aussi une convocation de la police?»

«Oui, je l'ai trouvée dans la boîte aux lettres, ce matin. Ils vont un peu loin, dans leur lutte anti-terroriste. A mon avis, c'est une erreur bureaucratique.»

«Je ne suis absolument pas d'accord. Les gens n'obéissent plus aux lois et à la morale. Il faut les surveiller. Sinon les enfants font des bêtises**, les commerçants se sucrent* et les hommes sont cocus*. Contrôler, c'est ça qui fait l'honnêteté. Sinon, où irions-nous?»

Seite 102 – **le plaisantin:** Spaßvogel **la convocation:** Vorladung **mettre en fiche:** in einer Kartei aufnehmen **se sucrer** ⟨ ⟩: mehr nehmen als einem zusteht **cocu** ⟨ ⟩: Hörner aufhaben *Seite 103* – **le standing:** Komfort **la résidence secondaire:** Zweithaus **fourrer son nez** ⟨ ⟩: seine Nase in etwas stecken **se moquer de** ⟨ ⟩: gleichgül-

que, elle fait partie du standing* comme la résidence secondaire* et les meubles design, c'est un truc** d'intellectuel.»

«Truc intellectuel ou pas, je

n'ai pas envie qu'on fourre son nez* dans mes affaires privées. Je ne me laisserai pas faire.»

«Est-ce que par hasard vous auriez quelque chose à cacher? L'homme qui se lève tôt pour aller au boulot**, qui regarde le soir la télé**, qui nourrit une famille nombreuse et a des fins de mois difficiles, il se moque* pas mal qu'on porte atteinte* à sa vie privée. On peut le mettre en fiche, il s'en fiche*.»

«Je n'ai rien à me reprocher, tout le monde le sait bien. Mais ma vie ne regarde que moi.»

«Avant, on savait que la vieille fille* d'en face était derrière ses rideaux et vous épiait. Maintenant l'ordinateur* l'a remplacée. Le pouvoir est bien obligé de mettre les gens dans un fichier pour savoir qui est suspect et qui ne l'est pas. En tout cas, moi j'ai la conscience tranquille* et je n'ai pas peur d'aller à la police.»

Au commissariat

«Je viens à propos de la convocation.»

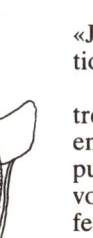

«Quelle convocation? Montrez voir un peu ... On n'a jamais envoyé un machin pareil*. Mais puisque vous êtes là, donnez-moi vos nom, prénom, adresse, profession, situation de famille*, nombre d'enfants, montant du salaire mensuel, on va vous prendre en photo de face et de profil et on vous mettra dans le fichier ‹suspects* disciplinés›.»

---

tig sein **porter atteinte à:** eingreifen in **s'en ficher** ⟨ ⟩**:** darauf pfeifen **la vieille fille:** alte Jungfer **l'ordinateur:** Computer **avoir la conscience tranquille:** ein gutes Gewissen haben **un machin pareil** ⟨ ⟩**:** so ein Ding **la situation de famille:** Familienstand **le suspect:** Verdächtiger

DIE BÜROKRATIE

ILS NE PEUVENT PAS SE PASSER L'UN DE L'AUTRE...

La réforme administrative est de nouveau d'actualité. Une fois de plus! La volonté de changer l'administration est aussi vieille que l'administration elle-même.

Les relations entre les administrés* et la bureaucratie ne sont pas très bonnes: les différents «bureaux» reçoivent environ 500 000 réclamations par an dont 60 000 pour le ministère de la Santé. Mais on n'a pas le temps d'analyser les causes de mécontentement*, on se contente d'y répondre quand c'est possible et surtout on fait des tentatives de réforme: il s'agit par exemple de supprimer* les formalités inutiles, d'alléger les procédures*, de réduire les délais*, de mettre fin au secret en obligeant les services à motiver leurs refus*, ou encore d'informer le public avec des brochures.

La Sécurité sociale* avec ses 53 millions d'affiliés* et le fisc* avec ses 16 millions de contribuables* sont les organismes dont les décisions provoquent bien sûr le plus de mécontentement.

Il paraît pourtant que les Français «aiment l'Etat» qui doit diriger la vie économique du pays et s'occuper de la construction, de la médecine, des assurances, etc...Bref**, l'«Etat-providence*» est bien installé dans les mentalités même si on en souffre!

Bonjour, Madame.
...
Euh, Madame, je viens pour...
Vous voyez pas que je suis occupée!
Ecoutez, ça fait deux heures que j'attends et vous m'avez appelée!
Si vous croyez que j'ai que ça à faire! Bon, alors, c'est pourquoi?
C'est pour une demande de remboursement de...*
Vous avez déjà rempli le formulaire?
Oui, j'crois.
Montrez!
Voilà, j'espère que c'est correct.
Date et lieu de naissance de votre mère, son nom de jeune fille, profession, nombre d'enfants?
Mais c'est pour moi, pas pour ma mère!
C'est le règlement, donnez-moi aussi le nom, les prénoms de votre père, date de naissance, domicile, profession.
Je vous l'écris sur un papier, ce sera plus facile.
J'ai aussi besoin de votre certificat de naissance*, de votre livret de famille*, d'un extrait de

---

Seite 104 – **les administrés:** hier: die Bevölkerung **le mécontentement:** Unzufriedenheit **supprimer:** abschaffen **alléger les procédures:** das Verfahren erleichtern **réduire les délais:** die Fristen abkürzen **motiver un refus:** eine Ablehnung begründen **la Sécurité sociale:** Sozialversicherung **l'affilié:** Mitglied **le fisc:** Finanzverwaltung **les contribuables:** Steuerzahler **l'Etat-providence:** Vorsorgerstaat **la de-**

casier judiciaire* et d'une autorisation de votre mari.

Voilà, j'ai pensé à tout.

Voyons, voyons … hum … oh, mais ça ne va pas, je ne peux pas donner suite* à votre demande … il faut que vous alliez au guichet 7.

Mais c'est impossible! Ils m'ont *envoyée ici, ils ne peuvent rien faire sans le formulaire que vous délivrez!*

Nous ne pouvons pas vous le donner, nous ne sommes plus compétents* depuis la dernière circulaire* du 2 janvier! Bon, au suivant!

Ah ça alors!

---

mande de remboursement: Zurückerstattungsantrag **le certificat de naissance:** Geburtsurkunde **le livret de famille:** Stammbuch *Seite 105 –* **l'extrait de casier judiciaire:** polizeiliches Führungszeugnis **donner suite à:** einem Antrag stattgeben **compétent:** zuständig **la circulaire:** Rundschreiben

DIE RELIGION

C'EST SACRE!

Jésus arrive en retard à l'église pour se faire crucifier, il a eu du mal* à garer sa voiture …

Dieu regarde les cuisses des coco girls* …

Le lion refuse de manger Blandine* parce qu'elle est bourrée* de colorants cancérigènes* …

Une autre fois, c'est Jésus qui fait du stop avec une croix en caoutchouc: C'est plus facile à transporter!

C'est trop, beaucoup trop, les téléspectateurs catholiques en ont par-dessus la tête**! Les amuseurs de service*: Guy Bedos, J. Martin, Polac etc … ne les font plus rire! On ne plaisante* pas avec le sacré devant tout le monde!

La «Haute Autorité»** reçoit des milliers de lettres de protestation car «Des émissions ont mis en cause la foi, ont attaqué le Christ. Ce qui ne choque pas dans un journal qu'on achète est beaucoup plus insupportable* pour un téléspectateur qui reçoit ça chez lui, à la télévision, le soir de Noël.»

Pourtant l'anticléricalisme humoristique fait partie du patrimoine culturel* au même titre que* les blagues* sur l'armée et les cocus**. «Les plaisanteries anticléricales font partie de la bonne santé française», affirme

---

Seite 106 – **sacré:** heilig **avoir du mal** ⟨ ⟩: Schwierigkeiten haben **les coco girls:** ähnlich wie gogo girls **Blandine:** Name einer Heiligen **bourrer** ⟨ ⟩: vollstopfen **les colorants cancérigènes:** krebserregende Farbstoffe **les amuseurs de service:** Komi-

l'Abbé Dumont. Mais si on a le droit de se moquer des curés, on ne doit pas, par contre, se moquer ni du Christ ni de Dieu! En particulier à une époque où l'on assiste* à un renouveau des valeurs morales.

La majorité des catholiques français n'est pas particulièrement fanatique: on va de moins en moins à l'église et parmi ceux qui y vont, il y en a beaucoup qui préfèreraient assister* à la messe devant leur télé** si elle avait la même valeur qu'à l'église.

Il y en a aussi qui disent que l'arrivée des socialistes au pouvoir a encouragé les vieux démons* anticléricaux. Les chrétiens s'inquiètent de la répétition des blagues blasphématoires*, «plus fréquentes qu'avant.»

On peut plaisanter en famille sur l'église et ses représentants mais les blagues sur le sacré à l'échelon* national, c'est trop!

Est-ce que la télévision a voulu se faire pardonner? En tout cas, toutes les familles françaises ont pu profiter en long et en large du voyage du Pape à Lourdes.

ker vom Dienst   **plaisanter:** sich lustig machen   **insupportable:** unerträglich   **le patrimoine culturel:** Kulturgut   **au même titre que:** wie   **la blague:** Witz   *Seite 107 –* **assister:** miterleben, teilnehmen an   **le démon:** Teufel   **blasphématoire:** gotteslästerlich   **l'échelon:** Ebene

LES PROBLEMES QUOTIDIENS DU LYCEE

Cyril: Je crois que j'ai fait une touche* avec la prof de français, elle ose pas me regarder pendant les cours …

Valérie: Eh, frimeur*! Faut toujours que tu séduises les profs! Un prof*, c'est un prof! Tu ferais mieux de t'occuper de ta copine!**

Cyril: Bon, ça va, ça va … T'as vu le nouveau proviseur*, il a l'air** un peu débile*, heureusement que c'est ma dernière année dans ce bahut*! J'en ai ma claque**! Après le bac*, je me tire*!

Sandra: Ah ouais**, où ça?

Cyril: Chais** pas, mais je reste pas là!

Valérie: D'abord, t'as pas de fric**, et ensuite t'as pas ton bac! Je voulais te demander: comment elle va Karine?

Cyril: Ça, c'est une «meuf»*! Mais elle est branchée* sur Arnaud, je serais bien sorti avec elle, mais au bout de quinze jours, elle plaque* tous les mecs**!

Valérie: Bon, faut que je bosse** pour ma dissert* sinon je pourrai pas aller à la boum* de Julie samedi!

Sandra: J'peux pas y aller, faut que je sorte avec les parents! Dommage**! La dernière fois, c'était super-cool chez elle! Bon, je rentre, j'ai plein de trucs** à faire pour demain, en maths, en physique, sinon je risque de me planter* au bac! Oh là là, c'est dingue** tout ce qui y a à faire! … zut**!

Règlement type

Défense absolue* est faite aux élèves de pénétrer dans l'école et dans la cour avant l'heure, même si les portes sont ouvertes.

A l'issue des classes, les élèves se rendront immédiatement chez leurs parents.

Les élèves se présenteront à l'école dans un état de propreté convenable faute de quoi* ils pourront être reconduits* dans leurs familles.

Il est interdit aux élèves de rester en plein soleil ou en plein froid.

Les cahiers et les livres doivent être couverts avec le plus grand soin.

Les élèves se rendront aux toilettes par classe et sous surveillance.

Il leur est interdit de manipuler* les rideaux dans les classes.

Les élèves s'abstiendront** de toute grossièreté* ou brutalité vis-à-vis des autres. Ils se montreront respectueux vis-à-vis de tout le personnel de l'école.

Quand une personne étrangère à la classe y pénétrera, les

Seite 108 – **j'ai fait une touche avec quelqu'un** 〈 〉: jemand fährt auf mich ab **la prof** 〈 〉: Kurzform von professeur **le frimeur** 〈 〉: Angeber **le proviseur:** Rektor **débile** 〈 〉: bescheuert **le bahut** 〈 〉: Penner **le bac** 〈 〉: Abkürzung von baccaluréat: Abitur **se tirer** 〈 〉: abhauen **meuf** 〈 〉: femme in verlan (à l'envers: umgekehrt lesen) **être branché sur** 〈 〉: auf jemanden abfahren **plaquer quelqu'un** 〈 〉: mit jemandem

élèves se lèveront par politesse et attendront l'autorisation de se rasseoir.

Le présent règlement sera lu et commenté aussi fréquemment que nécessaire à sa bonne compréhension et connaissance par les élèves. (Aus «Nouvel Observateur»)

Vous, oui, vous là-bas avec le képi*, vous feriez mieux d'apprendre l'histoire que de vous prendre pour un général! Et là vous deux, vous n'êtes pas ici pour flirter, si vous croyez que ça va vous inspirer pour écrire votre dissertation! Ah, et puis vous au milieu, arrêtez de chantonner! Mais, où est-ce que vous vous croyez!!

Schluß machen **la dissert** ⟨ ⟩: Abkürzung von dissertation: Aufsatz **la boum** ⟨ ⟩: Fete **se planter**: Mißerfolg haben **défense absolue**: strikt verboten **faute de quoi:** andernfalls **reconduire**: zurückbringen **manipuler**: rumspielen **la grossièreté:** Grobheit *Seite 109 –* **le képi**: Dienstmütze

DER FORTSCHRITT

VIVE LES NOUVELLES TECHNOLOGIES!

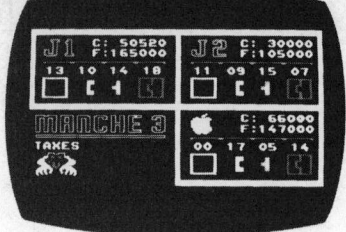

Le mouvement de retour à la nature régresse* peu à peu depuis 1976, même si la défense de la nature reste un impératif*. On découvre que technique et écologie ne font pas obligatoirement mauvais ménage*, bref**, que la technique a du bon. D'autant plus** que les industries de pointe*, et d'abord l'électronique, sont moins polluantes* que celles d'hier. Alors, il n'y a pas de raison de se gêner*. Les nouvelles technologies envahissent* la vie quotidienne.

Après la télévision, la perceuse électrique* et la chaîne stéréo, le consommateur moyen se passionne** pour le magnétoscope** qui lui permet de regarder trois fois plus la télé**. Il essaie de resquiller* en ne déclarant pas son appareil, pour ne pas

payer la redevance*. Le fisc** se venge: grâce à l'informatique, le contribuable** doit payer deux mois plus tôt ses impôts*.

Dans le domaine de la télématique*, la province est pour une fois en avance sur Paris. Les premiers vidéotex* ont été expérimentés dans différents départements français. Des services publics ou des particuliers, équipés de terminaux, peuvent bavarder** avec les banques de données* pour résoudre leurs problèmes administratifs ou individuels.

Même les petits provinciaux ont eu droit en premier aux classes informatisées*. Ils apprennent la programmation et peuvent consulter le micro-ordinateur*. Quand l'élève cafouille* trop, la machine inscrit: «Appelez le professeur!» On prévoit cent mille micro-ordinateurs dans les écoles d'ici 1988.
Et ce n'est qu'un début! Les réseaux câblés* nous ouvrent de nouvelles perspectives. Les télécommunications ont déjà ima-

Seite 110 – **régresser:** zurückgehen **un impératif:** ein Muß **faire mauvais ménage:** schlecht zusammenpassen **l'industrie de pointe:** Spitzenindustrie **polluant:** umweltverschmutzend **se gêner ⟨ ⟩:** sich zurückhalten **envahir:** eindringen **la perceuse électrique:** Bohrmaschine **se passionner pour:** sich begeistern für **resquiller ⟨ ⟩:** hier: schwarzsehen **la redevance:** Gebühr **le fisc:** Steuern **la télématique:** Bildschirmtext, Datenfernverarbeitung **le vidéotex:** Videotext **le terminal:** Bildschirm **équipé:** ausgerüstet **la banque de données:** Datenbank **la classe informa-**

giné 74 nouveaux services pour l'an 2000. Ça promet!*

Fini la corvée* du ménage: il se fait automatiquement par le «télénettoyage». «Télécommandes» pourra réveiller toute la ville à 7 heures du matin. Mais pas besoin d'aller dans le froid, vous pourrez travailler à domicile grâce à «télétravail» – le travail en équipe* chez soi. Le boulot** fini, vous voulez vous amuser? Pas besoin de sortir: «téléanimation», «téléthèque» (journaux, livres, etc.), «télé-juke-box» et «téléforum» sont là pour vous faire passer le temps. Vous êtes saturés* de ces «télés» et vous

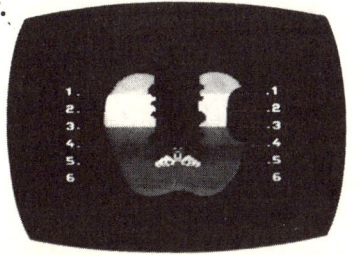

voulez donner libre cours* à vos agressions, vous pouvez faire une bataille aérienne électronique à l'échelle* d'un quartier ou d'une ville avec les jeux vidéo. Vous en avez ras-le-bol* d'être seul au milieu de vos appareils? Appelez «télécouple», le mariage par vidéomatique: pas besoin d'envoyer une photo, vous voyez tout de suite si elle (il) vous plaît.

Tous ces écrans** et ces boutons vous donnent mal au cœur*? Faites appel à «télésanté». Evidemment, ces inventions ne sont pas toutes positives: avec le visiophone*, plus question de feuilleter* le journal en écoutant d'une oreille distraite les reproches de votre copine**, votre patron pourra vous admirer dans votre baignoire et votre ami pourra vous surprendre au lit avec un autre.

Et pour le futur chômeur** de la révolution électronique, les architectes ont déjà prévu le «mur audio-visuel» qui concentrerait l'ensemble des éléments de la chaîne vidéomatique: télévision, magnétoscope, jeux vidéo, haute fidélité, micro-ordinateur, etc. On ne s'ennuiera pas!

---

tisée: computerisierter Unterricht **la programmation:** Programmieren **le micro-ordinateur:** Mikrocomputer **cafouiller** 〈 〉: nicht zurechtkommen **le réseau câblé:** Kabelnetz *Seite 111* – **ça promet!:** da kommt was auf uns zu! **la corvée:** Quälerei **le travail en équipe.** Teamarbeit **être saturé:** es satt haben **donner libre cours à:** freien Lauf lassen **à l'échelle:** auf der Ebene **en avoir ras-le-bol** 〈 〉: die Schnauze voll haben **donner mal au cœur:** Übelkeit erregen **le visiophone:** Bildtelefon **feuilleter:** durchblättern

DIE GASTARBEITER

Seite 112 – **pensez-vous!** ⟨ ⟩: meinen Sie!   **pensez-donc** ⟨ ⟩: sinngemäß: aber nein
l'agence pour l'emploi: Arbeitsamt   *Seite 113* – **entassés comme du bétail** ⟨ ⟩: zu-

112

LOKALNACHRICHTEN

DIVAGATION D'ANIMAUX.
— Le maire rappelle que les chiens doivent être gardés par leurs propriétaires dans le périmètre des habitations et que ces animaux ne doivent en aucun cas divaguer sur les voies communales ni sur les propriétés d'autrui.

Procès-verbal sera dressé envers les contrevenants.

Au conseil municipal

Le conseil municipal s'est réuni le 29 septembre dernier en séance ordinaire pour approuver le compte administratif 1982, qui se solde en excédent global de clôture à la somme de 124.381,09 F.

33 collégiens allemands sont arrivés

Depuis jeudi midi le collège René-Coty compte 33 élèves et 2 professeurs en plus. Effectif exceptionnel mais pas du tout inhabituel puisqu'il s'agit de collégiens du Real Schull de Bleckédé venus pour un séjour de deux semaines sous la conduite de M. Feeger le très sympathique directeur de l'établissement scolaire de la ville jumelle accompagné de Mme Foster professeur de français.

Cross des sapeurs pompiers le 16 octobre

Dimanche prochain 16 octobre, l'amicale des sapeurs-pompiers organise son sixième cross, cette épreuve sportive mise sur pieds par le sergent Maurice Petit responsable du sport, s'apprêtent à recevoir 150 concurrents.

Un menu alléchant pour les 55 aînés

Dimanche pour la journée annuelle des anciens de la commune, le foyer rural avait préparé un superbe menu qui a été dégusté avec plaisir par les 55 anciens du village entourés par une vingtaine de personnes venues les honorer, Mme Bocandé, conseiller général ; M. Paul Godefroy, les élus locaux, l'abbé Poupel, M. Graf, secrétaire de mairie, et des sympathisants du club dont le président est M. Paul Pessy, maire.

---

la divagation: Umherlaufen **le périmètre:** Gebiet **autrui:** andere **le procès-verbal:** Protokoll **le contrevenant:** Zuwiderhandelnder **la clôture:** Zaun **le cross:** Geländelauf **mettre sur pied:** organisieren **alléchant:** lecker **les anciens:** ältere Bürger **le foyer rural:** Bürgerhaus auf dem Land

A LA MAISON

DIE LIEBENDEN · UMGANG MIT DEM GELD · ESSEN · EHEZWIST · DIE GÖREN · WEGGEHEN VON ZUHAUSE · MODERNE PAARE · PARTNERTEST

Das Familienleben spielt sich zu Hause ab. Dort fühlt man sich geborgen, dort kann man seine Gefühle und Launen ausleben. Und alles fängt mit einer Liebesgeschichte an.

Unser Fotoroman erzählt die Geschichte der ersten Begegnung und der keimenden Liebe: Mit der Veränderung der Sitten und Bräuche haben sich auch die Worte der Liebe verändert.

Nach dieser ersten Begegnung erwacht – vielleicht – der Wunsch, eine Familie zu gründen. Man richtet sich im Alltag ein. Ein leidiges Thema: die Haushaltsausgaben. Untersucht man sie genauer, was «L'Express» und «Nouvel Observateur» getan haben, zeigen sich in den letzten Jahren Veränderungen im Verhalten der Durchschnittsfranzosen.

Das Essen nimmt immer noch einen hervorragenden Platz im Leben der Franzosen ein, ungeachtet des sozialen Milieus. Zum Essen trifft man sich in der Familie oder mit Freunden. Man redet über dies und das, am liebsten aber ausgiebig über alles, was mit dem Essen zu tun hat.

Das Zusammenleben hat so seine Tücken, und oft genügt eine Kleinigkeit, um einen Ehekrach zu provozieren. Eine Beschreibung, wie das ablaufen kann, entnahmen wir Artikeln des «Cosmopolitain» und des «Nouvel Observateur»

Erst die Kinder machen eine Familie komplett. Jede Generation unterscheidet sich von der vorhergehenden, doch die jetzige sehr drastisch: Die Kinder interessieren sich für ganz andere Dinge, sie sind scharf auf Neuheiten und entwickeln ihre eigene Sprache. Einzelheiten darüber stammen aus «L'Echo des Savanes» und «Nouvel Observateur».

Und dann kommt der Tag, an dem die Kinder den Schoß der Familie verlassen. Dieser Einschnitt vollzieht sich nicht immer ohne Schwierigkeiten, endet aber selten mit einer totalen Trennung: Das Band der Familie ist haltbar. Anregungen zu diesem Thema gaben «Nouvel Observateur» und «Cosmopolitain».

Manche Paare weigern sich aber auch, das Leben ihrer Eltern zu reproduzieren. Sie versuchen, die Liebe anders zu leben und ihren Alltag neu zu gestalten. Diese neue Form der Paarbeziehung bringt eine neue Sprache mit sich. Hinweise darauf lieferten «Autrement», «Marie Claire» und «Le Monde».

Und zum Abschluß ein Partnertest aus «Cosmopolitain». Denn Psychologen meinen: Die Chancen eines Zusammenbleibens hängen entscheidend ab von der körperlichen Anziehung.

DIE LIEBENDEN
ROMAN D'AMOUR

Clothilde est allée à une boum** espérant y revoir Charles, le type qu'elle avait rencontré à une bouffe* chez des copains**. Pour elle, cela avait été le coup de foudre*.

Merde, il est là. Ils sont pas marrants*, les gens, ils me font suer*. Encore cinq minutes et je me tire**.

Elle est écœurée*. Y a bien des mecs** qui la draguent**, mais ils ne l'excitent** pas. Elle prend son courage à deux mains* et décide de faire le premier pas. Elle arrive chez Charles, voit qu'il y a de la lumière. Pourvu qu'**il soit seul! Elle frappe à la porte et entre.

Salut! Je te dérange? Je veux juste te dire un petit bonjour.

Ça, pour une surprise, c'est une surprise!

Tiens**, je t'ai apporté la cassette de musique Ju-Ju dont je t'ai parlé l'autre jour.

C'est sympa** de ta part. Tu boiras bien quelque chose avec moi? Ça me déprime de me saoûler* seul.

Clothilde se demande comment elle doit le prendre.

Avec qui tu bois d'habitude?

Tu veux me foutre en boîte*? Ça va pas fort*, ce soir. Cécile m'a plaqué** pour un minable*.

La bouffe ⟨ ⟩: Essen   **le coup de foudre:** Liebe auf den ersten Blick   **marrant** ⟨ ⟩: lustig   **faire suer** ⟨ ⟩: anöden   **écœuré** ⟨ ⟩: angeekelt   **prendre son courage à deux mains:** seinen ganzen Mut zusammennehmen   **se saoûler** ⟨ ⟩: sich besaufen   **foutre en boîte** ⟨ ⟩: jemanden auf den Arm nehmen   **ça va pas fort** ⟨ ⟩: es geht mir nicht besonders gut   **un minable** ⟨ ⟩: Niete

Clothilde réprime* avec peine un sursaut de joie*.

Tu était amoureux d'elle?

Au début, j'étais vachement mordu*. Mais à la fin, c'était un véritable rapport sado-maso.

C'est moche*, comme histoire.

Elle m'a fait marché* pendant cinq ans. J'en ai pris plein la gueule**.

Ben**, tu vois, je suis là. Et toi?

Qu'est-ce que tu fais, ce soir?

Alors, tu tombes à pic*. Déshabille-toi, et raconte-moi un peu, ma louloute**.

T'as pas l'air d'avoir la frite*, toi non plus.

J'ai largué* mon mec. C'était un vrai macho. Je veux m'assumer en tant que femme*.

Je vais mettre un peu de musique, ça nous remontera le moral.

Ils discutent pendant des heures de leurs problèmes relationnels* en écoutant Pink Floyd et en fumant des joints. Ils se découvrent de nombreux points communs. Le courant passe*. Ils se sentent proches. Il se met à la peloter*.

Finalement, je suis bien content que Cécile se soit cassée*. C'était une petite garce*. Pour moi, c'est une affaire classée*. Toi, tu es différente.

Je te plais?

Seite 118 – **réprimer:** zurückhalten **un sursaut de joie:** ein Aufschrei der Freude **vachement mordu** ⟨ ⟩: wahnsinnig verliebt **c'est moche** ⟨ ⟩: es ist blöd **faire marcher** ⟨ ⟩: an der Nase herumführen **tomber à pic:** gerade richtig kommen **ne pas avoir la frite** ⟨ ⟩: nicht gut drauf sein **larguer** ⟨ ⟩: verlassen **s'assumer en tant que femme:** sich als Frau bewußt akzeptieren **les problèmes relationnels:** Beziehungsprobleme **le courant passe** ⟨ ⟩: es funkt **peloter** ⟨ ⟩: fummeln **se casser** ⟨ ⟩: abhauen

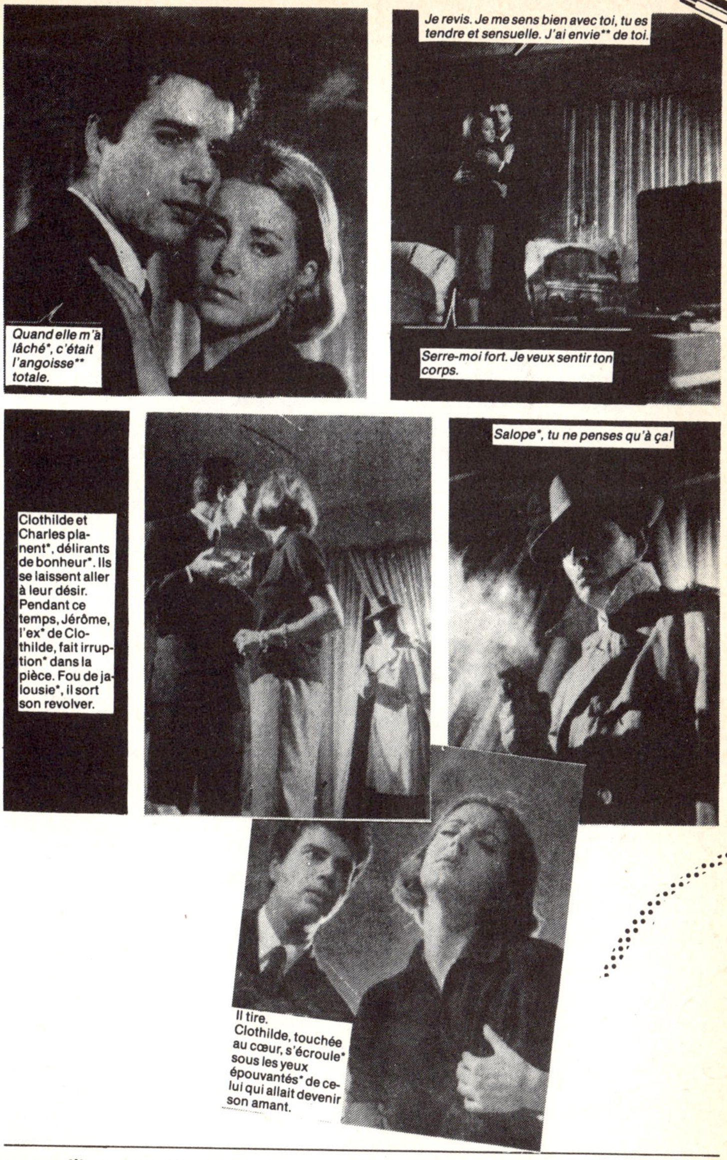

Quand elle m'a lâché*, c'était l'angoisse** totale.

Je revis. Je me sens bien avec toi, tu es tendre et sensuelle. J'ai envie** de toi.

Serre-moi fort. Je veux sentir ton corps.

Clothilde et Charles planent*, délirants de bonheur*. Ils se laissent aller à leur désir. Pendant ce temps, Jérôme, l'ex* de Clothilde, fait irruption* dans la pièce. Fou de jalousie*, il sort son revolver.

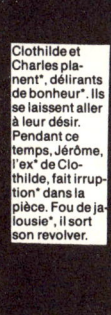

Salope*, tu ne penses qu'à ça!

Il tire. Clothilde, touchée au cœur, s'écroule* sous les yeux épouvantés* de celui qui allait devenir son amant.

---

une petite garce ⟨!⟩: Mistvieh   une affaire classée: eine abgeschlossene Sache
Seite 119-lâcher ⟨ ⟩: im Stich lassen   planer: schweben   délirants de bonheur: verrückt vor Glück   l'ex ⟨ ⟩: der Ehemalige   faire irruption: unerwartet erscheinen   la jalousie: Eifersucht   salope ⟨!⟩: Drecksau   s'écrouler: zusammenfallen
épouvanté: entsetzt

UMGANG MIT DEM GELD

OU PASSE L'ARGENT?

L'équation: progrès + argent = bonheur, en vogue pendant les années d'expansion, est bien mal en point*. Malgré toutes ses promesses, la société de consommation* n'a pas réussi à satisfaire tous les besoins. La frustration, l'insatisfaction grandissent en même temps que l'incertitude face à l'avenir. Finalement, il vaut mieux s'occuper de soi que de continuer à accumuler ou à consommer des choses qui coûtent cher et qui n'apportent rien.

Les dépenses des Français traduisent* ce changement des mentalités. La recherche d'un bien-être* personnel à effet immédiat ou presque motive de nouvelles formes d'investissements où le corps, les sensations*, les sentiments occupent la place principale.

La gymnastique, l'aérobic, le yoga, le footing*, le Tai'chi et toute autre forme de sport de préférence non-compétitive occupent de plus en plus de place aussi bien dans les loisirs que dans le budget. La découverte du corps – son langage, son émancipation – donne naissance* à une multitude de groupes ou chacun apprend à se connaître grâce à des techniques rarement bon marché!

Les gens sont de plus en plus fous de musique. Un foyer sur trois possède une chaîne hi-fi*. La vente de disques, mais surtout de cassettes, ne cesse d'augmenter: vingt fois plus en dix ans. On écoute aussi bien de la musique classique, de la musique sacrée** que de la ·Pop music. Le Walkman participe à cet engouement* avec 2 millions d'appareils vendus en une seule année. Et quand les K7*, les 33 tours, les 50 millions de radios ne suffisent plus, on sort son instrument préféré à la grande joie du voisinage!

Le plaisir des yeux tient encore une grande place avec la télévision en couleurs: plus de 2 millions de postes, le magnétoscope** démarre en flèche*. Mais l'extension du téléphone, longtemps délaissé – trop cher et génant – témoigne* du désir de communiquer, de parler, de se raconter. De même, la découverte de paysages lointains passionne** moins, on préfre investir dans des vacances actives où on peut créer, apprendre, se vivre autrement.

Par contre, les plaisirs de la table n'ont plus le succès qu'on leur connaissait: on fait des économies sur la nourriture. Le manque de temps pour faire la cuisine et pour manger, de même que le désir de garder la ligne* limitent les dépenses alimentaires.

Les marchands de vêtements

Seite 120 – **mal en point**: schlecht gestellt **la société de consommation**: Konsumgesellschaft **traduire**: hier: ausdrücken **le bien-être**: Wohlbefinden **la sensation**: Empfindung **le footing**: Jogging **donner naissance**: verursachen, ins Leben rufen **la chaîne hi-fi**: Stereoanlage **l'engouement**: Begeisterung **la K7**: Kassette **démarrer en flèche**: hier: sich schnell wachsender Beliebtheit erfreuen **témoigner**

ressent aussi le désintérêt grandissant vis-à-vis de l'habillement. On demande aux vêtements d'être agréables, confortables, de bonne qualité mais on ne souhaite plus suivre la mode et dépenser des sommes folles* pour s'habiller. La voiture devra répondre à des qualités semblables: pratique, petite, agréable à conduire et économique.

En attendant de pouvoir s'offrir tous ces petits plaisirs, il faut régler le loyer et les charges** qui occupent environ un tiers du budget et les dépenses en énergie: électricité, fioul*, gaz dont la consommation augmente toujours malgré la montée des prix. Une chose est sûre: il n'est pas question de vivre de manière spartiate*.

---

de: dokumentieren **garder la ligne:** schlank bleiben *Seite 121* – **des sommes folles** ⟨ ⟩: Wahnsinnssummen **le fioul / fuel:** Heizöl **de manière spartiate:** spartanisch **pa** ⟨ ⟩: Kurzform von papa **avancer** ⟨ ⟩: hier: vorstrecken **les sous** ⟨ ⟩: Geld **pu** ⟨ ⟩: Verkürzung von plus

ESSEN

ON SE FAIT UNE BOUFFE**

*Dis donc**, c'est drôlement* bon ce que tu nous as fait aujourd'hui!*

Pourtant, tu sais, je ne me complique plus l'existence*, j'ai acheté la tarte aux fruits de mer chez «La tarte Julie», tu connais?

Non, il faut absolument que tu me donnes l'adresse.

Bon, et puis j'ai passé le rôti dans le four à micro-ondes* pour éviter de mettre des matières grasses.

Oh, mais tu as mis des herbes que je ne connais pas.

Ah oui, je ne sais pas bien ce que c'est, on me les a rapportées du Maroc.

Qui ça, on?

Un copain**, il m'a dit qu'il y avait des restaurants absolument dingues** à Fez. D'ailleurs il m'a promis de m'emmener chez un nouveau Marocain qui a ouvert

le mois dernier dans la rue des Capucines. Ils ont, paraît-il, un couscous génial!

Tu sais, moi, je n'ai plus le temps de cuisiner, heureusement qu'il y a de plus en plus de petits resto sympas** pas trop chers, et avec des plats mini-calories.*

Ah, c'est comme moi, plus ça va, moins je fais de grands repas, et puis surtout, je recherche les produits naturels, j'en ai marre** de bouffer** des trucs** dégueulasses** en boîte, des légumes qui ont le goût de flotte*, ou de la viande aux antibiotiques. Des fois on sait vraiment plus quoi acheter!

*L'autre jour, je suis allée chez Martine, elle a plein d'épices asiatiques, moi, je trouve ça bizarre, elle dit que ça évite de trop saler et que c'est meilleur pour la santé, quand même, j'aime pas trop ces machins**-là! Tu me repasses un peu de ta tarte, elle est délicieuse!*

Voilà, sers-toi! C'est vrai, moi j'aime pas non plus les trucs** trop exotiques, mais y a des Vietnamiens sur la Place Bertot vraiment très très bons; ce que j'adore par contre: ce sont les fruits exotiques comme les mangues, les litchis ou les fruits de la passion.

Ah au fait, je voulais te demander où tu achètes ton fromage, il est toujours extra*!*

Je le prends dans la petite crèmerie en bas de l'immeuble, tu sais à côté de l'Italien, c'est d'ailleurs un restaurant terrible* et

---

Seite 122 – drôlement 〈 〉: sehr, überaus **je ne me complique pas l'existence:** ich reiße mir kein Bein aus **le four à micro-ondes:** Microwellenherd **le resto** 〈 〉: Kurzform von restaurant **la flotte** 〈 〉: Wasser **au fait** 〈 〉: bei der Gelegenheit **extra** 〈 〉: Kurzform von extraordinaire: ausgezeichnet **terrible** 〈 〉: toll *Seite 123 –* **ado-**

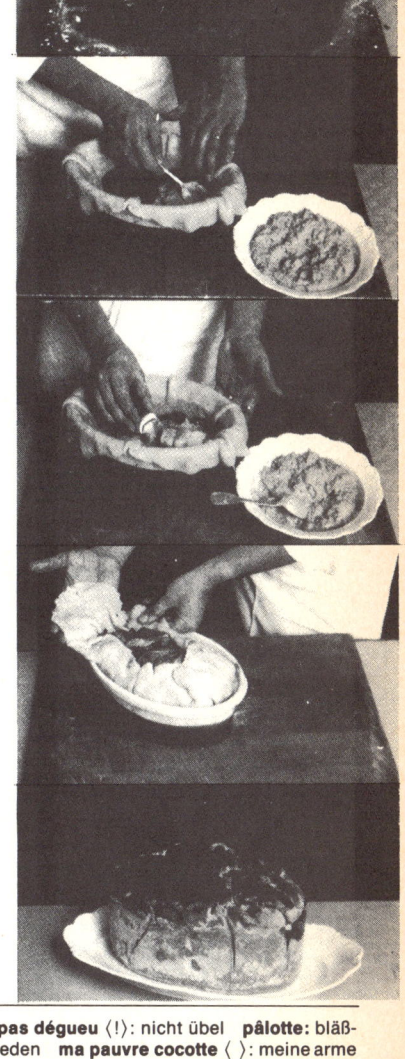

les garçons sont adorables*!

Hum, ton vin se laisse boire, c'est pas de la piquette*!

Non, et en plus il est pas cher, parce que moi, les grands vins, je trouve ça hors de prix, je préfère me payer autre chose et puis les petits vins de pays sont pas dégueu*, alors ...

Bon, raconte-moi un peu ce que tu deviens, t'es un peu pâlotte*, tu devrais boire plus de jus de fruits et te remuer un peu!

Eh, tu en as de bonnes*, comme si je ne m'agitais pas déjà assez comme ça, je suis une perpétuelle inquiète, c'est tout!

Oh, ma pauvre cocotte*, tiens**, bois un petit coup, ça te remettra*! Tu pars bientôt en vacances?

Ouais, ouais**, on part en Grèce dans huit jours.

Comment on mange là?

«Moi, je me sens très bien ici, je n'ai vraiment plus besoin de sortir.» Eux, les hommes, peut-être! mais les femmes, épouses ou amies de ces hommes lymphatiques*, pantouflards* et fatigués ne l'entendent pas de cette oreille. Une grande majorité des disputes a pour origine l'ennui. On n'a rien à se dire, on est là ensemble, seuls. C'est dur à admettre et c'est rare qu'une femme avoue clairement: «J'ai passé un week-end mortel* avec lui!» ou bien «Si tu savais comme je m'ennuie avec lui!» On va plutôt commencer à se chamailler** pour redonner un peu de vie, pour le changer, pour le forcer* à vivre comme avant. Maintenant «il» estime que le travail, les repas, le «Monde», la télé** suffisent à boucler* un emploi du temps*! Il appelle «avoir la paix» un univers réduit au canapé, au polar*, à la B. D.* et au caramel mou.

Il ne se passe plus rien! C'est tous les jours la même chose: l'homme plein de nouvelles idées qu'on avait connu se transforme en ours fatigué, ou bien l'homme si discret, si séduisant par sa timidité se révèle effectivement complètement amorphe* et ennuyeux!

Tous les efforts pour le sortir de sa léthargie sont généralement vains* (du moins à la maison). Plus question de se laisser aller – il regarde sa montre pour savoir s'il a sommeil! – Les sorties sont chères et la plupart des amis ne sont pas passionnants – en connaître de nouveaux reste exclu* – et puis on est si bien ensemble: «N'est-ce pas chérie?»

En s'installant en couple l'homme a enfin trouvé la sécurité que la femme était censée chercher*! «Les types ont alors l'impression que la vie est sur les rails* et qu'il n'y a plus qu'à continuer.»

Alors tout le monde est frustré, l'un veut sa tranquillité pen-

Seite 124 – **la scène de ménage:** Ehestreit **lymphatique:** träge **l'homme pantouflard** ⟨ ⟩: Stubenhocker **mortel** ⟨ ⟩: todlangweilig **forcer quelqu'un:** jemanden zwingen **boucler** ⟨ ⟩: hier: ausfüllen **un emploi du temps:** Stundenplan **le polar** ⟨ ⟩: Krimi **la B.D.:** Kurzform von bandes dessinées: Comicstrips **amorphe:** träge **vain:** vergeblich **être exclu:** ausgeschlossen sein **être censé chercher:** angeblich su-

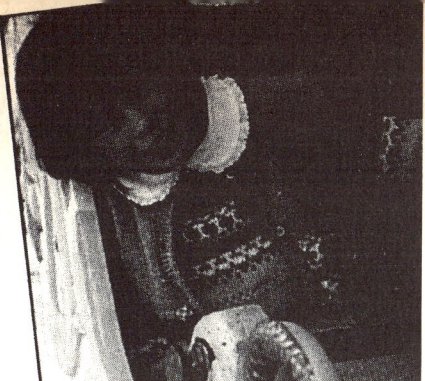

goût n'a pas d'importance, le cru* ou le cuit* n'est pas connu. En revanche, ils adorent le mou*. Les pâtes, les frites, les steaks hachés, le tout arrosé de ketchup sont leurs plats préférés. Sur le chemin des maternelles*, des écoles où ils passent toute leur journée, ils se ravitaillent* en réglisses-disques*, crocodiles vert-ventres-blancs, malabars*, et coca-cola sous toutes ses formes. Après l'école, ils peuvent enfin se reposer dans la chaude atmosphère familiale en regardant la télé et en dégustant* des Milky-Way, des Scrunch accompagnés de limo ou de coca pour roter*.

La télé, bien sûr, leur permet de vivre. Les sensations** fortes qui leur manquent si cruellement dans la vie quotidienne leur sont présentées grâce à des feuilletons, à des films-catastrophes, à des reportages en direct sur les derniers massacres au Liban. Tout ça est commenté dans le genre: hallucinant*!, épatant*!, putain**!, c'est vachement**

chouette**, c'est débilos* etc... On aime bien aussi des choses plus douces genre rock avec Elvis, Eddy, et puis Karen Cheryl, France Gall la sucette* à l'anis et Chantal Goya.

Les malheureux parents de ces chers petits sont un peu dépassés*. Ils font tout pour que leur progéniture* soit heureuse, pour qu'elle ne manque de rien. On donne, on discute, on cajole*, on écoute et eux, ces petits gâtés*, vivent dans leur monde étrange en se demandant bien souvent ce que ce papa si tolérant, quelquefois coléreux, mais si absent, attend d'eux.

---

che) **la zézette** ⟨ ⟩: Möse (Kindersprache)   *Seite 127 –* **le cru**: das Rohe   **le cuit**: das Gekochte   **le mou**: Weichheit   **la maternelle**: Vorschule   **se ravitailler** ⟨ ⟩: sich stärken   **des réglisses-disques**: Lakritzspirale   **le malabar**: eine Art Kaugummi   **déguster**: genießen   **roter**: rülpsen   **hallucinant**: blendend   **épatant**: verblüffend   **débilos** ⟨ ⟩: schwachsinnig   **la sucette**: Lutscher   **dépassé**: überfordert   **la progéniture**: Nachkommenschaft   **cajoler**: schmusen   **les petits gâtés** ⟨ ⟩: die verwöhnten Kleinen

127

WEGGEHEN VON ZU HAUSE C'EST DUR DE PARTIR!

Les soixante-huitards* ont com-
battu la famille ressentie*
comme étouffante*, la nouvelle
génération aime de plus en plus
sa famille: 93 % des jeunes de 15
à 20 ans la considèrent comme
très importante. C'est la chaleur,
la tendresse, un lieu rassurant.
On n'est pas pressé de se tirer**
de la maison, d'autant plus que*
les parents, qui eux ont vécu 68,
sont plus coulants, plus permis-
sifs. Ils jouent volontiers les pa-
rents-copains** et on peut se
confier à eux, leur parler de problèmes de contraception. Ils ne
gueulent** pas trop quand on
met la musique à fond*, quand
on est trop flemmard* pour ranger le bordel* qu'on a laissé dans
la cuisine pendant que les parents
étaient à la campagne, quand on
s'enferme dans sa piaule* avec sa
copine soit-disant pour réviser*
ses maths. Les parents ne sont
pas trop chiants**, ils vous laissent faire tout ce vous voulez.

En plus, on a passé l'âge de se
chamailler** sans cesse avec son
frangin*, on ne le trouve plus
aussi débile** et on a arrêté de lui
lancer des vannes* pour le faire
chialer*.

Evidemment, certains rêvent
d'une plus grande indépendance,

Seite 128 – **les soixante-huitards:** die 68er **ressentir:** empfinden **étouffant:** erstik-
kend **d'autant plus qué:** zumal **à fond:** so laut wie möglich **flemmard** ⟨ ⟩: faul **le
bordel** ⟨ ⟩: Unordnung **la piaule** ⟨ ⟩: Zimmer **réviser:** lernen **le frangin** ⟨ ⟩: Bruder **lancer des vannes** ⟨ ⟩: böse Bemerkungen machen **chialer** ⟨ ⟩: weinen *Seite
129* – **le moindre mal:** das kleinere Übel **claquer la porte** ⟨ ⟩: die Tür zuschlagen,
abhauen **la fac** ⟨ ⟩: Kurzform von faculté **le cordon ombilical:** Nabelschnur **le mio-**

128

surtout financière. Mais tant qu'**on fait des études ou qu'on est au chômage** c'est toujours le moindre mal*. Sans fric**, on ne peut pas claquer la porte*.

Quand on quitte la maison familiale, c'est souvent poussé par les évènements: les études à la fac*, le travail ou la vie à deux. Mais on ne coupe pas le cordon ombilical*. On cherche à rester le plus près possible, on passe le week-end en famille et on en profite pour faire laver son linge sale, on demande à maman de garder les mioches* pendant les vacances, elle aime tellement ses petits-enfants, ça lui fera certainement plaisir.

Il y a en qui s'incruste* carrément*. Tout le monde connaît un copain** ou une copine** qui a 25 ans ou plus et habite toujours chez ses parents, part en vacances avec eux et se fait dorloter*. Dans ces cas-là, les parents essaient de les mettre gentiment à la porte*.

Mais ils prennent un appartement quelques rues plus loin, passent le soir à l'improviste* parce que leur frigo** est vide et qu'on bouffe** bien chez papa-maman (c'est toujours ça d'économisé pour s'acheter des fringues**!), ou bien parce qu'on n'arrive pas à remplir sa feuille d'impôts* et que papa pourra certainement aider, il s'y connaît mieux en paperasserie*.

De toute façon, on sait qu'on peut compter sur la famille si on a un coup dur*, que papa ou maman, en s'y prenant bien*, ne refusera pas de vous dépanner* si vous êtes momentanément à sec* en vous filant* 2 à 300 balles**.

---

che ⟨ ⟩: Kind **s'incruster:** sich einnisten **carrément:** offen, direkt **se faire dorloter:** sich verwöhnen lassen **mettre à la porte** ⟨ ⟩: vor die Tür setzen **à l'improviste:** plötzlich, unangemeldet **la feuille d'impôts:** Steuererklärung **la paperasserie:** Papierkrieg **un coup dur** ⟨ ⟩: ein harter Schlag **en s'y prenant bien:** wenn man es richtig macht **dépanner** ⟨ ⟩: helfen **être à sec** ⟨ ⟩: blank sein **filer** ⟨ ⟩: geben

MODERNE PAARE

COMMENT VONT LES AMOURS?

Avant on se mariait, un point c'est tout**. Des fois on y était forcé** à cause d'un pépin*, c'est à dire que la femme attendait un enfant. En principe, on était fidèle: il arrivait qu'on trompe**

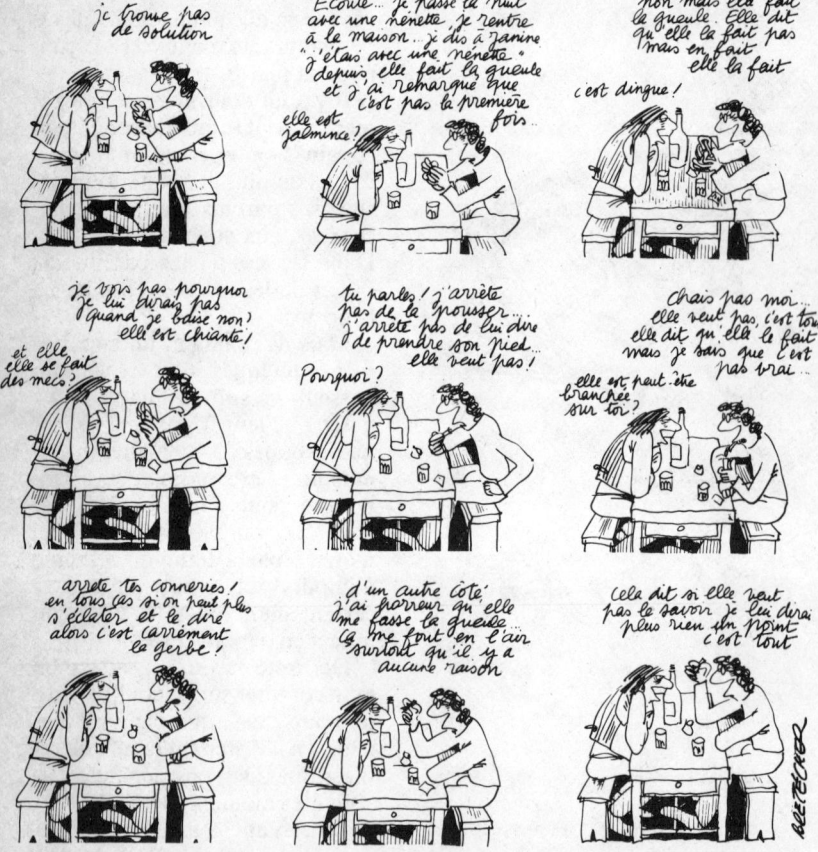

je trouve pas de solution

Ecoute... je passe la nuit avec une nénette, je rentre à la maison... je dis à Janine "j'étais avec une nénette" depuis elle fait la gueule et j'ai remarqué que c'est pas la première fois... elle est jalmince?

non mais elle fait la gueule. Elle dit qu'elle la fait pas mais en fait elle la fait

c'est dingue!

je vois pas pourquoi je lui dirais pas (quand je baise non) elle est chiante!

et elle, elle se fait des mecs?

tu parles! j'arrête pas de la pousser j'arrête pas de lui dire de prendre son pied... elle veut pas!

Pourquoi?

Chais pas moi... elle veut pas, c'est tout elle dit qu'elle le fait mais je sais que c'est pas vrai

elle est peut-être branchée sur toi?

arrête tes conneries! en tous cas si on peut plus s'éclater et le dire alors c'est carrément la gerbe!

d'un autre côté j'ai horreur qu'elle me fasse la gueule ça me fout en l'air surtout qu'il y a aucune raison

Cela dit si elle veut pas le savoir je lui dirai plus rien un point c'est tout

---

Seite 130 – **un pépin** ⟨ ⟩: Schwierigkeit **la nénette** ⟨ ⟩: Frau **jalmince** ⟨ ⟩: eifersüchtig **baiser** ⟨ ⟩: bumsen **se faire des mecs** ⟨!⟩: es mit anderen Typen treiben **tu parles!** ⟨ ⟩: was glaubst du wohl **prendre son pied** ⟨ ⟩: sich seinen Spaß holen **c'est carrément la gerbe** ⟨ ⟩: das ist das Ende **j'ai horreur** ⟨ ⟩: ich hasse **ça me fout en l'air** ⟨!⟩: es macht mich fertig **cela dit:** wenn es so ist **un point c'est tout:** das ist alles *Seite 131* – **en cachette:** heimlich **le ‹cinq à sept›:** Liebe am Nachmit-

l'autre, mais on restait discret, on allait en cachette* retrouver sa maîtresse ou son amant pour le «cinq à sept*». Les couples qui vivaient en concubinage* ou en union libre* étaient très mal vus, et encore plus les mères célibataires.

Maintenant les choses ont bien changé. L'indépendance financière de la plupart des femmes et les moyens de contraception ont bouleversé* la relation amoureuse. On boude* la sécurité du mariage pour rechercher son plaisir. Mais comme on n'a encore rien trouvé de mieux que l'amour, on finit par se retrouver en couple. Seulement, les choses se passent en douceur, au mythe de l'amour fou succède le temps de l'amour flou*.

D'abord on va ensemble au ciné** ou au resto**. Puis on sort ensemble, sans indication de lieu précis, ce qui signifie en définitive qu'on rentre ensemble. Bientôt, on est tout simplement ensemble. Un beau jour on en a assez d'aller au bureau avec son baisenville*, alors on se met ensemble*, parce que c'est plus pratique, par choix affectif ou par défi*. On veut alors former un couple différent pour ne pas tomber dans le piège des anciens modèles, le genre vieux couple pépère*. On ne se jure plus amour-toujours par peur de se faire bouffer**, chacun garde sa liberté, on ne se trompe plus, on se paye* une petite aventure.

On parle d'histoires de cul* ou de la baise** entre copains, mais pas tellement de fidélité.

On reste ensemble parce qu'on est bien ensemble, parce qu'on tient à l'autre, parce qu'on s'entend bien dans le quotidien. Chacun est libre de partir, et le jour où ça ne colle* plus, on ne parle pas de rupture**, on se sépare ou on se quitte. Ce couple si différent hésite à faire un enfant. Si la femme tombe enceinte*, on peut toujours recourir à l'avortement** pour repousser le moment où il faudra jouer à papamaman.

Les grandes scènes**, les faux départs, les réconciliations* passionnées brouillent* les pistes*. Les institutions ne s'y retrouvent plus: habiter ensemble ne signifie pas vivre ensemble, on vit séparé mais on a simplement oublié de divorcer.

Ce désordre amoureux se retrouve dans le langage. Le meilleur ami n'est pas ce que vous pensez, sauf si c'est en même temps le petit ami. Et comment désigner la personne avec laquelle on est? Les mots ne manquent pas: mon copain**, mon mec**, mon jules, ma copine**, ma nénette**, ma nana**. Mais on ne peut pas les employer dans toutes les occasions. Le mieux est de parler de son ami(e). Là, il n'y a pas de malentendu, on sait qu'il ne s'agit pas d'un(e) ami(e) quelconque.

---

tag **le concubinage, l'union libre:** wilde Ehe **bouleverser:** umwälzen **bouder** ⟨ ⟩: hier: den Rücken kehren **l'amour flou:** lockere Liebesbeziehung **le baisenville** ⟨ ⟩: kleiner Koffer mit dem Nötigsten **se mettre ensemble** ⟨ ⟩: zusammenziehen **le défi:** Herausforderung **pépère:** ruhig **se payer** ⟨ ⟩: sich gönnen **un histoire de cul** ⟨!⟩: Bettgeschichte **coller** ⟨ ⟩: gut zusammenpassen **tomber enceinte:** schwanger werden **la réconciliation:** Versöhnung **brouiller:** durcheinanderbringen **la piste:** Spur

PARTNERTEST

1. A vos yeux, il (ou elle) est:

    a. Franchement superbe* ou ravissante*, hors concours*.

    b. Beau (belle) ou joli(e), mention très bien.

    c. Plutôt bien physiquement

    d. Séduisant(e)* mais pas vraiment beau (belle)

    e. Pas beau (belle) du tout mais plein(e) de charme.

2. D'après vous, quelle impression fait-il (elle)?

    a. C'est quelqu'un qu'on remarque pour son élégance, son chic, sa distinction*.

    b. Effet plaisant, il (elle) a de l'allure* et de l'aisance*

    c. Passe-partout*, il (elle) est à l'aise dans n'importe quel milieu.

    d. Couleur muraille*, il (elle) passe inaperçu(e)*

3. Dans son milieu, parmi ses ami(e)s, il (elle) est:

    a. Extrêmement apprécié(e), on se l'arrache*

    b. Très populaire

    c. Ni plus ni moins populaire qu'un autre

    d. Pas vraiment apprécié(e) des autres.

4. Du point de vue sexuel, vous le (la) trouvez:

    a. Ensorcelant(e)*: il (elle) vous rend folle (fou) de désir

    b. Terriblement séduisant(e) vous fait fondre même quand vous n'étiez pas d'humeur à …

    c. Tendre et sensuel(le), bon(ne), amant(e)

    d. Vu(e) de l'extérieur, rien de bouleversant* mais il (elle) vous convient à vous.

Résultats

La beauté absolue n'est pas forcément* ce que l'on recherche le plus chez un partenaire. D'après les statisticiens du mariage, la plupart des gens se tournent instinctivement vers quelqu'un dont le niveau physique est l'équivalent du leur. Superbes ou pas gâtés* prospectent* normalement parmi leurs semblables. Mais tout ça est bien subjectif et une dame divine amoureuse d'un vilain petit singe peut très bien affirmer en toute sincérité: «Mon mari est le plus bel homme que je connaisse». Ces jugements partiaux sont aussi importants que des constats* objectifs. Ce n'est pas ce qu'on est mais comment l'on se voit l'un l'autre qui compte le plus.

Pour chaque question (questions 1., 2., 3., 4.) attribuez*-vous 5 points si vous avez coché* la même réponse. 2 points si vous avez coché des réponses adjacentes* (a-b, b-c, etc.). 0 pour toute autre réponse.

De 14 à 20 points. Violente attirance physique.

De 6 à 13 points. Attirance physique moyenne.

Moins de 6 points. Attirance physique médiocre.

---

superbe: herrlich **ravissant:** hinreißend **hors concours:** außer Konkurrenz **séduisant:** charmant **avoir de l'allure:** nach etwas aussehen **l'aisance:** Ungezwungenheit **passe-partout:** anpassungsfähig **couleur muraille:** mausgrau **passer inaperçu:** unbemerkt bleiben **s'arracher quelqu'un** ⟨ ⟩: sich um jemanden reißen **ensorcelant:** fesselnd **bouleversant:** umwerfend **forcément:** pas gâté ⟨ ⟩: nicht mit Schönheit gesegnet **prospecter:** werben **le constat:** Feststellung **attribuer:** geben **cocher:** ankreuzen **adjacent:** nebeneinander stehend

A LA CAMPAGNE

VOM WETTER · LANDFLUCHT · NEU-BAUERN · DAS ZWEITHAUS · AGRAR-INDUSTRIE · KOOPERATIVEN · ÖKO-LOGIE · ATOMKRAFT · TOURISMUS

Auch vor dem ländlichen Frankreich macht die allgemeine Entwicklung nicht halt. Zwar hat man in vielen Ortschaften noch den Eindruck, daß sich das Leben hier seit Jahrzehnten nicht verändert hat, doch führen ökonomische Zwänge und die Erwartungen der Jugendlichen zu starken Umschichtungen.

Für erste Kontakte mit der Landbevölkerung ist das Reden über das Wetter nicht zu verachten. Intensive Gespräche können folgen, hat sich erst ein Mindestmaß an Vertrauen entwickelt.

Die Landflucht hält an, doch der Wunsch, in der Heimat zu bleiben, wächst, wie «Autrement» und «De la France» berichten.

Die Bauern, die das Land verlassen haben, werden manchmal von «Neu-Bauern» ersetzt, städtischen Aussteigern, die beschlossen haben, von der Landwirtschaft oder der Viehzucht zu leben. Unser Comic stützt sich auf einen Bericht in «Le Monde du Dimanche».

Immer mehr Städter schwärmen vom und aufs Land – allerdings meist nur fürs Wochenende. Was aus dem Traum vom Häuschen auf dem Land oft wird, ist kaum ohne Ironie zu beschreiben.

Die Bauern, die auf dem Land bleiben, verschulden sich unter dem Druck der Agrarindustrie mit immer weiteren Investitionen. Informationen dazu aus «La France Agricole», «De la France» und «Libération».

Die Kooperativen, die den Bauern bei ihren ökonomischen Schwierigkeiten helfen sollten, haben ihre Abhängigkeit meist noch verstärkt. Einige Hinweise dazu aus «La France Agricole», «Le Monde» und «De la France».

Das Land ist der Ausgangspunkt der Ökologiebewegung, denn hier wird die Gefährdung der natürlichen Lebensbedingungen am deutlichsten, und hier ist zugleich der Ort, wo ökologische Utopien geplant oder gelebt werden.

Atomkraftwerke sind der massivste Eingriff in die ländliche Umwelt. Wir geben einen Überblick über die Reaktion der betroffenen Anwohner und zeigen, wie sich die sozialistische Regierung für die neuen Energien einsetzt.

Dem Land zur Last werden oft auch die ausländischen Touristen. Ihre Beziehungen zu den Einwohnern sind nie ganz einfach, aber was daraus entsteht, hängt sehr vom Verhalten der Fremden ab. Das gilt besonders auch für «Les Boches».

VOM WETTER

LA PLUIE ET LE BEAU TEMPS

Pour engager la conversation* avec les gens de la campagne, rien de tel que de parler du temps qu'il fait, qu'il a fait, qu'il fera.

Bonjour, un sale temps, aujourdhui.

Ouais**, c'est pas un temps de saison*. Il fait trop lourd*, on transpire à grosses gouttes. Il nous faudrait un bon orage, ça dégagerait* le ciel et ça mouillerait la terre qui en a bien besoin.

Vous pensez que le temps va se gâter*?

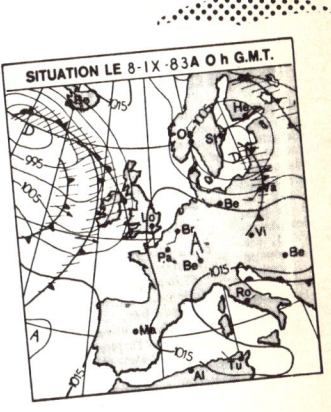

L'orage menace. Il va pleuvoir des cordes* d'ici ce soir. D'ailleurs, cette nuit, la lune buvait*, c'est un signe qui trompe jamais. Mais espérons que ce sera pas la grêle*, sinon toute la récolte sera foutue** de nouveau.

Hier déjà, qu'est-ce qu'il flottait* vers cinq heures. Je suis rentré trempé jusqu'aux os*, j'avais la chair de poule*. Et le soir, il faisait un tel froid de canard* dans la baraque* qu'on a dû allumer le feu.

C'est bien vrai, il faisait un temps de chien, hier. Je vous le dis, le temps est détraqué*. Où est-ce que vous logez?

Chez les Dubois.

Ah oui, je les connais bien. Elle, c'est la nièce de mon gendre.

Ils sont très aimables. Quel temps fait-il en hiver, dans le pays?

En général, il fait doux. Mais parfois, on a du brouillard, surtout depuis qu'ils ont construit le barrage* ... un brouillard à couper au couteau, on n'y voit pas à trois mètres.

J'aimerais bien que le temps se mette au beau*. C'est pas rigolo** de passer ses vacances sous la pluie.

Faut voir. Si le couchant* est rose, il fera beau demain.

---

engager la conversation: ein Gespräch anleiern **un temps de saison:** Frühlingswetter, Sommerwetter usw., je nachdem **il fait lourd:** es ist schwül **dégager:** aufhellen **se gâter** ⟨ ⟩: schlecht werden **pleuvoir des cordes** ⟨ ⟩: Strippen regnen **la lune boit:** der Mond hat einen Hof **la grêle:** Hagel **flotter** ⟨ ⟩: regnen **trempé jusqu'aux os:** bis auf die Haut durchgenäßt **la chair de poule:** Gänsehaut **un froid de canard:** Hundekälte **la baraque** ⟨ ⟩: Haus **être détraqué** ⟨ ⟩: verrückt spielen **le barrage:** Talsperre **se mettre au beau:** schön werden **le couchant:** Sonnenuntergang

LANDFLUCHT

ILS AIMERAIENT BIEN RESTER MAIS...

Les besoins croissants* de l'industrie et l'espoir de mener une vie plus facile ont conditionné dès le XIXe siècle le départ des paysans vers la ville. Actuellement le mouvement continue puisque l'agriculture va dans le sens d'une plus grande concentration et d'une industrialisation de la production.

Ce sont les jeunes: salariés agricoles* ou petits exploitants*

Seite 136 – **les besoins croissants:** wachsende Bedürfnisse   **le salarié agricole:** Landarbeiter   **l'exploitant:** Landwirt   *Seite 137* – **rester au pays:** in der Heimatregion blei-

qui doivent partir. Pourtant, nombreux sont ceux qui aimaraient rester «au pays*». De la Bretagne au Languedoc, on lutte pour que le pays vive, pour que l'on crée de nouveaux emplois, pour que la culture, la langue ne soient pas seulement un objet touristique!

Mais pour continuer à vivre de l'agriculture ou de l'élevage*, il faut devenir compétitif*, il faut s'agrandir, utiliser les dernières techniques, c'est-à-dire qu'il faut s'endetter* pour des années et travailler douze à quatorze heures par jour. Seuls les enfants d'agriculteurs riches et entreprenants* pourront prendre la suite sans trop de difficultés. La spéculation sur les terres et sur les fermes empêchent les paysans de racheter les terres dont ils auraient besoin; les gros propriétaires ou les spéculateurs font tout pour chasser l'exploitant moyen ou petit.

20 000 paysans quittent la terre et bien souvent leur région chaque année. La population agricole vieillit: les plus âgés restent, les jeunes et surtout les femmes s'en vont. Les jeunes cultivateurs* trouvent de plus en plus difficilement à se marier même quand la ferme est assez riche. La dégradation des conditions de vie, l'insécurité financière, les conditions de travail, l'absence de confort, la monotonie détournent les filles de la campagne. Elles préfèrent aller à la ville et de-

venir, si possible, fonctionnaire ou tout au moins, en épouser un!

Ceux qui ne peuvent plus être cultivateurs, souhaiteraient au moins rester dans leur région, mais le sous-équipement sur le plan énergie, moyens de transport, main-d'œuvre* qualifiée, maintient de grandes régions traditionnellement agricoles dans un état de sous-développement industriel.

On réduit certaines régions, comme la Bretagne, au rôle de fournisseur* de matières premières, de main-d'œuvre, ou encore de fassade touristique. Certaines industries réclamant un personnel peu qualifié et sans tradition syndicale se sont installées. Elles aident rarement au développement de la région, elles n'empêchent pas l'émigration des jeunes et surtout, elles ferment si leurs profits sont menacés sans s'occuper des conséquences sociales.

La crise économique a contribué largement au dépeuplement rural de même que la concurrence et la politique agricole du marché commun. Le découragement devant les difficultés financières insurmontables poussent les agriculteurs à abandonner leur exploitation. Si le mouvement continue, la campagne sera bientôt divisée en grands domaines agricoles super-équipés et en maisons secondaires pour rentiers et citadins avides* de jouer aux paysans!

---

ben **l'élevage:** Viehzucht **compétitif:** konkurrenzfähig **s'endetter:** sich verschulden **entreprenant:** unternehmungslustig **le cultivateur:** Landwirt **la main-d'œuvre:** Arbeitskraft **le fournisseur:** Lieferant **avide:** begierig

NEUBAUERN

RETOUR A LA NATURE

Après 68 les premiers ‹zippies›* arrivent bien décidés à commencer une nouvelle vie.

Ils partagent tout: amours, chèvres … Tout va bien, on se contente de peu*. Il fait beau et on forme une grande famille.

Seite 138 – **les ‹zippies›** ⟨ ⟩: so wird ‹les hippies› in Südfrankreich ausgesprochen
traire: melken   **se contenter de peu** ⟨ ⟩: sich mit wenig zufrieden geben   *Seite 139* –

L'hiver arrive, il pleut, ça caille*, on est fauché**, on n'a rien à foutre*, mais on est libre et indépendant. Les plus courageux reprennent le chemin de la ville.

Ceux qui sont restés se sont bien adaptés et ont montré de quoi ils étaient capables.

ça caille ⟨ ⟩: es ist sehr kalt   **rien avoir à foutre** ⟨!⟩: nichts zu tun haben   **en crever d'envie** ⟨ ⟩: vor Neid platzen

DAS ZWEITHAUS
AH, QUE LA CAMPAGNE EST BELLE…!

«Bon, ça y est, on est parti! J'espère que j'ai rien oublié, et toi, t'as pensé à prendre la perceuse**?». Vendredi soir, sur l'autoroute saturée*, de bouchon** en bouchon, on fonce** vers son rêve … Enfin on va pouvoir oublier les blocs géométriques, l'appartement carré sans grenier, sans cave ou petits coins qui rappellent les rêves de l'enfance.

On l'a chèrement payée, cette charmante fermette* normande – une affaire exceptionnelle – où tout-est-à-refaire. Alors, pas question** de rater un week-end. D'ailleurs, les vacances … «Eh bien, cette année, on va en profiter pour faire avancer les travaux!», déclare Monsieur, à la grande stupéfaction* des garçons qui pensaient bien retourner,

comme d'habitude, à la mer retrouver les copains**!

A peine arrivé commencent les corvées*: «Il fait un froid de canard** dans cette baraque**!», mais quand même, on est enfin chez soi, l'air est pur, pas un bruit, à part le chien du voisin qui ne s'habitue pas du tout à ces intrus*. Après le chauffage, c'est le déballage pour la cuisine, les lits, chacun est à son poste, ou plus exactement, c'est Madame-mère-épouse-organisatrice qui dirige les opérations en faisant le maximum elle-même pour éviter les pertes de temps.

Pas question de se reposer: dès l'aube* – le lever du jour est si beau à la campagne! – commencent les grandes opérations à l'intérieur comme à l'extérieur. Avec cette foutue nature*, on n'en finit pas … «Heureusement qu'on a fait couper les arbres, ils poussaient n'importe comment, ils étaient plantés n'importe où … et puis, toutes ces feuilles à ramasser, non merci!» Les oiseaux ont déménagé par la même occasion … c'est le grand silence. A

Seite 140 – **saturé:** überfüllt **la fermette:** kleiner Bauernhof **la stupéfaction:** Erstaunen **la corvée:** lästige Arbeit **l'intru:** Eindringling **dès l'aube:** von Morgengrauen an **cette foutue nature** ⟨ ⟩: diese verdammte Natur Seite 141 – **en rangs d'oignons:** dicht nebeneinander aufgereiht **les pucerons:** Blattläuse **le sécateur:** Gartenschere **se sentir mal à l'aise:** sich unwohl fühlen **hebdomadaire:** wöchentlich **déca-**

140

la place des marronniers, poussent en rang d'oignons* des arbustes directement sortis d'un catalogue!

Quant aux fleurs, à part quelques rosiers bien taillés, cette année il n'y en a pas ... à cause des pucerons*. Enfin, les insecticides et le sécateur* ont fait le reste! Le sécateur: il tranche, il coupe, il surveille la nature toujours maltraitée, mais toujours renaissante. Sans lui, on se sent mal à l'aise*, comme envahi, le paysan d'à côté s'amuse de voir ces citadins dans leur lutte hebdomadaire* avec la nature. Pour lui, le sol produit, il en vit. L'autre le combat, au mieux, l'ignore. «On ne va jamais se promener, on a pas le temps!»

Ils sont toujours débordés**. Il faut décaper*, faire installer les poutres* apparentes, construire la cheminée, coudre les rideaux à petits carreaux rouges. Toutes choses indispensables pour reconstituer une campagne qui n'existe que dans l'esprit des gens de la ville et pour épater* les copains. On a même vu des vrais toits de chaume* dans des régions où ça ne s'était encore jamais vu!

Jusqu'au dimanche soir, c'est la grande agitation, pas le temps de réfléchir ou de s'ennuyer ... ils font des trucs** qu'ils n'ont pas envie de faire mais qui doivent être faits sous risque de se demander ce qu'on fout là*!

La résidence secondaire** est aussi le lieu où la famille dispersée pendant la semaine entre l'école et le bureau, se retrouve réunie, sans problème! Monsieur coupe le bois, rabote* les portes, Madame·fait les gâteaux, nettoie, les enfants vont pêcher, aident papa, bref**, les vieux rôles familiaux sont redistribués! C'est le retour aux sources.

«Vivement** lundi!» Mais avant, il faudra ranger, vider le frigo**, défaire les lits, nettoyer la maison, les outils, ramasser** les livres, les disques, fermer l'eau, le gaz, l'électricité, refaire un tour* pour voir si on a rien oublié et bien fermer à double tour*: «on a peur de se faire cambrioler**!» Et c'est l'esprit tranquille qu'on va vite rentrer en ville pour se coucher tôt ... question de se remettre** un peu ...!

per: abbeizen **la poutre:** Balken **épater** ⟨ ⟩: beeindrucken **le toit de chaume:** Strohdach **se demander ce qu'on fout là** ⟨ ⟩: sich fragen, was man da macht **raboter:** hobeln **faire un tour:** die Runde machen **fermer à double tour:** den Schlüssel zweimal herumdrehen

141

AGRARINDUSTRIE

L'ENDETTEMENT DES PAYSANS

En l'espace de quinze ans, la France agricole s'est profondément transformée. Les banquiers, les grandes sociétés se sont intéressés à la campagne pour la moderniser et rendre l'agriculture compétitive** au sein* du Marché Commun. Le capitalisme s'est mis en tête de faire de l'agriculteur traditionnel un technicien au courant des dernières nouveautés techniques.

Le Crédit agricole en particulier a proposé des conditions de crédits à 6 % pour encourager les paysans à investir dans leur

ferme. Des conseillers de toute sorte sont venus exposer les avantages et les nécessités de nouvelles formes d'exploitations* aussi bien dans la culture que dans l'élevage**. La plupart des cultivateurs**, n'ayant de toute façon pas le choix – il faut investir ou être réduit à la misère* –, ont donc acheté de nouveaux tracteurs, de nouvelles machines pour labourer*, récolter*, couper … Ils ont transformé les étables* en laboratoire d'élevage, ils ont acheté les derniers sortis* des produits d'alimentation pour bétail* et acquis de nouvelles terres. Pour com-

---

Seite 142 – **au sein de:** innerhalb **l'exploitation:** Betrieb **être réduit à la misère:** verelenden **labourer:** pflügen **récolter:** ernten **l'étable:** Stall **les derniers sortis:** die letzten Neuheiten **le bétail:** Vieh *Seite 143 –* **l'appareil ménager:** Haushaltsgerät **la pose:** Installation **être endetté jusqu'au cou** ⟨ ⟩: bis über beide Ohren verschuldet

142

pléter la modernisation, on les a encouragés à transformer leur mode de vie par l'acquisition d'appareils ménagers*: lave-vaisselle**, cuisinières**, frigo**, congélateurs** ... par la pose* du chauffage central etc. ... de façon à rendre la vie au foyer plus agréable pour encourager les femmes à rester à la campagne.

Les paysans sont maintenant endettés jusqu'au cou*! Ils possèdent tout ce qu'un paysan moderne doit avoir: immenses couveuses*, trayeuses* électriques, gros tracteurs ... mais il faut payer les traites** et le matériel vieillit très vite: l'entretien coûte cher et il y a toujours quelque chose de nouveau sur le marché!

Les frais de production sont plus élevés que le prix de vente de la marchandise. Les prix ne sont pas stables, par exemple: le cours de la viande de porc s'est effondré* à cause de la surpro-

duction autrefois encouragée. Le prix du lait est fixé par les coopératives et comme c'est le seul canal d'écoulement*, il faut subir ou se révolter comme lors de la «grève du lait» en Bretagne il y a quelques années. Les paysans français souffrent particulièrement des décisions du Marché Commun agricole: quand on décide à Bruxelles d'augmenter de 7% les prix agricoles, les Allemands peuvent être contents mais les agriculteurs* français qui vivent dans un pays avec une monnaie inflationniste, perdent du pouvoir d'achat*.

C'est un cercle vicieux car pour éviter la catastrophe et pour rester compétitif, il faut prendre de nouveaux crédits. Et quand il n'abandonne pas, l'agriculteur est écrasé de dettes*.

sein **la couveuse:** Brutapparat **la trayeuse:** Milchmaschine **s'effondrer:** rapide sinken **le canal d'écoulement:** Vertriebskanal **l'agriculteur:** Landwirt **le pouvoir d'achat:** Kaufkraft **être écrasé de dettes:** völlig überschuldet sein

KOOPERATIVEN

POUR LE MEILLEUR ET POUR LE PIRE**

Apparues à la fin du siècle dernier, elles représentent entre-temps 4120 entreprises qui contrôlent environ le quart de l'industrie agro-alimentaire. Au total, quatre agriculteurs** sur cinq adhèrent* au mouvement coopératif.

Les coopératives ont permis aux agriculteurs de maintenir leur revenu, mais ceux-ci le payent cher: la coopérative les a poussés à s'industrialiser, à transformer les techniques d'exploitation*. Pour cela, il faut investir plus: semences*, engrais*, équipements* divers. Le Crédit agricole était là, prêt à leur faire crédit. Et maintenant, les paysans se retrouvent coincés**, endettés jusqu'au cou**. Les prix des produits chimiques et des machines augmentent plus vite que les prix des produits alimentaires. Conséquence: il faut travailler plus pour produire plus. En définitive, les paysans ont tous les in-

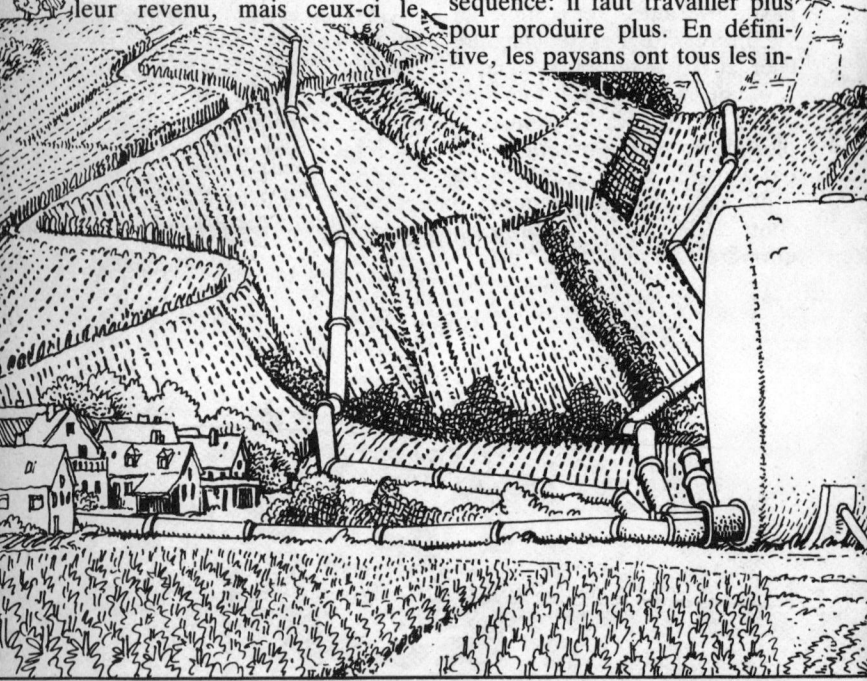

Seite 144 – **adhérer:** Mitglied sein **les techniques d'exploitation:** Betriebstechniken **la semence:** Pflanzensamen **l'engrais:** Düngemittel **l'équipement:** Ausstattung *Seite 145 –* **le salariat:** Lohnarbeit **trinquer ⟨ ⟩:** ausbaden **être à son compte:**

convénients du salariat* sans en avoir les avantages. Si les bêtes crèvent, si la récolte est détruite par la grêle**, c'est lui qui trinque* puisqu'il est le patron; il est à son compte* après tout. Patron ou pas, le paysan se sent couillonné*.

Les coopératives agricoles sont très répandues dans le domaine des céréales* et de l'élevage**, beaucoup moins dans celui des fruits et légumes et du vin. Pourtant, ce sont surtout les coopératives vinicoles* qui font parler d'elles. Les viticulteurs* en colère ont contribué à leur réputation. Ces coopératives produisent rarement de grands crus*, mais du vin ordinaire, une bi-

bine*, soumis aux lois du marché: une forte production signifie chute des prix et diminution des revenus des viticulteurs.

Certains vignerons se sont rendus compte que le montant de leurs revenus dépendait plus de la quantité que de la qualité. Alors ils laissent toutes les grappes de raisin* sur les ceps de vigne* au lieu de les tailler pour améliorer la qualité du vin. Résultat: augmentation de la production de vin de 37,1 % en 1982 – année particulièrement bonne – soit 8 milliards de litres ou 10,5 milliards de bouteilles de 75 centilitres. Ce ne sont pas toutes de bonnes bouteilles, beaucoup contiennent une piquette** à boire bien fraîche par nuit d'été. Heureusement qu'il y a l'exportation, sinon qui boirait tout ça?

selbständig sein **couillonné** ⟨!⟩: verarscht **les céréales:** Getreide **la coopérative vinicole:** Winzergenossenschaft **le viticulteur:** Winzer **le grand cru:** Wein bester Qualität **la bibine** ⟨ ⟩: mäßiger Wein **la grappe de raisin:** Traube **le cep de vigne:** Rebstock

ÖKOLOGIE ET LES VERTS FURENT

Au départ, ce n'est pas une réflexion sur la société, mais une réflexion sur les hommes et sur la nature. L'écologie est une réaction face aux effets de la pollution*, de la dégradation** de l'environnement*, de l'augmentation de la radio-activité sur l'organisme humain. Des théories plus ou moins opposées offrent des modèles d'utopies sociales.

Pour certains, il s'agit de survivre à l'intérieur de petits groupes dont le modèle est celui des sociétés primitives avec la famille comme unité naturelle et une hiérarchie dominée par les anciens**. Les besoins essentiels seuls seront satisfaits dans le but de préserver les ressources rares comme l'eau, la terre, les animaux et sans accumulation du capital. Ce modèle est basé sur la hiérarchie, le conformisme, l'ordre.

Pour d'autres, la société écologique devrait être celle de l'invention, de la création, de l'autonomie et de la liberté de l'autre. A partir d'une réconciliation** entre l'homme et la nature, il y aura réconciliation de l'homme et lui-même, c'est-à-dire sa libération. Comme la domination de la nature s'est accompagnée de la domination de l'homme sur l'homme, il faut un changement basé sur la prise de conscience* des classes opprimées**: paysans, femmes, ouvriers, marginaux**, nomades … mais aussi basé sur la spontanéité, l'inventivité*, la sexualité.

Pour faire du mouvement écologique un mouvement efficace avec une réelle pensée théorique, la Confédération écologi-

DÉCAMPEZ IMMÉDIATEMENT SINON …

Seite 146 – **la pollution:** Umweltverschmutzung **l'environnement:** Umwelt **la prise de conscience:** Bewußtwerdung **l'inventivité:** Einfallsreichtum *Seite 147* – **la centrale nucléaire:** Atomkraftwerk **inaugurer:** einweihen **l'adhésion:** Zustimmung **un**

ste, le Mouvement d'Ecologie Politique et le Réseau des Amis de la Terre ont créé le 1er novembre 1982 «Les Verts – parti écologiste». Cette décision est loin de plaire à tout le monde: que les «écolos» apportent un peu d'air pur, qu'ils luttent contre la pollution, contre les centrales nucléaires*, barrages** ou autres projets, pas de problème! Mais qu'ils fassent de la politique, qu'ils s'organisent! Ça ne va plus!

En réalité, l'écologie avec les Verts veut sortir de la confusion, accepter les erreurs et inaugurer* une nouvelle forme de société. Trois fonctions sont nécessaires pour rendre plus efficace le travail du nouveau parti: l'exercice de la politique, l'action sur le terrain et la réflexion théorique.

Ce parti aidera peut-être les écologistes à sortir de leur faiblesse car jusqu'à maintenant les divers mouvements n'ont pas réussi à se structurer. Les actions sur le terrain organisées la plupart du temps par les intellectuels n'ont pas toujours trouvé l'adhésion* de ceux qui étaient en principe concernés! «La rencontre paysannerie–écologie n'est pas une rencontre très importante et très fréquente.» D'autre part, le retour à la nature, avec pour modèle le paysan écologique vivant dans un système clos*, ne correspond plus à aucune réalité. L'agriculture biologique est mal acceptée par les paysans plutôt réticents* et les néo-ruraux* s'aperçoivent sur place que l'utopie rustique* n'existe pas et que pour survivre, il faut lutter, gérer et prouver aux paysans du coin** qu'on est capable aussi.

«La société sera écologiste ou ne sera pas!» affirment les Verts. Sans doute*, mais à condition de pouvoir proposer un modèle de société aussi bien au niveau de l'économie que des institutions et de la démocratie (le tout écolo bien sûr!).

système clos: geschlossenes System **réticent:** zurückhaltend **les néo-ruraux:** Aussteiger, die aufs Land ziehen **l'utopie rustique:** Utopie des Landlebens **sans doute:** wahrscheinlich **décamper** ⟨ ⟩: abhauen

ATOMKRAFT

FAUT PAS VOUS EN FAIRE*, Y A PAS DE PROBLÈMES...

Tout a vraiment commencé en 1974 avec la crise pétrolière. Sous le prétexte de devenir indépendante de l'humeur et des prix des pays de l'OPEC, la France a décidé d'accélérer* la construction des centrales nucléaires**. 52 réacteurs devraient être en fonction d'ici 1990. Ils devraient couvrir environ un tiers des besoins énergétiques. Parallèlement, l'usine de recyclage de déchets* de la Hague – la poubelle* nucléaire – s'étend toujours et le surgénérateur* Superphénix de Malville devrait être bientôt terminé.

Les protestations des mouvements anti-nucléaires (S. O. S. environnement, les Amis de la Terre ...) et les grandes manifestations souvent violentes de Plogoff, Fessenheim, Nogent ou de Creys-Malville ont freiné la réalisation du calendrier* de construction, mais en aucun cas dans les proportions atteintes en R. F. A. Seule Plogoff a été définitivement stoppée. La résistance contre les centrales a été efficace là où les populations locales ont activement participé. Ce qui n'est pas toujours le cas puis-

que une grande partie des habitants des sites* concernés se laissent séduire par les avantages avant de prendre conscience des dangers.

En effet, l'E. D. F* et la CO-GEMA (Compagnie générale des matières atomiques) responsables de la construction des centrales entreprennent de grandes opérations de séduction qui ne laissent pas indifférents les élus locaux, ravis de redonner une dynamique à des régions endor-

Seite 148 – **s'en faire** ⟨ ⟩: sich Sorgen machen **accélérer**: beschleunigen **l'usine de recyclage des déchets**: Wiederaufbereitungsanlage **la poubelle**: Mülltonne **le surgénérateur**: Schneller Brüter **le calendrier**: Zeitplan **le site**: Ort **E. D. F.**: Electricité de France: staatliches Stromunternehmen *Seite 149* – **les retombées nucléaires**: ra-

148

mies. «Vous allez avoir de l'argent, du travail, des routes, des écoles, des stades et vous paierez moins cher l'électricité», promet-on aux habitants, aux paysans. Les retombées nucléaires*, la contamination* de l'homme et de la nature ne semblent guère donner de soucis aux populations locales mal informées. Mais après avoir dépensé sans compter l'argent apporté par les chantiers, les communes sont obligées d'entreprendre des travaux de

construction (routes, logements, etc.), d'augmenter le personnel administratif pour faire face* aux demandes des nouveaux arrivés.

Non seulement cela accroît* les impôts** locaux, mais les habitants s'affolent** devant l'arrivée de ces nouvelles populations qui risquent de bouleverser** l'équilibre social en apportant de nouvelles habitudes de vie. Ceux qui se disent anti-nucléaires sont alors ceux qui refusent toutes ces intrusions* étrangères.

Pourtant, le nombre des adversaires conscients des dangers du nucléaire augmente (41% des Français se déclare contre leur développement).

La création, en 1982, de l'«Agence Française pour la Maîtrise de l'Energie» a été une des rares consolations* pour ceux qui réclament d'autres formes d'énergie. Cette agence étatique est en effet chargée d'étudier les moyens d'économiser l'énergie ainsi que de mettre au point des modèles d'énergie alternative et renouvelable ou «énergies douces» comme l'utilisation de l'énergie solaire, l'énergie marémotrice* ou la géothermie.

Les idées ne manquent pas: de la culture du topinambour* en Aveyron pour fabriquer de l'alcool carburant en passant par la biomasse, les éoliennes* et la pompe à chaleur. Chacun cherche selon les possibilités de sa région avec l'aide de l'Agence.

---

dioaktive Niederschläge **la contamination:** Verseuchung **faire face:** nachkommen **accroître:** erhöhen **l'intrusion:** Eindringen **la consolation:** Trost **l'énergie marémotrice:** Energie aus Gezeitenkraftwerken **le topinambour:** Erdapfel **l'éolienne:** Windkraftwerk

DIE TOURISTEN

LE TOURISME, QU'EST-CE QUE ÇA SIGNIFIE POUR VOTRE REGION?

A la montagne, dans les Alpes

Quand est-ce que le tourisme a commencé à se développer ici?

Le tourisme, y a pas si long-temps que ça a commencé dans la région. Mais c'est justement un apport* qui est sensationnel. Bon, ben**, une station d'hiver*, elle tourne facilement quatre mois, quatre mois où les gars* travaillent avec le tourisme. Ça vaut la peine*.

Les gens sont contents qu'il y ait du tourisme?

Ben oui, parce que l'agriculteur** qui travaille ses terres l'été, en hiver il n'a pratiquement plus rien à faire. Tandis qu'*avec le tourisme, ben, ça lui a permis de trouver un emploi, donc ça lui fait un complément de salaire, soit moniteur*, soit secouriste*, soit pisteur*, peu importe quoi.

La population réagit de façon favorable au tourisme?

Ah oui, c'est toujours la même chose, c'est une question d'argent. Le tourisme, ça touche tout le monde: celui qui loue un meu-blé*, les commerçants, etc. Ça leur fait un bel apport d'argent. Ils vivent du tourisme, mais ils ne sont pas dépendants. L'économie rurale* subsiste*.

Mais vous ne voulez pas qu'il y ait un grand tourisme qui se développe?

Ah non, c'est la station familiale. Et c'est d'ailleurs très très bien. Et puis, on n'a pas le terrain qui s'y prête*, y a pas de place. Vous savez, les grands ensembles**, on est pas chauds*, nous. On a eu la visite de promo-teurs* ici, c'est tout.

Ils sont repartis?

Oui, et on est bien contents. Et puis on a des petits hameaux*, c'est un peu habité partout ici. Il aurait fallu dire à ces gens des hameaux qu'ils s'en aillent carré-ment**.

Ça a changé la vie du village, le tourisme?

Ç'a amené une certaine animation qui est très agréable à tout le monde, même pour les gens du pays. Bon, on vivait dans un coin un peu désert. Les vacanciers, ça fait un peu de mouvement.

Et les personnes âgées du village?

Elles apprécient aussi. En principe, les personnes âgées se regroupent en hiver dans le village, elles descendent dans le village pour passer l'hiver, et elles

---

Seite 150 – un apport: Zusatzgewinn **la station d'hiver:** Winterurlaubsort **le gars** ⟨ ⟩: Mann **ça vaut la peine:** es lohnt sich **tandis que:** während **le moniteur:** Skileh-rer **le secouriste:** Sanitäter **le pisteur:** Pistenpreparator **un meublé:** möblierte Wohnung **l'économie rurale:** Agrarwirtschaft **subsister:** weiterbestehen **il ne s'y prête pas:** es ist nicht dafür geschaffen **on est pas chaud** ⟨ ⟩: wir sind nicht scharf

repartent au printemps. Alors elles en profitent aussi. Quand même, ça amène du monde, et c'est bien plus agréable. D'ailleurs, on attend les vacances pour voir enfin arriver nos touristes.

En Ardèche

Quelle est l'importance du tourisme dans le pays?

L'Ardèche, à l'heure actuelle, y a plus grand' chose à y faire, si ce n'est du tourisme. Or, il se trouve que vouloir rester en Ardèche, ce n'est pas du tout évident*, enfin vouloir rester, si, mais pouvoir rester ce n'est pas évident ... Alors le tourisme, ça peut permettre à un moment donné de vivre en Ardèche.

Tu veux absolument rester en Ardèche?

Absolument, parce que j'trouve qu'on est déjà pas bien nombreux, alors si on part tous, qu'est-ce qui va rester? Les Hollandais? Non, merci bien. Pour moi, à un moment, c'est devenu important de rester en Ardèche parce qu'il y a des choses à y faire et c'est beau, mais on va devenir un vrai parc zoologique.

Ça t'embête qu'il y ait autant de Hollandais?*

Si le tourisme était fait intelligemment, non. Mais il est vrai que les Hollandais n'apportent rien, ils amènent toutes leurs provisions de Hollande, ils n'achètent rien ici. Enfin, les Hollandais, c'est vite dit, enfin les touristes étrangers n'apportent effectivement pas grand' chose à l'Ardèche, et nous, on se crève* pour rien. Mais il faut voir, il faut circuler un peu dans la campagne ardéchoise où on la voit crever vraiment à petit feu*, c'est affreux, ça se dépeuple* à une vitesse incroyable. C'est pour ça qu'on cherche des solutions.

Est-ce que travailler dans le tourisme est une solution pour ceux qui veulent rester au pays?

Bon, c'est toujours pareil, les gens qui veulent travailler actuellement dans le tourisme, bon, on leur file des ronds* comme ça. Ça aussi, d'un autre côté, ça peut être intéressant. Et comme ‹ils› subventionnent aussi bien les entreprises hollandaises qui viennent créer des centres de vacances en Ardèche, bon, autant que ce soit* des Ardéchois qui le fassent.

---

darauf **le promoteur:** Bauherr **le hameau:** Dörfchen *Seite 151* – **ce n'est pas évident:** das ist nicht klar **ça t'embête** ⟨ ⟩: das stört dich **se crever** ⟨ ⟩: sich abrackern **crever à petit feu** ⟨ ⟩: langsam sterben **dépeupler:** entvölkern **filer des ronds** ⟨ ⟩: Geld geben **autant que ce soit:** es ist besser wenn

DIE TOURISTEN

Quelque part dans le Massif Central

Vous n'aimez pas beaucoup les Allemands, on dirait.

J'ai pas envie** de faire ami-ami avec eux. On en a trop bavé* pendant la guerre, avec ces sales boches*.

Ce ne sont pas les mêmes Allemands qui viennent maintenant. Et les jeunes qui sont nés après la guerre n'ont rien à voir avec le nazisme.

C'est peut-être bien une autre génération, mais je suis pas prêt d'oublier les massacres qu'il y a eu dans le pays à cause des boches. Tenez, par exemple, dans le village ils ont fusillé 10 otages* d'un seul coup, parce que les résistants avaient descendu* un officier.

L'Allemagne a changé. Vous en connaissez, des Allemands?

Mon cousin a été prisonnier* en Allemagne. Que des patates, il mangeait. Ils ne savent pas bouffer**. Dans la choucroute, ils mettent du cumin*, ou je ne sais pas trop quoi dedans. Et dans la salade, ils mettent du lait et du sucre. Et vous, vous êtes hollandais?

Non, nous venons d'Allemagne.

Ah bon ... vous parlez bien français. Il paraît que les Allemands sont ordonnés, disciplinés, travailleurs. C'est pour ça que leur monnaie est si forte. Et puis ils ont quelques bons footballeurs.

Quelques jours plus tard, dans le restaurant d'un patelin* voisin:

Est-ce qu'on peut manger?

Vous êtes Hollandais?

Non, nous sommes Allemands.

Ah, alors je vais vous payer un coup pour vous consoler d'avoir perdu la guerre.

---

en baver ⟨ ⟩: leiden müssen   **le boche** ⟨!⟩: Schimpfwort für Deutsche   **l'otage**: Geisel   **descendre quelqu'un** ⟨ ⟩: jemanden niederschießen   **le prisonnier**: Gefangener   **le cumin**: Kümmel   **le patelin** ⟨ ⟩: Dorf

AU MARCHE

MARKTGESPRÄCHE · KÖNIG·KUNDE · MARKTSTIMMUNG · SPEZIALITÄTEN · DORFFEST

In ganz Frankreich, in den Städten ebenso wie auf dem Land, gehen die Leute regelmäßig auf den Markt zum Einkaufen. Der Markt ist Teil des Alltags. Er findet unterschiedlich oft, mindestens aber einmal die Woche statt. Neben den ‹normalen› Märkten, auf denen man Obst, Gemüse, Fleisch, Käse kaufen kann, gibt es die speziellen: Fischmärkte, Blumenmärkte, Flohmärkte ... Auf dem Land kommen noch die Märkte hinzu, die nur einmal im Jahr stattfinden und ihren eigenen Namen tragen.

Der Markt ist auch ein Ort, wo man sich trifft und aufs laufende bringt. Dies gilt besonders für die Frauen, die weit weniger Gelegenheit als die Männer haben, Neuigkeiten auszutauschen.

Auf dem Markt bekommt man frische Waren, im allgemeinen von guter Qualität. Die meisten Händler sind äußerst wortgewandt und überzeugungskräftig – um nicht übers Ohr gehauen zu werden, tut man gut daran, ein wenig mit ihnen zu feilschen.

In touristischen Gegenden werden im Sommer die traditionellen Märkte durch neue Stände erweitert, die alle möglichen Arten von Waren anbieten: Brauchbares und Schnickschnack. Der Artikel über den Markt von Brive-la-Gaillarde, den wir «Marie-France» entnommen haben, vermittelt einen Eindruck der Stimmung, die auf diesen Märkten herrscht.

Normalerweise findet der Markt auf dem Hauptplatz einer Ortschaft und in den anliegenden Straßen statt. Hier werden auch die traditionellen Feste gefeiert. Der Marktplatz ändert dann sein Gesicht: Man tanzt und trinkt, und wenn man genug getrunken hat, rauft man sich. Das volkstümliche Lied darüber stammt von Drejac-Delettre und Bord-Clerc.

154

MARKTGESPRÄCHE

Ah tiens**, Madame Pommier, comment ça va?, ça fait longtemps que je ne vous ai pas vu! Ben**, ça fait plaisir de vous voir! Vous avez été souffrante?*

Alors, la santé, ça va pas fort?**

Oh là là, ne m'en parlez pas! ...j'ai eu une crise de foie*, j'ai vomi de la bile* et «pis**» mon mari a eu sa sciatique*, il a été cloué au lit* huit jours, en plus, il était d'une humeur massacrante!*

Ah mais, c'est Madame Dubois! Vous avez bien changé depuis que vous avez marié votre aînée...

Pour ça, oui, surtout qu'elle m'aidait bien à la maison... pas comme la seconde, c'est son mari qui fait tout, sous prétexte d'émancipation, il doit faire la vaisselle, les courses... Oh, elle le fait bien marcher!**

Ça doit faire un vide chez vous, enfin...

Vous savez pas c'qu'on m'a raconté? Eh bien*, il paraît que la femme du boulanger a abandonné sa famille. Et vous savez pourquoi? Eh bien, pour partir avec l'apprenti*. Non mais, vous vous rendez compte?**

C'est pas mon genre de raconter des histoires sur les autres, mais j'ai appris par hasard que la ‹petite› du maire s'est fait faire un gosse* par ...oui, on dit que c'est le fils du docteur qui... Enfin, avec l'IVG*, c'est pu** un problème.

---

souffrant ⟨ ⟩: krank **la crise de foie:** Gallenschmerzen **la sciatique:** Ischia **la bile:** Schleim **être cloué au lit** ⟨ ⟩: ans Bett gefesselt sein **une humeur massacrante** ⟨ ⟩: sehr schlechte Laune **eh bien** ⟨ ⟩: also **l'apprenti:** Lehrling **se faire faire un gosse** ⟨ ⟩: sich ein Kind machen lassen **l'IVG:** Interruption Volontaire de Grossesse: Abtreibung

KÖNIG KUNDE LE CLIENT EST ROI!

Les poireaux, 4 francs le kilo! Le sac de pommes de terre, 10 francs! Des haricots verts tout frais! Des tomates du pays cueillies ce matin! Allez, n'hésitez pas! Un cageot* de melons bien mûrs à manger aujourd'hui! Trois plateaux* de pêches pour le prix de deux! Un régime de bananes* en provenance de la Martinique pour les familles nombreuses! Et regardez mes grappes de raisins**, si elles sont belles! Bien sucrées! Alors Monsieur, on vous sert?

Ben**, chais pas** bien, c'est ma femme qui m'a dit d'acheter des fruits mais je sais pas que prendre, j' m'y connais pas*. Qu'est-ce que vous me conseillez?

On va faire quelque chose pour votre petite dame. Qu'est-ce que vous diriez de quelques poires, elles sont bien juteuses*: vous pouvez me faire confiance*.

---

*Seite 156 – **le cageot:** Lattenkiste **un plateau:** Trage für Obst **le régime de bananes:** Bananenbüschel **j'm'y connais pas:** ich kenne mich nicht aus **juteuse:** saftig **faire confiance:** vertrauen *Seite 157 – **pourri:** faul **farineux:** mehlig **le trognon:** Kerngehäuse*

156

157

MARKTSTIMMUNG
LE PLAISIR DE FAIRE LE MARCHÉ

Dans toute la France, aussi bien à la ville qu'à la campagne, se tiennent différents marchés où les gens vont faire leurs courses. On y trouve un grand choix de produits frais meilleur marché que dans les magasins. Les produits proposés varient selon la production de la région: on trouvera dans le midi* beaucoup d'ail* et des primeurs*, en Normandie de la crème fraîche, du beurre et des volailles* en grande quantité.

Dans un article de «Marie-France», C. Caubère décrit l'ambiance* du marché de Brive-la-Gaillarde:

Trois fois par semaine, c'est place Thiers et du 14-Juillet, pléthore* de produits maraîchers* et de volailles fraîchement déplumées. Paysans venus à pied (les «petaruos») vendre leur cagette* de cèpes*, leurs bouquets de ciboulette* ou d'ail violet, étals* colorés et parfumés, œufs («qu'on voit tout de suite d'où ils sortent», dit une petite vieille), fromages de chèvre, canards, oignons, noix, girolles*, le marché de Brive, c'est tout le parfum de la Corrèze où se promène encore le patois*, cette langue d'Oc chère aux troubadours. Ce sont les boîtes à biscuits qui servent de tiroirs-caisses, le crochet romain* dont on a intérêt à connaître le maniement si on ne veut pas se faire rouler*, le marchandage et, dit Alain Galan, «l'agence France-Presse du pays» – les nouvelles et les potins* y circulent en effet en toute liberté! Mais à Brive se tient aussi une fois par an la Foire aux Noix et la Foire des Rois (foires grasses) et deux fois par mois, la Foire des Veaux. Là encore l'électronique n'a pas remplacé les rites ancestraux*. On va, on vient, on se met «au cul* de la bête» car la rondeur des fesses a son im-

---

Seite 158 – **le midi:** Südfrankreich **l'ail:** Knoblauch **les primeurs:** Frühobst und -gemüse **la volaille:** Geflügel **l'ambiance:** Stimmung **la pléthore:** Überfluß **les produits maraîchers:** Gemüse **la cagette:** kleine Lattenkiste **le cèpe:** Steinpilz **la ciboulette:** Schnittlauch **l'étal:** Stand **la girolle:** Pfifferling **le patois:** Dialekt **le cro-**

portance, on discute et on se tape dans la main – tope-là*.

Les foires ont lieu généralement une fois par an et sont spécialisées dans un produit. Elles sont traditionnelles et portent souvent un nom propre.

La Foire des Rois de Brive-la-Gaillarde se déroule depuis des siècles le 7 janvier. Le 7 au matin, dès cinq heures, ils sont tous là: en tout, un bon millier de producteurs. Dans la nuit glaciale c'est à qui arrivera plus tôt pour prendre la meilleure place dans le marché couvert*. A 7 h 30 arrivent les premiers clients: un coup d'œil à droite, un coup d'œil à gauche, ils se promènent entre les rangées. A 9 heures, le marché bat son plein*. Des milliers de clients et de curieux sont là, une vraie foule traversée de courants qui se déroulent, se croisent, butant* parfois sur des îlots de résistance, des groupes de trois ou quatre bavards indifférents à cette cohue*. Le froid vif rabat sur les oreilles chapeaux et casquettes. A l'entrée, de petites dames, silhouettes arrondies par les chandails superposés, échangent les informations, visages burinés*, serrés les uns contre les autres comme pour mieux lutter contre la bise aigre. «Les oies font 3400 le kilo, le foie d'oie 24000 et 18000 le foie de canard.» On parle en anciens francs, bien sûr, mais tout de même c'est une somme. On en achètera pourtant car le foie gras à Brive c'est presque une religion.

chet romain: römische Waage   **se faire rouler** ⟨ ⟩: reingelegt werden   **le potin:** Klatsch   **ancestral:** uralt   **le cul** ⟨!⟩: Arsch   *Seite 159* – **toper:** einschlagen   **le marché couvert:** Markthalle   **battre son plein:** auf dem Höhepunkt   **buter:** stoßen   **la cohue:** Gedränge   **buriné:** gegerbt

SPEZIALITÄTEN NOS BONS CONSEILS

Le marché est l'endroit rêvé pour découvrir la bricole* à rapporter aux copains** et à la famille ou dénicher* l'objet rare qu'on gardera pour soi-même. Le choix est grand: vous pouvez fouiner* aux étals** des camelots*, potiers*, artistes en tout genre, brocanteurs*, fripiers*, etc.

Pensez aux herbes qui donneront une petite note rustique** à votre cuisine: laurier, thym, romarin, origan, et avec ça une tresse* d'ail**. Si vous ne les utilisez pas pour faire la cuisine, la décoration est assurée pour des années. Et n'oubliez pas les épices qui relèveront le goût fadasse* de votre cuisine habituelle: une pincée de pili-pili*, un peu de noix de muscade râpée, deux ou trois clous de girofle*.

Les eaux de vie* distillées par le paysan du coin** sont si fortes que vous risquez de souffrir de brûlures d'estomac. Quant au petit vin de pays, vous pourrez vous en servir comme excellent vinaigre de vin dès votre retour. Nous vous conseillons d'acheter plutôt du miel de pays biologique; épatant** pour sucrer vos tisanes* dont vous pouvez tout de suite vous procurer un assortiment: menthe, tilleul*, verveine*.

Attendez de préférence le der-

nier moment pour acheter votre fromage, surtout si vous l'aimez bien fait* et coulant. Il a une fâcheuse* tendance à transpirer et à dégager des odeurs fortes pendant le voyage.

Seite 160 – **la bricole:** Kleinigkeit **dénicher:** aufstöbern **fouiner:** herumstöbern **le camelot:** Ramschverkäufer **le potier:** Töpfer **le brocanteur:** Trödler **le fripier:** Verkäufer für Secondhand-Kleidung **la tresse:** Zopf **fadasse** ⟨ ⟩: fade **le pili-pili:** afrikanisches Piment **le clou de girofle:** Nelkengewürze **l'eau de vie:** Schnaps **la tisane:** Kräutertee **le tilleul:** Lindenblüte **la verveine:** Eisenkraut **bien fait:** reif **fâcheuse:** unangenehm *Seite 161* – **la babiole:** Kleinigkeit **le diffuseur de lavande:**

Parmi les babioles*, nous vous proposons les diffuseurs de lavande* qui éloigneront les mites*, ainsi que toute cette série géniale d'objets personnalisés sur lesquels vous pouvez faire peindre ou graver votre prénom (tasses, boîtes à pilule, bracelets, etc.).

Si vous allez farfouiller* chez le fripier, vous pouvez renouveler votre garde-robe de fond en comble*. Les vieilles chemises de grand-père et le tablier de grand-mère retrouveront sur vous un charme inattendu qui laissera bouche bée* les paysans. En fouillant bien, vous dégoterez* chez le brocanteur l'objet irrésistible et unique qui donnera une note personnelle à votre appartement et qui fera crever d'envie** vos copines**. Vous transformerez une ravissante** cuvette* émaillée en corbeille à fruits et un sucrier ébréché* en pot de fleurs.

Les pioches*, bêches*, pelles* et rateaux* encombreront* votre couloir, à moins que vous ne décidiez de les utiliser pour retourner la terre de votre jardin biologique. Et au milieu de vos légumes, la roue de charrette* fleurie fera tout à fait kitsch.

Les marchés recèlent* encore des tas d'objets bizarres dont vous ne soupçonnez même pas l'existence. Nous vous laissons le plaisir de les découvrir vous-mêmes.

Lavendelzerstäuber **la mite:** Motte **farfouiller** 〈 〉: wühlen **de fond en comble:** von Grund auf **laisser bouche bée:** mit offenem Mund dastehen lassen **dégoter** 〈 〉: entdecken **la cuvette:** Waschschüssel **ébréché:** angeschlagen **la ploche:** Spitzhacke **la bêche:** Spaten **la pelle:** Schaufel **le rateau:** Rechen **encombrer:** vollstopfen **la roue de charrette:** Karrenrad **recéler:** bergen

DORFFEST
CE SOIR, GRAND BAL AU VILLAGE!

Depuis quelques jours, tout le monde en parle, les affiches le rappellent: c'est la fête au village. Faut pas rater ça, tout le monde sera là et l'orchestre est drôlement** bien. Le soir venu, la place du marché est méconnaissable*, décorée de guirlandes de lumière qui lui donnent un air de fête.

Sur le podium l'orchestre se donne un mal fou* pour mettre de l'ambiance**. Les gens, debout ou assis sur des chaises autour de la piste, attendent que les plus courageux se lancent*. Mais bientôt c'est parti. Le répertoire est très varié, chacun y trouve son compte*: toutes les danses y passent*; du tango tragique à la danse des canards, en passant par le rock. Les gosses** se faufilent* entre les danseurs pour lancer des confettis. Les spectateurs, jeunes et vieux, commentent et plaisantent. Entre deux, on va boire un coup à la buvette*. C'est l'occasion de faire connaissance et même ceux qu'on aurait cru au-dessus de tout soupçon* tentent leur chance* près des touristes étrangères. Si elles acceptent une danse, ils risquent de s'accrocher* toute la soirée. La fête bat son plein**: les enfants dansent avec leurs parents, les femmes entre elles, le petit-fils avec sa grand-mère. Après le feu d'artifice* les familles rentrent à la maison, portant les enfants endormis. La fête continue ...

> Le p'tit bal du samedi soir
>
> Un soir je flânais**
> Un refrain traînait
> Un air de valse-musette*
> Comme un vieux copain**
> Me prenant la main
> Il m'a dit «Viens»
> Pourquoi le cacher
> Ma foi*, j'ai marché
> Et j'ai trouvé
> Le p'tit bal du samedi soir
> Où le cœur plein d'espoir
> Dansent les midinettes
> Pas de frais pour la toilette
> Mais du bonheur plein les yeux

---

méconnaissable: unkenntlich   **se donner un mal fou** ⟨ ⟩: sich große Mühe geben   **se lancer**: sich trauen   **trouver compte**: auf seine Kosten kommen   **passer** ⟨ ⟩: drankommen   **se faufiler**: durchschlängeln   **la buvette**: Getränkestand   **au-dessus de tout soupçon**: außer jedem Verdacht   **tenter**: versuchen   **s'accrocher**: sich klammern   **le feu d'artifice**: Feuerwerk   **la valse musette**: Walzer   **ma foi**: na ja

AU BISTROT

STRASSENCAFÉ · KNEIPENALLTAG · KNEIPENGEREDE · ANMACHE · FREUND ALKOHOL

Viele berühmte Schriftsteller, Sartre beispielsweise oder Hemingway, schrieben gern im Café. Hier ist man für sich, doch zugleich in geselliger Atmosphäre. Man nimmt Teil am Alltag der anderen Gäste wie ein Zuschauer im Theater. Ob in Paris, in Provinzstädten oder auf dem Land: eine Kneipe ist überall zu finden, selbst im kleinsten Dorf. Sie gehört zu Frankreich wie Baguette und Baskenmütze. Oft ist sie wie eine zweite Wohnung. Man ist vertraut mit Wirt und Kellner, die immer zum Zuhören und Scherzen bereit sind. Manchmal werfen sie auch jemanden hinaus, dessen Nase ihnen nicht paßt.

In den Straßencafés stehen die Stühle meist so, daß man bei einer Tasse Kaffee die Passanten in Ruhe betrachten und Bemerkungen über sie austauschen kann.

Bistrots gibt es für jeden Geschmack. Meist sind es Stammkneipen und Anlaufstellen für verschiedene Bedürfnisse – von morgens bis in die Nacht.

Aus einer Kneipe, die hauptsächlich von Männern besucht wird, geben wir einige Beispiele von typischen Gesprächen. Geredet wird über Gott und die Welt, wobei es keinen Unterschied macht, ob der andere zuhört oder nicht. Beliebte Themen sind der Fußball, die «Krise» und die Pazifisten.

Wer allein ist, setzt sich meist an die Theke, ein idealer Platz, um unverbindlich Kontakte zu knüpfen. Der Macho versucht sein Glück: Hauptsache frau weiß, wie sie ihn rechtzeitig los wird.

Bistrot und Alkoholismus sind kaum zu trennen. Frankreich hält den Weltrekord im Alkoholkonsum. Alkohol zu trinken ist hier im Alltag selbstverständlich. Viele Jugendliche gewöhnen sich in der Kneipe daran, denn es gehört zum guten Ton, kein Gläschen abzulehnen. Einige Informationen zum Thema entnahmen wir der Fachzeitschrift «Drogues».

STRASSENCAFÉ

EH REGARDE, T'AS VU ?

«Tiens, ça fait une éternité que je t'ai pas vu, qu'est-ce que tu fabriques* en ce moment?»

«Oh, bof**, rien de spécial! Tu sais ... euh ... on fait ce qu'on peut, quoi! Et puis ... au fait**, qu'est-ce que tu deviens*, toi?»

«T'as vu le dernier Godard? C'est dément*!»

«Tu trouves? Moi, j'ai rien pigé*.»

«Moi, quand on m'a dit que Matthieu avait tout plaqué**: boulot**, famille, copains**, pour se tirer** en Amérique du Sud, j'en suis tombé sur le cul*.»

«T'as vu la petite rousse ... là, à la table derrière toi ... non, ne te retourne pas! Ah dis-donc**, je crève d'envie** de lui parler.»

«Rien foutre**, traînasser* aux terrasses des cafés, ça c'est le pied*, hein.»

«Bon, alors, il faut que j'y aille. Hé, garçon, ça fait combien?»

«Mais non, laisse, c'est moi qui te l'offre, tu paieras la prochaine fois.»

«La garce**, elle m'a posé un lapin*. Ah les minettes**, je te jure, il faut en avoir envie.»

«Regarde un peu sur le trottoir d'en face, le brun super-sapé**! ... Je l'ai vu au théâtre la semaine dernière, il est époustouflant*. Et en plus, ce qui ne gâche rien*, il est hyper-beau!»

qu'est-ce que tu fabriques? ⟨ ⟩: was treibst du? qu'est-ce que tu deviens?: was machst du? dément ⟨ ⟩: verrückt piger ⟨ ⟩: kapieren j'en suis tombé sur le cul ⟨!⟩: es hat mich umgehauen traînasser ⟨ ⟩: sich herumtreiben c'est le pied ⟨ ⟩: das ist Spitze poser un lapin ⟨ ⟩: einen Korb geben époustouflant ⟨ ⟩: verblüffend ça ne gâche rien ⟨ ⟩: was auch nicht schlecht ist

KNEIPENALLTAG

IL Y EN A POUR TOUS LES GOUTS

Très tôt le matin, le bistrot enfumé ou le troquet* du coin accueillent pour un premier café ceux qui partent, ceux qui rentrent du boulot** ou d'ailleurs.

Certains s'accordent* déjà un petit rouge, un ballon* de blanc ou même un calva*, histoire de** se donner un peu de courage.

Pour les gens pressés, pour ceux qui n'aiment pas prendre leur petit déjeuner seul, pour ceux qui attendent quelque chose

ou rien du tout, le café-crème croissant est la consommation préférée de la matinée.

Entre habitués, collègues, clients ou voisins, l'apéro** vers midi permet de souffler un peu avant le déjeuner. L'express* qui suit la pause de midi redonne du courage pour l'après-midi.

Dans les bistrots d'étudiants on peut palabrer* à toute heure de la journée ou après le resto U** devant un petit noir.

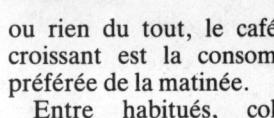

Seite 166 – **le troquet** ⟨ ⟩: Kneipe **s'accorder:** sich gönnen **un ballon:** Glas **le**

L'après-midi, c'est l'endroit idéal pour lire tranquillement le journal ou pour se rencontrer pour un petit tête-à-tête discret.

Juste avant le théâtre, le cinéma, on s'y donne rendez-vous, ça évite de courir chez l'un ou chez l'autre.

Le bistrot est un lieu où l'on peut aller toute la journée: anonyme ou entre habitués, que l'on y joue aux cartes, qu'on y boive un coup*, que l'on s'y protège du froid ou que l'on veuille simplement profiter du spectacle des autres, le café est une place de rencontre privilégiée, ouverte à tous. On peut y voir tout le monde sans jamais ouvrir la porte de son domicile bien protégé.

A noter:
En France où l'on ne compte pas moins de 227 850 bars, bistrots, cafés, la consommation du vin ne cesse de diminuer, au profit de la bière notamment. Les Français restent les premiers consommateurs d'alcool du monde (1,5 millions d'alcooliques et autant de surconsommateurs d'alcool).

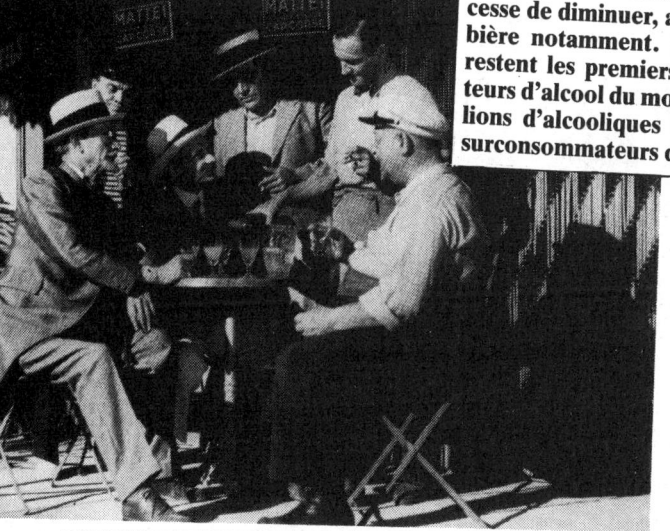

calva ⟨ ⟩: Kurzform von Calvados **un express:** Espresso **palabrer:** schwätzen
Seite 167 – **boire un coup** ⟨ ⟩: einen trinken

KNEIPENGEREDE
GRANDS DISCOURS DE BISTROT

Les impôts** et la crise

«Vous avez entendu.?, le nombre de demandeurs d'emploi à l'A.N.P.E.* a encore augmenté, il y a encore des grandes boîtes** qui vont fermer et licencier* leur personnel. Y a des milliers d'ouvriers qui vont se retrouver à la porte*. Et pendant ce temps-là, y a la poste qui fait des grèves tournantes* ... hé patron, vous pensez à mes glaçons*? ... Ils devraient être contents d'avoir encore du tra-vail! ... Ah, ces fonctionnaires* sont ...»

«Mais, moi, je ...»

«Attendez ... bon, alors ... enfin, c'est vrai, ils ont la sécurité de l'emploi, ils ont plein d'avantages et ils ne pensent qu'à reven-diquer*! ... Et qui est-ce qui va payer la note? ... nous! ... le pauvre contribuable**! ...»

«Ah, vous ne pouvez pas dire que ...»

«Attendez, laissez-moi finir ...

Tenez, moi, par exemple, j'ai encore reçu une lettre du percepteur* pour le tiers provisionnel*: trois briques*! Il faut que j'allonge* trois briques … vous vous rendez compte**. Où voulez-vous que je les trouve? Ça vous décourage de faire des efforts. Quand je pense que j'ai voté socialiste! … Eh, patron, la même chose! … Prendre l'argent où il est, ce n'est pas moral, c'est une solution de facilité. Un bon gouvernement socialiste devrait se débrouiller** différemment et trouver l'argent ailleurs!»

«Eh, vous exagérez quand même …»

«Ils nous ont promis la lune* et c'est pire* qu'avant! Enfin, heureusement qu'on peut encore dire ce qu'on pense!»

«Vous, peut-être … moi, je n'arrive pas en placer une, vous me coupez toujours la parole*!»*

«Bon, dites-donc ce que vous pensez, j'écoute …»

«J'ai plus envie de discuter avec vous, ça sert à rien. Patron, je vous dois combien?»

Les pacifistes

«Complètement inconscients*, ces pacifistes! Bon, regarde, hier, il y a encore eu des manifs* énormes partout en Europe, en Allemagne, en Italie … Mais qu'est-ce qu'ils veulent, ces gens-là? La paix, le désarmement bilatéral? S'ils s'imaginent que les russes vont marcher dans la combine*.»

Francs) **allonger** ⟨ ⟩: bezahlen **promettre la lune:** das Blaue vom Himmel versprechen **pire:** schlimmer **ne pas en placer une** ⟨ ⟩: nichts sagen können **couper la parole:** jemandem ins Wort fallen **inconscient:** ahnungslos **la manif** ⟨ ⟩: Demo **marcher dans la combine** ⟨ ⟩: mitmachen

«De toute façon c'est orchestré* par Moscou. Ça les arrange bien* pour les négociations sur les armes nucléaires. Remarque, nous, à mon avis, ça ne nous regarde** pas toutes ces discussions. On a notre force de frappe, et on la garde.»

«Le gouvernement a raison, la France doit être capable de se défendre, sinon ce sera comme en 40 … là, on s'est fait avoir** parce qu'on était mal préparé.»

«C'est pas qu'on est pour la guerre, mais je suis convaincu qu'il n'y a pas de protection sans dissuassion*.»

«Là, je suis tout à fait d'accord, la paix repose sur l'équilibre des forces*.»

«C'est comme nos ventes d'armes à l'étranger, on nous critique, mais on les vend seulement à ceux qui veulent la paix.»

«Et puis, il faut pas oublier que ça nous rapporte* des devises. Vous buvez encore quelque chose? C'est ma tournée*.»

Le foot*

«Qu'est-ce que tu prends, toi?»

«Un demi**, comme d'habitude, et un jambon-beurre*, j'ai une de ces fringales*!»

«Garçon, un demi, un café noir, un jambon-beurre et un cendrier.»

«Alors, raconte, comment ça va chez toi?»

«Ça va, à part que Nadine me fait la tête* parce que j'étais toute la semaine en route et que en plus, samedi, je suis allé voir le match*. Un copain** s'était procuré* des billets à l'œil*.»

«Comment c'était?»

«Y avait de l'ambiance**. Villefranche s'est bien défendue*.»

«Ils ont gagné?»

«Et comment! Ils ont battu

Seite 170 – **orchestré**: arrangiert **ça les arrange bien**: es paßt ihnen gut **la dissuassion**: Abschreckung **l'équilibre des forces**: Gleichgewicht der Kräfte **rapporter**: einbringen **la tournée**: Runde **le foot**: Fußball **un jambon-beurre**: Schinkensandwich **la fringale**: Hunger **faire la tête** ⟨ ⟩: schmollen **le match**: Spiel **se procurer**: beschaffen **à l'œil** ⟨ ⟩: umsonst **bien se défendre**: sich gut halten *Seite 171* – **le coup d'envoi**: Anstoß **marquer un but**: ein Tor schießen **le score**: Spielstand **la mi-**

Rennes par deux à zéro. Dès le coup d'envoi*, Villefranche attaque et domine le jeu. Il faut dire qu'ils ont un capitaine capable.»

«Qui a marqué les buts*?»

«A deux reprises, Siménon tire, mais à côté. Enfin, six minutes avant la pause, Langlois, sur une passe de Martin, marque le premier but.»

«Comment était le score* à la mi-temps*?»

«Un à zéro. Après la mi-temps, l'équipe adverse* contre-attaque, mais la défense reste serrée. Leur capitaine mène l'offensive* mais ils n'arrivent pas à égaliser*. Peu à peu, Villefranche reprend l'avantage* et obtient une série de corners*. Et puis, Jean-Jean fait une belle passe et Denis tire un but de la tête. Mais il a été refusé par l'arbitre* pour hors-jeu*.»

«Il s'est fait siffler?»

«Oh là là, oui, ça y allait. Et, figure-toi**, trois minutes, exactement trois minutes avant la fin, Jean-Jean s'empare de la balle*, monte à l'attaque et marque un deuxième but.»

«C'est une belle victoire.»

«Oui, et le gardien de but*, mis à part un coup franc*, n'a pas eu grand' chose à faire.»

«Tu te rappelles, le dernier match qu'on a vu ensemble?»

«Celui où ils ont fait match nul*?»

«Oui, quand ils ont bénéficié d'un pénalty* à la fin du jeu.»

«L'arbitre était un vendu. Bon, c'est pas tout, mais il faut que j'aille au boulot**. Tu peux m'avancer le fric**, je suis à sec**.»

«D'accord. Salut. Eh, garçon, je voudrais payer.»

temps: Halbzeit **l'équipe adverse:** die gegnerische Mannschaft **mener l'offensive:** den Angriff leiten **égaliser:** ausgleichen **reprendre l'avantage:** die Oberhand gewinnen **un corner:** Eckball **l'arbitre:** Schiedsrichter **hors-jeu:** Abseits **s'emparer de la balle:** sich den Ball holen **le gardien de but:** Torwart **un coup franc:** Freistoß **match nul:** unentschieden **le pénalty:** Elfmeter

ANMACHE

COMMENT LES ENVOYER PROMENER

initier: einweihen   **quel rasoir!** ⟨ ⟩: Nervensäge

FREUND ALKOHOL

BOIRE UN PETIT COUP** C'EST AGREABLE, MAIS..

Boire un verre fait partie des habitudes sociales. Ça ne se fait pas de refuser. L'alcool est lié à la notion de bien-être**, on peut toujours trinquer* pour fêter un événement: «allez, ça s'arrose*!» On raconte l'histoire d'un père qui prit une cuite* avec son fils qui venait de terminer une cure de désintoxication* pour drogués.

De plus, l'alcool n'est pas cher; un jus de fruits, une eau minérale sont plus chers qu'un verre de rouge*. Quand on est seul ou déprimé, l'alcool redonne du courage et permet d'oublier provisoirement les soucis.

«Je bois systématiquement
Pour oublier
Tous mes emmerdements»
chante Boris Vian.

C'est une drogue reconnue alors que tout le monde crie d'horreur devant les toxicomanes*.

Parmi les adolescents, 30% des garçons et 15% des filles consomment des boissons alcoolisées. Mais ils boivent différemment. Le vin n'est pas tellement apprécié, sauf parfois à table, mais pas du tout en dehors des repas. Le vin, ça fait «alcoolo»*, c'est une tare*. Ils préfèrent boire de la bière quand ils prennent un pot** entre copains. Son prix est abordable* et elle est associée à la vie sportive, à la nature, à la vie au grand air et n'a rien à voir avec l'image négative de l'alcool. En vieillissant, on recommence à apprécier le vin inséparable des habitudes culturelles françaises.

---

le bien-être: Wohlbefinden **trinquer:** anstoßen **arroser** ⟨ ⟩: feiern **prendre une cuite** ⟨ ⟩: sich besaufen **la cure de désintoxication:** Entziehungskur **un verre de rouge** ⟨ ⟩: Glas Rotwein **le toxicomane:** Drogenabhängiger **alcoolo** ⟨ ⟩: Kurzform von alcoolique **la tare:** Plage **abordable:** erschwinglich

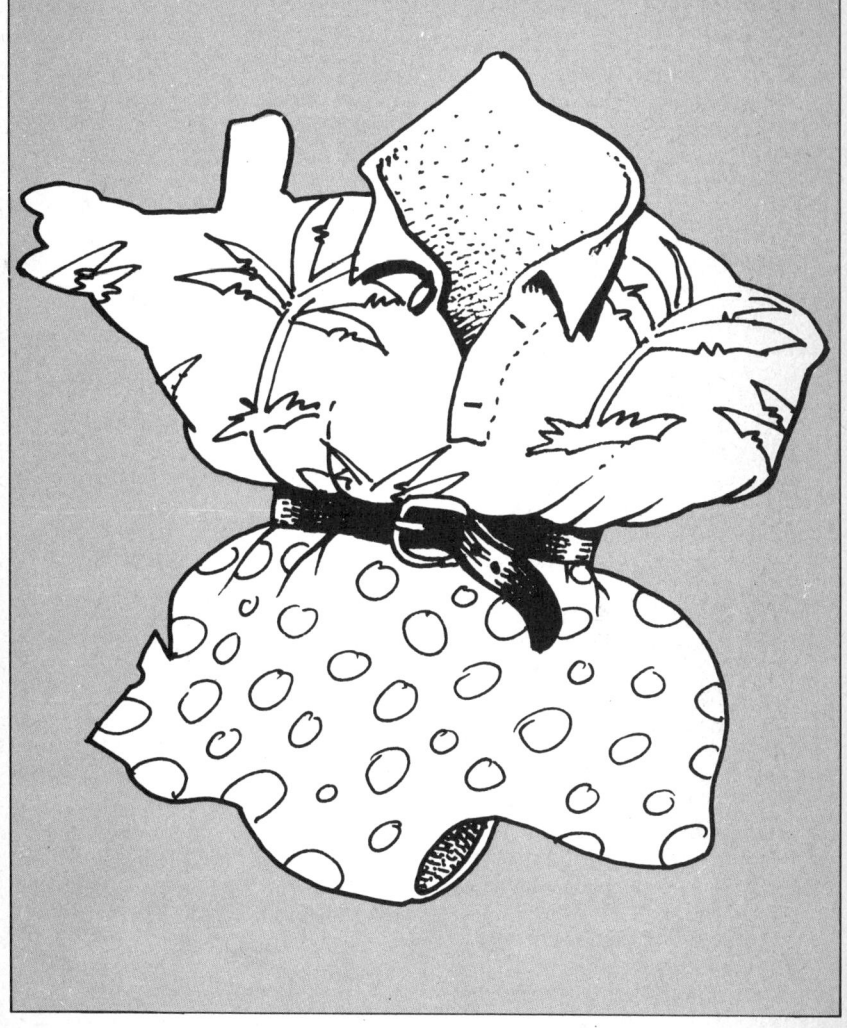

FERIENZEIT·CLUBURLAUB·AM STRAND · CAMPINGGESPRÄCHE · DISCO · KÖRPERPFLEGE · TOURISTENKUNDE · URLAUB ALTERNATIV

Sommer – die Zeit der Ferien, der Erholung, der Zerstreuung. Endlich kann man sich frei fühlen. Da verbietet es sich von selbst, das Recht zu reisen in Frage zu stellen, auch wenn zahlreiche Franzosen zu Hause bleiben oder die Ferien bei ihren Verwandten verbringen.

Für alle, die das Außergewöhnliche suchen, bietet der Club Méditerranée das organisierte Abenteuer. Die Katalogwerbung des Clubs verspricht die Gegenwelt zum Alltag. Man kann davon träumen, auch wenn man sich selbst mit den überfüllten Stränden der französischen Sommerküste zufriedengeben muß.

Viele Franzosen wählen das Camping, die billigste Art, Urlaub zu machen. Auf dem Campingplatz läßt sich am ehesten das vertraute nachbarschaftliche Leben wiederfinden. Man kann sich gegenseitig helfen, sich über den Lärm aufregen oder neue Bekanntschaften machen. Wenn Männer dabei über Frauen reden, ist selten Platz für Zwischentöne.

Und abends Disco. Die Musik ist meist zu laut, um wirklich miteinander reden zu können, aber irgendwelche Floskeln, gerade über Musik, kann man allemal noch austauschen.

Am Strand ist der Körper allen Blicken ausgesetzt, also sollte er möglichst perfekt wirken. Frauenzeitschriften wie «Marie-France», «Marie-Claire», «Elle» und «Cosmopolitain» sparen nicht mit Ratschlägen, wie frau schön und verführerisch sein kann. Frühzeitig anzufangen und in den Anstrengungen nicht nachzulassen, ist allerdings Bedingung, um der Konkurrenz standzuhalten.

Falls man im Urlaub anfängt, sich zu langweilen, kann es zum netten Zeitvertreib werden, die Herkunft der touristischen Passanten zu erraten. Bei der Beschreibung der verschiedenen Typen haben wir uns von einem Artikel aus «Libération» inspirieren lassen.

Wer keine Lust hat, sich unter die Masse der Urlauber zu mischen, findet in den Kleinanzeigen von «Libé» genügend Anregungen, wie er seinen Urlaub alternativ verbringen kann.

FERIENZEIT

VIVE LE DOUZIEME MOIS

«Vacanciers, unissez-vous!» Les Français descendent dans la rue si on porte atteinte** à leur liberté d'aller et venir à l'étranger. Pour eux, le droit au voyage est aussi important que le droit à la liberté.

Pourtant, la moitié seulement des Français part en vacances. La crise aidant, on s'évade* rarement vers l'inconnu: 35% se fait un plaisir de tenir compagnie à la famille ou aux amis qui possèdent justement une maison à la campagne ou à la mer, 21% retrouvent chaque année les joies du camping et 13% passent leurs vacances en location: villas, appartements ainsi que gîtes ruraux* et villages de vacances.

Pour éviter de prendre de mauvaises habitudes paresseuses, les séjours loin du domicile habituel sont plus courts. Les cinq semaines de congés – payés sont fractionnés*, on fait moins de kilomètres, mais on part plus souvent en profitant des ponts* et des week-ends prolongés.

D'une manière générale, ce n'est pas le dépaysement** qui est recherché. On préfère rester en France … on est sûr de bien manger et on comprend la langue! Et puis, il n'est pas indispensable de traverser les mers, de franchir les frontières, alors qu'on a tout ce qu'il faut chez soi.

Il y a un manque d'enthousiasme certain à quitter l'Hexagone* pour chercher l'insolite* et tenter l'aventure à l'étranger, sauf, à la rigueur*, sur la Costa Brava!

Malgré les efforts de tous les gouvernements successifs, l'étalement* des vacances est un échec. On continue à s'entasser** sur les plages du 15 juillet au 15 août. Ce n'est pas la solitude qui est recherchée! C'est la période des retrouvailles* familiales. Si pour cette raison, on embarque** encore la belle-mère, le grand-père, l'oncle ou la tante, on se débarrasse allégrement* en cours de route du chien ou du chat tellement choyé* les 11 autres mois de l'année. Les 350 000 bêtes abandonnées sont bien les seules à connaître l'aventure!

Une nouvelle race de vacanciers se dessine. Le rêve de vacances se transforme peu à peu. Bronzer* idiot ne suffit plus, on aspire* de plus en plus à des vacances actives: pour pouvoir enfin se réaliser! …

---

s'évader: fliehen **le gîte rural:** Ferienwohnung auf dem Land **fractionner:** einteilen **faire le pont:** einen Arbeitstag zwischen Feiertagen ausfallen lassen **l'Hexagone:** Frankreich **insolite:** außergewöhnlich **à la rigueur:** eventuell **l'étalement:** zeitliche Einteilung **les retrouvailles:** großes Wiedersehen **allégrement:** leicht **choyé:** verwöhnt **bronzer:** braun werden **aspirer:** sich sehnen

CLUBURLAUB

VACANCES SUR MESURE

Demain, l'Informatique fera partie intégrante de notre quotidien. En ouvrant des ateliers de micro-informatique, le Club tente de démystifier l'ordinateur**.

Ils vous aideront à approcher les langages qui sont la clé du dialogue entre l'homme et la machine.

Vous pourrez vous initier** à la gestion* (domestique et professionnelle), au graphisme, à la création musicale, à l'étude d'une langue étrangère et, enfin, jouer: jeux éducatifs, logiques, de stratégie ... et pourquoi pas, jouer pour jouer.

Un collier multicolore

Passeport pour la forme

Du lundi au samedi: un programme totalement personnalisé dans le cadre du village et de la station thermale.* Conditions et prix; voir «Informations générales».

Sports: planche à voile* Mistral. Ski nautique. Voile.* Tennis: 6 courts* en dur dont 4 éclairés. Piscine. Plongée* bouteille. Plongée libre dans faune préservée, écologie sous-marine, école d'initiation*. Promenades en mer. Sports terrestres. Volley-ball. Pétanque.*

Activité avec participation aux frais,* pêche au gros

Seite 178 – **partie intégrante:** dazugehörend **la gestion:** Geschäftsführung **la station thermale:** Kurort **la planche à voile:** Surfbrett **la voile:** Segeln **le court:** Tennisplatz **la plongée:** Tauchen **l'école d'initiation:** Einführungskurs **la pétanque:** Kugelspiel **participation aux frais:** Kostenbeteiligung *Seite 179* – **la cime:** Spitze

il était une fois dans l'oued

Rouler le nez au vent du désert, les yeux sur les cimes bleutées de l'Atlas, la peau cuite au soleil* du Sud; et toujours cette succession de paysages somptueux* et d'images ineffaçables.*

… Entre le ciel et la mer sur une merveilleuse plage … un village de cases* … simplicité, sérénité* … Pour vivre à même* la nature … Une ambiance** jeune avec des soirées très animées

pinède* ou la plage immense ou bien la crique* charmante … le petit port naturel … calme … beauté … espace … et, niché* dans une végétation luxuriante* ou perché* sur une colline, votre bungalow ou bien, sous les ombrages, votre case … Le cadre opère* et, comme par magie, vous verrez, tout change … Alors, on se sent différent de ce que l'on est d'habitude.

---

cuite au soleil: sonnengebräunt **somptueux:** prächtig **ineffaçable:** unvergeßlich **la case:** Hütte **la sérénité:** innerer Friede **à même:** direkt **la pinède:** Pinienwald **la crique:** kleine Bucht **niché:** versteckt **luxuriante:** üppig **perché:** oben liegend **opérer:** wirken

179

Seite 180 – **il n'y a pas un chat** ⟨ ⟩: da ist niemand   **foutre la paix** ⟨!⟩: in Ruhe lassen
Seite 181 – **les congés-payés:** abwertende Bezeichnung für Urlauber – etwa vergleichbar mit Neckermanntouristen   **le parasol:** Sonnenschirm   **la marée noire:** Ölpest

181

CAMPINGGESPRÄCHE

CE NE SONT PAS LES SUJETS QUI MANQUENT

Entraide*

Pardon, je ne voudrais pas vous déranger. Mais est-ce que vous auriez par hasard un marteau à me prêter? Je suis en train* de planter ma tente.

Mais bien sûr, tout de suite.

Merci, vous ne savez pas où on peut acheter des cartouches pour le camping-gaz?

Mais si, au camping même, il y a un magasin qui vend de tout!

Ah, c'est très bien ça. Excusez-moi de vous déranger encore mais je viens d'arriver. Où est-ce qu'on peut se baigner?

La plage est à 400 mètres, mais c'est plein! Si vous avez du courage, je peux vous indiquer autre chose. En sortant à gauche du camping, vous continuez le sentier* deux kilomètres environ, et vous tombez* sur une petite crique**!

C'est tranquille, là?

Oui, je crois, nous, on y va pas à cause des enfants, c'est trop à pic* pour descendre … et puis vous comprenez, il y a des gens qui se baignent à poil*! Mais si vous aimez ça …

Au bloc sanitaire

Mais ma parole**, vous faites encore la vaisselle*! Vous pourriez me prêter un peu de détergent*?

Oui, prenez. Ça n'en finit pas. Je passe les vacances à faire la cuisine, la vaisselle, la lessive* et à surveiller les gosses**! Et e

---

Seite 182 – **être en train de:** dabei sein   **le sentier:** Pfad   **tomber sur** ⟨ ⟩: stoßen auf   **à pic:** steil   **à poil** ⟨ ⟩: nackt   **faire la vaisselle:** abwaschen   **le détergent:** Reinigungsmittel   **faire la lessive:** waschen   Seite 183 – **détendue:** entspannt   **le lavabo:**

182

plus, il faudrait que je sois détendue* et aimable!

Et puis, c'est pas pratique ici! Il
n'y a pas assez de lavabos*, ce qui
fait qu'ils sont toujours dans un
état lamentable*!

C'est comme les waters*. Ils
sont de nouveau bouchés aujourd'hui. Ça pue là-dedans.
C'est pas étonnant, y en a qui
jettent n'importe quoi là-dedans,
des serviettes hygiéniques*, du
papier journal … Les hommes,
ils ont de la veine*, ils peuvent
pisser dehors!

Hier, l'ampoule* de la douche
était grillée*. J'ai glissé sur mon
savon et je me suis étalée* par
terre. Regardez le bleu* que je me
suis ramassé.

Vous étiez seule?

Waschbecken **lamentable:** jämmerlich **les waters** ⟨ ⟩: Toilette **la serviette hygiénique:** Monatsbinde **avoir de la veine** ⟨ ⟩: Schwein haben **l'ampoule:** Glühbirne
grillé: durchgebrannt **s'étaler** ⟨ ⟩: lang hinschlagen **le bleu:** blauer Fleck

CAMPINGGESPRÄCHE

CE NE SONT PAS LES SUJETS QUI MANQUENT

Le tapage nocturne*

Qu'est-ce qu'ils ont fait comme boucan, vos voisins! Ça a duré jusqu'à trois heures du matin. Y a mon mari qui y est allé trois fois leur dire, mais ils étaient déjà partis* et ça ne sert à rien.*

*Je les ai entendus aussi. Ils étaient tellement bourrés**, qu'y en a un qui s'est pris les pieds dans les piquets* de ma tente! Qu'est-ce qu'ils ont dû se saoûler**, vous avez vu les cadavres* devant la tente? Ils ont bien dû descendre dix litres à eux quatre!*

Je vais me plaindre! Ça arrive trop souvent. Ils dépassent les bornes!*

*Oh, vous savez, ça vaut pas le coup**, ils partent aujourd'hui. Il faut bien voir qu'ils s'ennuient, le soir. C'est pas folichon*, ici.*

Eh, tout de même, moi je veux dormir! Ils picolent beaucoup trop et en plus du pinard* de mauvaise qualité. Ils doivent avoir une de ces gueules de bois*! Maintenant, évidemment ils sont calmes!*

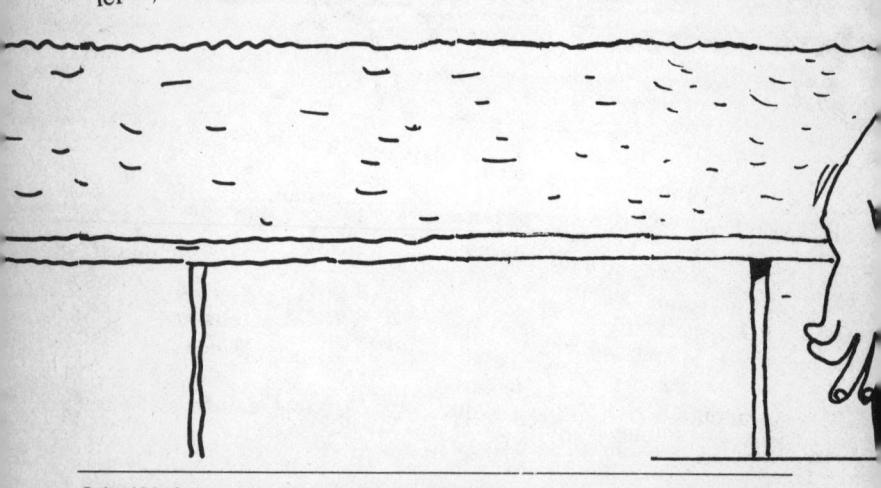

Seite 184 – **le tapage nocturne:** nächtliche Ruhestörung   **le boucan** ⟨ ⟩: Krach   **parti** ⟨ ⟩: beschwipst   **le piquet:** Hering   **le cadavre** ⟨ ⟩: Pulle   **dépasser les bornes** ⟨ ⟩: zu weit gehen   **folichon** ⟨ ⟩: lustig   **picoler** ⟨ ⟩: saufen   **le pinard** ⟨ ⟩: Wein   **la gueule de bois** ⟨ ⟩: Kater   *Seite 185* – **ne pas être frais** ⟨ ⟩: angegammelt aussehen   **être long à démarrer** ⟨ ⟩: nur langsam auf Touren kommen   **le matelas pneumatique:**

Entre hommes

*Ben**, dis donc**, cette nuit, t'é-
tais pas très discret ... elle doit pas
être fraîche* ce matin, ta nana**!*

Je dois dire que me suis pas
mal défendu**, elle a été longue
à démarrer*, mais une fois partie, elle y va! Le matelas pneuma-
tique* n'a pas résisté, il était à
moitié dégonflé* ce matin.

*Pourtant, quand tu l'as dra-
guée*, hier soir, elle n'avait pas
l'air chaud*, ni très baiseuse*
d'ailleurs!*

Oh, ce n'est quand même pas
la fille à s'envoyer en l'air* avec
n'importe qui. Il lui faut du senti-
ment. Elle a besoin qu'on la ca-
jole*, qu'on lui fasse des petits
câlins**, qu'on la caresse ... enfin ... c'est une question de savoir faire!

*Merde, il faut que je me trouve
une petite amie aussi, j'en ai
marre** de me branler* pendant
que toi, à côté ... tu baises**
...oh, sur ce foutu camping*, on
participe à tout comme dans un
grand dortoir*!*

Tente ta chance** avec la
grande blonde. J'ai l'impression
qu'elle a le ticket pour toi*!

*Désolé, elle me fait pas ban-
der*! J'ai quelqu'un d'autre en
vue ...!*

Luftmatratze **dégonfler:** Luft ablassen **draguer** ⟨ ⟩: abschleppen **ne pas avoir
l'air chaud** ⟨ ⟩: nicht begeistert scheinen **baiseuse** ⟨ ⟩: Frau, die gern vögelt **s'envoyer en l'air** ⟨!⟩: bumsen **cajoler** ⟨ ⟩: liebkosen **se branler** ⟨!⟩: wichsen **foutu
camping** ⟨!⟩: Scheiß-Camping **le dortoir:** Schlafraum **avoir le ticket pour quelqu'un**
⟨ ⟩: auf jemanden abfahren **faire bander** ⟨!⟩: geil machen

185

KÖRPERPFLEGE

PREPARATIFS POUR L'ETE

L'été arrive, vous allez bientôt partir en vacances ... Dans quelques semaines, vous serez à la plage et votre corps sera exposé à tous les regards ... Il est encore temps d'agir! Vérifiez vos points faibles! Soyez ferme avec vous-même!

Remodelez* votre corps

Pour vous qui aimez la gym*, un peu mais pas trop, choisissez quelques exercices qui vous aideront à vous remuscler en douceur sur un rythme lent: pour muscler les abdominaux*, affiner la taille* et activer la circulation.

Perdez vos kilos superflus*

Une nouvelle forme d'amaigrissement*: la thérapie comportementale*. But: Modifier votre comportement face à la nourriture et en quelques semaines vous retrouverez votre poids idéal. Achetez dès maintenant un maillot de bain* une taille au-dessous*: cela vous encouragera!

N'oubliez pas l'épilation*!

L'hiver, nous arrivons à peu près à nous maîtriser*. Mais dès que** le moment de vivre en maillot de bain arrive, notre psychose du poil nous reprend et

ELLES SONT ADORABLES, FRAICHES ET NATURELLES IL FAUT SE MONTRER A LA HAUTEUR

nous nous mettons à traquer* nos duvets* superflus par tous les moyens. Une peau lisse est plus douce et plus sensible.

Facile et rapide: le rasoir, mais c'est loin d'être radical.

La pince: idéale pour les sourcils*.

Décoloration: une solution plutôt pour les duvets que pour les poils durs.

Chère mais efficace: la cire* – on est vraiment tranquille pour deux bonnes semaines.

Préparez votre peau au soleil

Choisissez tout ce qu'il y a de nouveau pour apprivoiser* le soleil.

Rousses, blondes ou même brunes au teint clair, votre peau est fragile, vulnérable*. Pour aider votre épiderme* délicat à mieux supporter votre premier

---

Seite 186 – **remodeler:** die Figur aufbessern **la gym** ⟨ ⟩: Kurzform von gymnastique **les abdominaux:** Bauchmuskeln **affiner la taille:** eine schlanke Taille bekommen **superflu:** überflüssig **l'amaigrissement:** Abmagerung **la thérapie comportementale:** Verhaltenstherapie **le maillot de bain:** Badeanzug **la taille au-dessous:** eine Nummer kleiner **l'épilation:** Enthaarung **se maîtriser:** sich beherrschen **traquer:** verfolgen **les duvets:** Flaum **le sourcil:** Augenbrauen **la cire:** Wachs **apprivoiser:**

c'est une antidote* indispensable contre les séances* de bronzage* qui ont une action déplorable* sur la circulation.

Nettoyez votre peau

Protégez-la avec soin. Evitez les longues expositions au soleil. Démaquillez-vous* soigneusement, vous éviterez bien des ennuis** dus à des pores encombrés** par les restes de produits solaires, de poussières ... Faites-vous des masques à base de concombre ... Adoucissez* et nourrissez-la avec des crèmes hydratantes.

Changez votre alimentation

Pour attaquer la journée en pleine forme, commencez-la par un petit déjeuner consistant. Exemple: un grand bol de flocons d'avoine* arrosés de lait frais pour les protéines, avec des raisins secs pour les sels minéraux, plus deux tranches de pain complet pour les hydrates de carbone, avec du beurre et de la confiture pour les lipides et les glucides, enfin le jus d'orange et de pamplemousse pour la vitamine C. Les indispensables sources de votre énergie.

Relaxez-vous

Profitez de l'été pour apprendre à vous relaxer. Soyez éclatante*, épanouie*, sereine*, décontractée**, détendue**, bref**, bien dans votre peau.

Libérez-vous des énergies négatives, détendez votre corps.

rendez-vous au soleil, utilisez pendant les trois semaines qui précèdent votre départ, les «présolaires» qui conditionnent déjà la peau au soleil.

Testez votre crème solaire. Elle ne vous convient peut-être pas, alors, testez-la quinze jours avant de partir en l'appliquant comme une crème pour le corps ou le visage.

Profitez de la mer

Nagez, plongez, en un mot, vivez le plaisir des mouvements à faire dans l'eau pour tonifier* votre corps, l'affiner, le redessiner.

La mer embellit* votre corps.

Soignez vos cheveux

Ils n'ont jamais été aussi libres de leurs mouvements. Qu'ils soient beaux! Rincez*-les chaque jour et soignez-les avec quelques produits de qualité et de bons gestes.

---

zähmen **vulnérable:** anfällig **l'épiderme:** Haut *Seite 187* – **tonifier:** kräftigen **embellir:** verschönern **l'antidote:** Gegenmittel **la séance de bronzage:** Bräunung **déplorable:** verheerend **rincer:** spülen **se démaquiller:** sich abschminken **adoucir:** weich machen **les flocons d'avoine:** Haferflocken **éclatante:** strahlend **sereine:** ausgeglichen **épanouie:** aufgeblüht

TOURISTENKUNDE

LES TOURISTES VENUS D'AILLEURS

Il est revenu le temps des touristes étrangers. A quoi les reconnaît-on?

Le Teuton* est insensible aux fluctuations de la mode. Nous vous épargnerons les clichés bien connus du vert allemand, de la culotte de cuir et du plumet* au chapeau. Pour le reste, on le repère* à son style baba** auquel il reste fidèle. Mais le moyen infaillible* pour le reconnaître est de jeter un coup d'œil* en direction

des pieds. On y découvre des chaussures orthopédiques ou des sandales délirantes* faites de lanières* et de boucles*. Ces chaussures de prédicateur sont pourvues d'*une bonne semelle plate, épaisse et bien large. Elles sont tout terrain et les pieds y sont parfaitement au large*.

L'Amerloque** ne renie* pas les signes extérieurs de sa culture: bottes et chapeau de cowboy, ceinturon, casquette à plexiglas bleuté. Il mélange ingénieusement* le pantalon à carreaux* et la veste à rayures*, la chemise

---

Seite 188 – le teuton ⟨ ⟩: Deutsche **le plumet:** Hutfeder **repérer** ⟨ ⟩: erkennen **infaillible:** absolut sicher **jeter un coup d'œil:** einen Blick werfen **délirant:** wahnsinnig **la lanière:** Riemen **la boucle:** Schnalle **pourvu de:** versehen mit **être au large** ⟨ ⟩: viel Platz haben **renier:** verleugnen **le ceinturon:** Gürtel **ingénieusement:** erfinderisch **à carreaux:** kariert **à rayures:** gestreift *Seite 189 –* **à petits pois:** getüpfelt

à petits pois* et la cravate motif vamp, le tout suffisamment vaste pour respirer à l'aise.

A l'opposé des Américains, les Latins sont toujours tirés à quatre épingles*. Les couleurs et les tissus, adaptés aux conditions climatiques, s'harmonisent avec raffinement. Même la chaleur torride* ne leur autorise aucun laissez-aller dans leur tenue vestimentaire*. Et il n'y manque rien: les lunettes noires, la médaille de la Madonne ... Viennent-ils pour voir ou pour être vus?

Les Nordiques, on les reconnaît davantage à leur corps musclé et à leur silhouette élancée*. Ils exposent sans complexe leur peau saine au soleil et aux regards. Leur bronzage** impeccable* est garanti naturel.

Les Anglais se permettent tellement d'audaces qu'ils sont toujours à la pointe de la mode (pas toujours suivie!). Ils n'hésitent pas à associer les cheveux verts au tee-shirt rose électrique décoré de badges** en tout genre. Malgré l'Ambre Solaire, leur peau parsemée* de taches de rousseur* est agrémentée* de coups de soleil*.

Quant aux Japonais, ils gardent toujours le sourire quelles que soient les circonstances*. On ne peut les observer qu'en groupe et en train de** «mitrailler»*, leur champ de vision* se limitant à celui de l'objectif.

Et puis, il y a la masse neutre des passe-partout**, d'origine indéfinissable.*

---

tiré à quatre épingles ⟨ ⟩: sehr elegant la chaleur torride: große Hitze la tenue vestimentaire: Kleidung la silhouette élancée: schlanke Figur impeccable: perfekt parsemé: bestreut la tache de rousseur: Sommersprossen agrémenté: geschmückt le coup de soleil: Sonnenbrand les circonstances: Umstände mitrailler: viel fotografieren le champ de vision: Blickfeld indéfinissable: undefinierbar

DISCO DISCO DISCO

La piste* ressemble à un grand miroir noir éclairé de projecteurs clignotant* au rythme de la musique. Le disc-jockey se déchaîne* sur ses platines. Les punks se défoulent** aux côtés des babas**, des post-modernes, des super-branchés** et de quelques ringards** un peu paumés ... Les déplacements sont rares, on s'éclate** sur place ou on regarde un verre à la main, l'air vaguement inspiré*.

C'est rare, mais il arrive que l'on échange quelques impressions:

«Moi, chuis** complètement dingue** d'électropop et de disco!»

«Le Funky, ça me rend dingue!»

«Super!»

«Tu connais le reggae japonais et le rock berlinois?»

«Super!»

«Moi, les groupes new wave, j'adore! Oh Ultravox, Police, Madness. Avec eux le single est redevenu bon!»

«Oh ouais**, super!»

«Quelle sono* ici, i* nous ma-

Seite 190 – **la piste:** Tanzfläche   **les projecteurs clignotants:** Light-Show   **se déchaîner** ⟨ ⟩: toben   **inspiré:** inspiriert   **la sono:** Anlage   **i** ⟨ ⟩: Kurzform von ils   **matraquer** ⟨ ⟩: einhämmern   *Seite 191* – **le tube:** Hit   **les synthés:** Synthesizer   **la drum-**

traquent vachement avec les tubes* hypermode: Laurie Anderson, La juju Musik, King Sunny Adé ...»

«Super, extra.»

«T'aimes les synthés* toi? Enfin les synthétiseurs?»

«Non, pas très super!»

«Quand on utilise une drum-machine*, on arrive à un feeling plus funcky!»

«Ah oui? super!»

«Y a eu un concert terrible avec Higelin, ça swinguait sec! Si t'avais entendu les percus*, les claviers* et l'harmoniciste*!»

«T'aimes le Hard Rock? Comme le Blue Oyster Cult, ça fait un peu retraités de Woodstock!»

«Oh, c'est assez super quand même!»

«Qu'est-ce que c'est cette musique ... tchac tchac, boum, tchac, boum, boum, merde ça casse l'ambiance!**»

«C'est ringard!**»

«Ecoute ça maintenant ... j'adore le synthétique!»

«Super!»

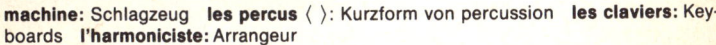

---

machine: Schlagzeug   **les percus** ⟨ ⟩: Kurzform von percussion   **les claviers:** Keyboards   **l'harmoniciste:** Arrangeur

URLAUB ALTERNATIV

STAGES

STAGE DE MASQUE : improvisations dirigées avec masques larvaires, grotesques, expressifs et préparation au jeu. Durée 6 jours, 2 3H par jour. Du 21-26 mars ou du 28 mars-2 avril, tél. R. 373 49 47

REPRENDRE CONTACT avec son corps.. sentir les tensions qui le limitent.. retrouver le plaisir de bouger librement.. en libérant toute son énergie.. trouver sa propre danse et y puiser la confiance.. Stage de Danse énergétique d'expression (inspiration africaine) du 14S au 17 juillet dans une belle demeure charantaise avec piscine les 4 jours 500F + repas. Renseignements 605 90 40

ASTRO-YOGA. Cet été en Dordogne, découvrez complémentarité techniques astro-yoga, camping ou hébergement dans prieuré près de Brantôme. Reste places semaines 15-21 juillet et 22-29 juillet. Tél 354 38 06 et 21 40.

ANGLAIS intensif magnétoscope + sport de plein air comme à la colo, 14 jours en août, 10 personnes maxi. Tout ça en plein Beaujolais, loin des plages, des mégots et des virus. Paysage vallonné au milieu des vignes. Tu peux bronzer pareil mais au retour tu causes comme à la BBC et tu dois réapprendre à te regarder question silhouette, allure, démarche. Lévitation inutile... Tous les rens. + fiche détaillée au (74) 03 09 28. Mais fais vite !

PEINTURE Par la pratique de la peinture communiquer, créer, changer une approche de la créativité aux apports de W Winnicot et M Milner (peintre et psychanalyste), ateliers hebdomadaires, we, ouverts à tous, débutants ou non. TEL 797 72 36

STAGE D'ETE initiation danse africaine avec Khagan et Cocosel du 24 au 31 Juillet, 7H 9H 10H 13H à Fontanès (Aude) 80 km de Perpignan, danses, travail d'atelier, écoute du tambour, spirale et ondulation, massages. TEL 251 17 83 Ou 859 06 17

VACANCES

ECOLE DE CROISIERE PARISIENNE Propose stage : croisière 7/15 jours voilier 8/9 mètres. Juillet - septembre : 100/130F/jour + nourriture. Départ Bretagne nord. Stage Planche à voile, ambiance sympa, base dans vieux manoir à Tregastel (29). Liberté, détente assurée. Tél 271 95 84 ou écrire à CNIV - Péniche BOER 2 - quai Henri IV 75004 Paris

VIDEO. Stages d'initiation active à la vidéo légère. Une semaine pour manier chacun la caméra, réaliser et monter son propre film ou reportage, se familiariser avec le champ, contrechamp, le plan américain, les éclairages, apprendre la technique filmique et les codes de l'expression cinématographique. Le travail se fait en petits groupes avec du matériel vidéo demi-pouce couleur. Pendant les vacances, stages de 30 H étalés sur une semaine, prix très intéressants. Association POUCIMAGE 306 78 25 (répondeur).

PARTIR

Propose

PARIS FINISTERE SUD Propose une place départ de paris le 23 août midi. Retour le 30 août à qui accepte de voyager avec deux jeunes enfants. Tel (6) 006 37 16 les 20 et 21 août (insister)

LYON ET VALENCE. 2 places pour Paris. Dignes via Lyon et Valence. Départ le 19 août au soir. Participation aux frais demandée. Tél. 251 46 35. Pierre-Jean Le soir. Merci à Libé.

Cherche

SAINTE-MAXIME Couple cherche voiture pour Ste-Maxime ou environs, départ le 2 septembre au soir retour le 12 sept. au soir, partage frais essence, peage et même volant. Tél 251 33 10 poste 495 (bureau) ou 367 21 84 le soir. · Demander **MAURER JEAN-MARIE**

Stages – **le masque larvaire:** Gesichtmaske **puiser confiance:** Selbstvertrauen schöpfen **la demeure charantaise:** großes Haus in der Charante **le prieuré:** Kloster **à la colo** ⟨ ⟩: Kurzform von colonie: Ferienlager **le mégot** ⟨ ⟩: Kippe **vallonné:** hügelig **causer** ⟨ ⟩: sprechen **la lévitation:** hochheben einer Person über den Boden ohne irgendeine Hilfe **rens. und doc.:** Kurzform von renseignement und documentation **spirale et ondulation:** afrikanische Frisur *Vacances* – **la croisière:** Kreuzfahrt **le stage:** Workshop **le voilier:** Segelboot **la péniche:** Kahn **le manoir:** Landsitz **se familiariser:** sich gewöhnen **manier:** handhaben **le champ:** Blickfeld **le plan américain:** Amerikanische Nacht (filmische Technik der Nachtaufnahme) **l'éclairage:** Beleuchtung

192

Nicht für Geld und gute Worte ...

… heißt auf französisch: Ni pour tout l'or du monde ni pour des paroles mielleuses. Aber Moment mal, l'or heißt doch Gold, und für Geld sagen die Franzosen doch Silber, also l'argent. Muß man halt auswendig lernen. Dafür ist es beim porte-monnaie um so einfacher. Übrigens: Pfandbriefe heißen obligations foncières.

Pfandbrief und Kommunalobligation

Meistgekaufte deutsche Wertpapiere - hoher Zinsertrag - schon ab 100 DM bei allen Banken und Sparkassen

Verbriefte Sicherheit

ANHANG

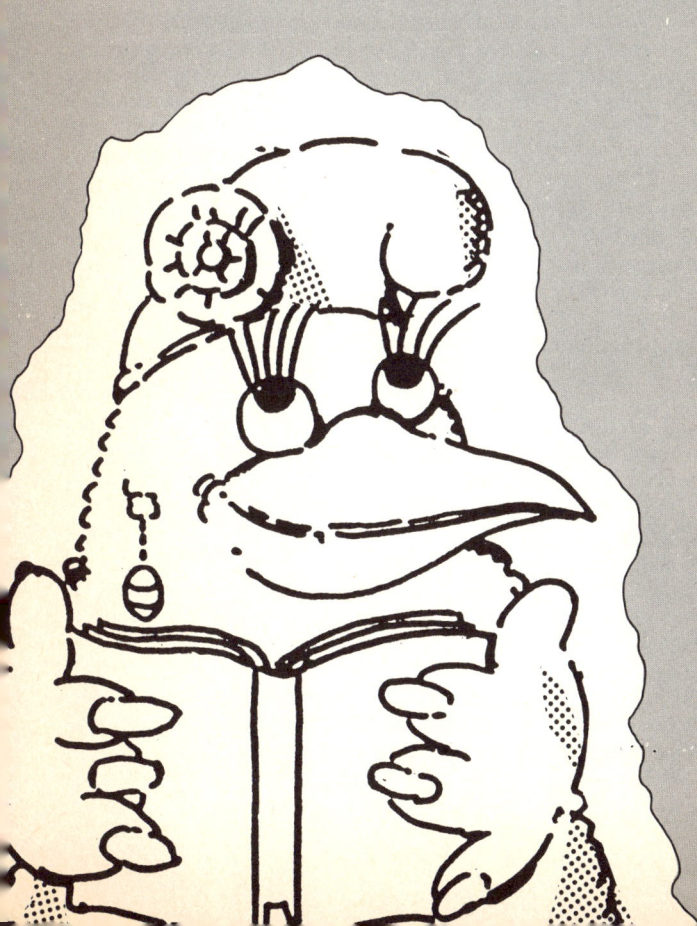

ÜBER SPRACHLEHRMETHODEN

Als wir in die Bundesrepublik kamen, konnten wir wenig oder kein Deutsch. Ganz am Anfang unseres Aufenthaltes besuchten wir Sprachkurse, die uns gewisse grammatikalische Grundlagen vermittelten. Doch bald wurde uns klar, daß der Unterricht nicht unseren Sprachbedürfnissen entsprach, denn was dort gelehrt wurde, waren nicht die Ausdrücke und Worte, die die Leute benutzten, mit denen wir zu tun hatten. Gelernt haben wir Deutsch schließlich in der realen Kommunikation. Das Erlernen einer Fremdsprache läßt sich nicht trennen von der Erfahrung und von den Kommunikationsbedürfnissen. Alles Lernen bedarf einer Motivation: Sprachen lernt man, weil man in einer Situation oder aus einem Gefühl heraus den Wunsch hat, einem bestimmten Gegenüber etwas zu sagen.

Nachdem wir jahrelang in verschiedenen Einrichtungen Französisch unterrichtet haben, begannen wir darüber nachzudenken, wie man Französisch lebendiger und motivierender unterrichten könnte – so, wie wir selbst gern in einem Kurs Deutsch gelernt hätten. Seit einigen Jahren bieten wir Intensivkurse in der Ardèche und Sprachwochenenden in Frankfurt an. (Nähere Informationen: Französisches Sprachatelier, Jue – Zimmermann, Hallgartenstraße 69, 6000 Frankfurt/M. 60) Wir wollen eine lebende Sprache vermitteln, die den Bedürfnissen der Gruppe und allen verbalen und nichtverbalen Ausdrucksformen des einzelnen Rechnung trägt. Unsere Methode spricht den Teilnehmer auf der intellektuellen, der emotionalen und der körperlichen Ebene an. Die Sprache wird innerhalb der Gruppe in Kommunikationssituationen erlebt, in denen jeder seine Autonomie in der französischen Sprache entwickeln kann.

Was sich davon schriftlich fassen läßt, steht in diesem Buch. Es wendet sich an alle, die schon über einige Kenntnisse im Französischen verfügen. Wir sind davon ausgegangen, daß der Leser Französisch mit einer der Methoden gelernt hat, die das «Français fondamental» verwenden, daß er über einen Grundwortschatz verfügt, der diesem Französisch entspricht, und daß er die wichtigsten grammatikalischen Regeln kennt. Es sei daran erinnert, daß das «Français fondamental» auf Grund von Untersuchungen festgelegt worden ist, mit denen die Häufigkeit der Wörter der gesprochenen Sprache und die nützlichsten der zur Verfügung stehenden Wörter ermittelt werden sollten (insgesamt etwa 3000 Wörter).

Diese Einteilung ist seither in Frage gestellt worden, da die Untersuchung zum einen nicht auf hinreichend repräsentativen Erhebungen beruhte und da sich zum anderen kaum von vornherein feststellen läßt, welche Bedürfnisse der Lernende hat. Dennoch sind wir von diesem Wortschatz ausgegangen: Wir haben ihn vorausgesetzt, da die in ihm enthaltenen Wörter in den meisten der gegenwärtig angewandten Sprachkursen gelehrt werden, die wir kurz vorstellen wollen.

Der französische Sprachunterricht hat sich seit den sechziger Jahren tiefgreifend verändert. Auf der Grundlage der Forschungen von Linguisten und Pädagogen konnten Methoden entwickelt werden, die eine völlige Abkehr vom herkömmlichen Unterricht darstellten. Früher befaßte man sich nicht mit dem Sprechen, sondern interessierte sich fast ausschließlich für die Sprache, das heißt für Syntax, Phonetik, Semantik und Morphologie. Der Zweifel am traditionellen Unterricht führte zur Entwicklung der strukturell-globalen und audio-visuellen Methoden, die sich auf den Strukturalismus und den Behaviorismus berufen: Sie räumen dem Sprechen Vorrang ein und stützen sich auf den Wortschatz des «Français fondamental». Angestrebt wird – Beispiel: «Voix et images de France» (audio-visuell, Diafilm mit Tonband, eine Sprachstruktur pro Bild) – der Erwerb möglichst vieler Grundstrukturen, indem die mechanische Intelligenz des Schülers angesprochen wird (Reiz-Reaktion). Der Inhalt jeder Unterrichtseinheit muß streng eingehalten werden, der Lehrer bleibt der unfehlbare Meister.

Die audio-visuelle Methode «De vive voix», (CREDIF-DIDIER), die noch in Gebrauch ist, bringt eine radikale methodologische Veränderung. Der Unterricht wird freier, das Lernen soll den Schüler selbständiger machen. Die Methode besteht aus didaktischen Einheiten mit Themen (Bekanntschaft machen; Im Büro; Ein Film im Fernsehen; Die Familie ...), die von Anfang bis Ende von denselben Personen dargestellt werden. Es gibt nur Dialoge, jedem Bild entspricht ein Satz. Das verwendete Material ergänzt sich: Bücher und Übungen. Der Unterricht ist entspannter, lebendiger und ermöglicht den Lernenden, selbst Sprechsituationen zu schaffen (zum Beispiel Rollenspiele). Der schriftliche Aspekt wird nicht vernachlässigt, ist aber zweitrangig.

«C'est le printemps» (CLE-international), eine Methode aus der Zeit nach 1968, ist aus einer Kritik der Inhalte der älteren Methoden (Familiengeschichten, altmodische Liebesgeschichten) entstanden. Sie arbeitet mit Situationen, in denen die unterschiedlichsten Personen auftreten, Menschen jeden Alters, Franzosen und Ausländer. Man redet über den Streik, die Arbeit, die Frauen, die Anmacherei ... Die Sprache der Dialoge ist authentisch und entspricht dem jeweiligen Thema. Zur Schriftsprache wird systematisch übergeleitet.

Mit «Archipel» (HATIER) kommen wir zur dritten Generation der audio-visuellen Methoden. Die Lernziele sind in erster Linie zweckbestimmt: sich identifizieren und Kontakt aufnehmen, sich darstellen und fragen, annehmen/ablehnen, beurteilen und vergleichen. Sprache wird als Verhalten aufgefaßt, der Lernvorgang ist nicht analytisch: Es zählt das gesprochene Wort. Die Autoren stützen sich auf die Arbeiten des Europarats zum Erlernen von Fremdsprachen. Ergebnis dieser Forschungen ist ein «niveau-seuil» (Schwellenniveau), für das man die Sprachbedürfnisse der Lernenden nach Maßgabe der Sprechakte bestimmt hat, die in bestimmten Situationen, gegenüber verschiedenen Gesprächspartnern und im Hinblick auf einzelne Themen oder Begriffe von ihnen verlangt werden. Die Auswahl der Sprache und der grammatikalischen Strukturen hängt also vom Sprechakt, vom Gesprächspartner, von der Form des Kontakts, von der – mehr oder weniger formellen – Situation ab. Die von «Archipel» angebotenen Situationen sind solche des täglichen Lebens; sie sind um Sprechakte herum angeordnet (wie spricht man über sich selbst, über andere, wie läßt man etwas wiederholen, wie drückt man Nichtverstehen aus). Sie werden durch Dias – eins pro Dialog – unterstützt, mit deren Hilfe sich das Sprachregister anordnen läßt. Das Buch enthält Comics, die die Dialogsituationen auf unterschiedlichste Weise wiedergeben, Fotos mit Kommentaren, authentische kleine Dokumente mit vielen Einzelheiten über Land und Leute. Im Vordergrund steht die kommunikative Aneignung, der Lehrer wählt die Situationen nach Maßgabe der Lerngruppe aus. Das grammatikalische Vorgehen richtet sich nach den Anforderungen der Sprechakte: Perfekt und Imperfekt werden schon in der ersten Unterrichtseinheit behandelt. Schreiben wird parallel zum Sprechen erlernt.

Diese Methoden sind in Frankreich entwickelt worden. Einige Sprachschulen wie die Volkshochschulen, die Französischen Institute und manche privaten Sprachschulen wenden sie an. Gegenwärtig werden jedoch in Deutschland für den Französischunterricht für Erwachsene audio-orale Methoden (mit Kassetten und Büchern) am meisten verwendet. Die beiden wichtigsten sind «A bientôt» und «Lebendiges Französisch».

«A bientôt» 1 und 2 etwa (KLETT) besteht aus Einheiten mit mehreren Texten oder Dialogen über ein Thema. Sprache und Sprachstrukturen sind um dieses Thema herum angeordnet. Zahlreiche strukturelle Übungen, Übungen für das mündliche oder schriftliche Verständnis und Transferübungen sowie ein Übungsbuch mit Kassetten vervollständigen das Material. Jede Lektion enthält eine grammatikalische Darstellung. «A bientôt» ist ansprechend gemacht, es behandelt aktuelle sozio-kulturelle Themen, es fördert die mündliche Verständigung, bleibt jedoch auf dem Niveau touristischer Kommunikation, da es in jedem Fall von vorgegebenen Themen und nicht von den Sprachbedürfnissen der Lernenden je nach der Situation ausgeht.

«Lebendiges Französisch» 1 und 2 (HUEBER) vermittelt eine Standardsprache. Schreiben und Sprechen werden gleichzeitig gelehrt. Die Grammatik wird gesondert behandelt und ist gut programmiert. Die Themen bleiben traditionell und stehen unter Zweckmäßigkeitsgesichtspunkten.

Auf der gleichen Linie liegt «Sans frontières» (HUEBER) – etwas moderner gestaltet –, das die eben genannten Methoden in den Schulen, die etwas Neues bieten wollen, sicher bald ablösen wird.

Eine Methode dient als Unterstützung, doch die Qualität des Kurses und das Interesse der Teilnehmer hängen vornehmlich vom Lehrenden und von seiner Fähigkeit ab, die Bedürfnisse der Gruppe zu erfassen, um ihnen mit seinem Unterricht Rechnung zu tragen.

Trotz der bedeutenden Veränderungen im Bereich der Fremdsprachenpädagogik während der letzten Jahre gelingt es mit diesen Methoden nicht immer, den Lernenden zu motivieren. Oft gerät dieser sogar bei alledem in den Hintergrund. Ziel der meisten dieser Methoden ist die Vorbereitung auf Kommunikation, allerdings auf eine funktionale, vorher festgelegte Kommunikation, die dem Lernenden nicht Rechnung trägt. Mit Hilfe der gelehrten Kommunikationsweisen kann man sich als Tourist bewegen, doch selten versetzen sie den Lernenden in die Lage, andere Kommunikationsebenen zu verstehen oder das auszudrücken, was er wirklich sagen will. Nach Ansicht der Pädagogen findet die eigentliche Kommunikation außerhalb der Lerngruppe statt: Die Gruppe simuliert einen Dialog (dazu muß man allerdings erst einmal Lust haben), der keinen Bezug zur Realität hat. Außerdem spricht man die nicht verbalen, spielerischen und ähnlichen Fähigkeiten des Lernenden nicht an, das Lernen ist überwiegend kognitiv und zu mechanisch.

Angesichts dieser Probleme suchen einige Pädagogen und Psychopädagogen nach Methoden, die alle Fähigkeiten des Individuums ansprechen, um ihm das Lernen zu erleichtern und dem Lernenden zunehmend die Verantwortung für das, was er lernen will, zu übertragen. Seit einigen Jahren ist die Entwicklung von Methoden zu beobachten, die noch im Versuchsstadium sind und die sich an einen Kreis problembewußter Interessenten wenden, die bereit sind, sich auf Neues einzulassen.

An erster Stelle läßt sich hier die Suggestopädie (die auf den Forschungen von Lozanov aufbaut) nennen. Diese Methode geht davon aus, daß sich die Lernenden in einem Zustand körperlicher und geistiger Entspannung befinden müssen, um so schnell wie möglich ein Maximum an Kenntnissen zu erwerben. Demgegenüber beruht «Le français par le théâtre» des Instituts Ypérion in Paris auf dem Gedanken, daß das Lernen durch Anspannung erleichtert wird. Die Methode legt den Schwerpunkt auf den persönlichen Ausdruck (von Gedanken, Empfindungen und Gefühlen) durch Formen des dramatischen Ausdrucks, die dem Erlernen einer Sprache angepaßt sind. Schließlich sind hier die zu nennen, bei denen es sich um Methoden handelt, in deren Mittelpunkt die Person im Verhältnis zu einer Gruppe steht. Bestimmte Techniken aus dem Bereich des Psychodrams (B. Dufeu, Centre de psychodramaturgie linguistique in Mainz) und schauspielerische Übungen (D. Feldhandler, Frankfurter Universität) unterstützen das Lernen, bei dem alle Ausdrucksformen und alle Fähigkeiten der Person ins Spiel kommen.

Alle diese Methoden zeichnen sich dadurch aus, daß sie auf die Person als ein Ganzes ausgerichtet sind. Sie stellen sich der Frage des Warum und des Wie des Erlernens einer Fremdsprache. Dieser Pädagogik geht es nicht um «Haben», sondern um «Sein». Sie wird den Sprachunterricht in den kommenden Jahren beeinflussen.

WÖRTER UND WENDUNGEN NACH SITUATIONEN

sich begrüßen

bonjour: guten Tag
salut! ⟨ ⟩: hallo!
tiens, salut! ⟨ ⟩: hallo!
ça va? ⟨ ⟩: wie geht's?
qu'est-ce que tu deviens? ⟨ ⟩: was machst du?
qu'est-ce que tu fabriques? ⟨ ⟩: was treibst du?
ah, tu tombes à pic ⟨ ⟩: du kommst gerade richtig
t'arrives bien!: du kommst gerade richtig

sich verabschieden

allez, au-revoir: auf Wiedersehen
salut ⟨ ⟩: tschüs
à bientôt: bis bald
à plus tard: bis später
à un de ces jours: bis demnächst
bon, je m'en vais: ich gehe
il faut que j'y aille: ich muß gehen
je me tire ⟨ ⟩: ich haue ab
je me barre ⟨ ⟩: ich haue ab
je file ⟨ ⟩: ich haue ab
je me sauve ⟨ ⟩: ich haue ab
je fous le camp ⟨ ⟩: ich haue ab

jemanden einladen / einen Vorschlag machen

viens, je t'invite: komm, ich lade dich ein
tu aimerais …: möchtest du …
tu as envie?: hast du Lust?
ça te dirait de …: würde es dir zusagen …
ça t'intéresserait de …: wärst du interessiert …
on pourrait bien …: wir könnten …

je te propose de …: ich schlage dir vor …
ça te ferait plaisir de …: würdest du dich freuen, wenn
qu'est-ce que tu dirais de …?: was meinst du, wenn
qu'est-ce que tu fais ce soir?: was machst du heute abend?
tu es libre?: hast du was vor?
on va boire un pot? ⟨ ⟩: gehen wir einen trinken?
allez, viens! ⟨ ⟩: komm doch!

Einladung / Vorschlag annehmen

O.K. ⟨ ⟩: O.K.
d'acc ⟨ ⟩, **d'accord:** einverstanden
je veux bien: gern
avec plaisir: gern
entendu: einverstanden
pourquoi pas?: warum nicht?
bien sûr: klar
c'est une bonne idée: das ist eine gute Idee
chic alors! ⟨ ⟩: toll!
ce serait vachement sympa ⟨ ⟩: es wäre wirklich prima

ablehnen / bedauern

non merci: nein danke
j'ai pas envie: ich habe keine Lust
ça ne me dit rien ⟨ ⟩: ich habe keine Lust
je suis désolé / je regrette: ich bedaure
c'est pas possible: es geht nicht
ça marche pas ⟨ ⟩: es geht nicht
pas question!: kommt nicht in Frage
je refuse: ich will nicht

c'est ton problème: das ist dein Problem!

débrouille-toi tout seul! ⟨ ⟩: du sollst allein zurechtkommen

je ne marche pas ⟨ ⟩: ich mache nicht mit

sich entschuldigen / sich rechtfertigen

pardon: Entschuldigung

excusez-moi de vous déranger: entschuldigen Sie bitte die Störung!

je m'excuse: ich bitte um Entschuldigung

je te demande pardon: ich bitte um Entschuldigung

je suis désolé: es tut mir leid

je suis vraiment ennuyé: es tut mir wirklich leid

je ne l'ai pas fait exprès: es war nicht absichtlich

c'est pas ma faute: das ist nicht meine Schuld

j'y suis pour rien ⟨ ⟩: ich kann nichts dafür

ça m'embête vraiment ⟨ ⟩: es tut mir leid

je vais t'expliquer: ich kann es dir erklären

ce que je veux dire, c'est que …: was ich meine, ist …

ça ne vous regarde pas: es geht Sie nichts an

c'est à dire …: das heißt …

c'est pour rire ⟨ ⟩: es ist nicht ernst gemeint

beurteilen / bewerten

j'aime bien …: ich mag gern …

je trouve que …: ich finde, daß …

ça me plaît: es gefällt mir

j'adore: ich mag es sehr

je déteste: ich hasse

j'ai horreur de …: ich hasse

ça me convient: es paßt mir

ça vaut le coup ⟨ ⟩ **/ ça vaut la peine:** es lohnt sich

c'est marrant ⟨ ⟩: es ist lustig

c'est rigolo ⟨ ⟩: es ist lustig

c'est ringard ⟨ ⟩: das ist nicht mehr «in»

c'est vieux jeu: das ist altmodisch

c'est bidon ⟨ ⟩: das ist nur Schau

c'est affreux!: das ist schrecklich

c'est moche ⟨ ⟩: das ist blöd

c'est dingue ⟨ ⟩: das ist verrückt

c'est un minable ⟨ ⟩: er ist eine Niete

il est cinglé ⟨ ⟩: er ist verrückt

il est moche ⟨ ⟩: er ist häßlich

seine Meinung äußern

moi, je pense que …: ich denke, daß

à mon avis: meiner Meinung nach

d'après moi: meiner Meinung nach

mon opinion, c'est que …: ich denke, daß

il me semble que …: ich glaube, daß

j'ai l'impression que …: ich habe das Gefühl, daß

alors, moi je crois … ⟨ ⟩: ich glaube

je vais vous dire … ⟨ ⟩: ich sage es Ihnen

zustimmen

vous avez raison: Sie haben recht

je suis de votre avis: ich bin Ihrer Meinung

je suis d'accord: ich bin einverstanden

je vous approuve: ich stimme Ihnen zu

en effet!: allerdings!

ça, on peut le dire! ⟨ ⟩: das kann man wohl sagen!

tout à fait!: durchaus

parfaitement: durchaus

c'est exact: es ist richtig

ah, ça oui! ⟨ ⟩: aber ja!

certes: gewiß
c'est sûr: sicher
c'est bien vrai ⟨ ⟩: das stimmt

widersprechen / kritisieren

vous croyez vraiment?: glauben Sie?
tu peux pas dire ça: das kannst du nicht sagen
mais qu'est-ce que tu racontes?: was erzählst du da?
je ne le crois pas: ich glaube es nicht
je suis contre: ich bin dagegen
je n'adments pas …: ich akzeptiere nicht, daß …
tu plaisantes!: mach keine Witze!
tu parles! ⟨ ⟩: was glaubst du wohl
tu racontes n'importe quoi ⟨ ⟩: du redest Unsinn
ça va pas la tête! ⟨ ⟩: du hast eine Macke!
tu déconnes ⟨!⟩: du spinnst
tu es cinglé ⟨ ⟩: du bist verrückt

verneinen

c'est faux: das ist falsch
c'est pas vrai: es ist nicht wahr
absolument pas: keineswegs
tu mens: du lügst
tu racontes des histoires ⟨ ⟩: das stimmt nicht, was du sagst
y a rien de vrai là-dedans ⟨ ⟩: das stimmt überhaupt nicht
je n'en crois pas un mot: ich glaube dir kein Wort
c'est pas ça ⟨ ⟩: es ist nicht so
vous faites erreur: Sie irren sich
jamais de la vie!: auf keinen Fall

überzeugen / Überzeugung äußern

tu peux me croire: du kannst mir glauben
mais je t'assure: du kannst mir glauben
mais écoute! ⟨ ⟩: aber hör mal!
c'est évident: es ist klar
ça ne fait pas de doute: zweifellos
je suis convaincu / persuadé: ich bin überzeugt
ça va de soi: es ist klar
j'en suis sûr et certain: ich bin ganz sicher

anzweifeln

tu veux rire! ⟨ ⟩: das ist doch nicht dein Ernst!
tu en as de bonnes! ⟨ ⟩: du hast gut reden
tu parles! ⟨ ⟩: was erzählst du denn!
non mais sans blague! ⟨ ⟩: mach keine Witze
tu rigoles! ⟨ ⟩: das ist doch nicht dein Ernst!
à d'autres! ⟨ ⟩: das kannst du einem anderen erzählen
ça m'étonnerait!: es würde mich wundern
j'en doute: ich glaube es nicht
je me demande: ich frage mich
j'ai du mal à comprendre: ich habe Schwierigkeiten, zu verstehen
vous me faites marrer! ⟨ ⟩: Sie sind aber lustig!

einen Rat geben

moi, si j'étais à ta place: an deiner Stelle
il vaudrait mieux: es wäre besser
je te conseille de …: ich rate dir …
si j'étais toi …: an deiner Stelle
faut pas te gêner ⟨ ⟩: du

brauchst dich nicht zurückzuhalten

n'hésite pas!: mach's doch!

vas-y!: mach's doch!

tu aurais tort de …: du wärst blöd, wenn du …

j'ai pas de conseil à te donner, mais …: ich will dir keine Ratschläge geben, aber …

berichten

dis-donc, on m'a dit que …: weißt du, man hat mir erzählt …

tu sais la dernière? ⟨ ⟩: kennst du die Neuigkeit?

est-ce que tu sais que …?: weißt du, daß …

il paraît que …: man sagt, daß …

on m'a raconté que …: man hat mir erzählt, daß …

j'ai appris que …: ich habe erfahren, daß …

tu connais pas la nouvelle? ⟨ ⟩: weißt du es schon?

sich beklagen

je vais me plaindre: ich werde mich beklagen

c'est une honte!: das ist eine Schande!

tu exagères!: du übertreibst!

tu te moques de moi?: machst du dich über mich lustig?

tu te fous de moi? ⟨ ⟩: willst du mich auf den Arm nehmen?

tu me fais marcher! ⟨ ⟩: willst du mich auf den Arm nehmen?

vous n'avez pas le droit: Sie haben kein Recht dazu

c'est inadmissible!: es ist unerhört!

dites-donc! ⟨ ⟩: hören Sie mal!

tu es gonflé! ⟨ ⟩: du übertreibst

il se fout du monde ⟨!⟩: er übertreibt

arrête de me foutre en boîte! ⟨ ⟩: hör mal auf, dich über mich lustig zu machen!

ça dépasse les bornes ⟨ ⟩: es geht zu weit!

ça suffit!: es reicht!

faut pas charrier ⟨ ⟩: es geht zu weit

quel coin pourri! ⟨ ⟩: was für eine blöde Gegend

une vie merdique / à la con ⟨!⟩: ein Scheiß-Leben

cette putain de bagnole ⟨!⟩: diese verdammte Karre

zugeben

j'avoue: ich gebe zu

il faut bien l'avouer: man muß es zugeben

je reconnais que c'est vrai: ich gebe zu, daß es wahr ist

je ne vous le cache pas: ich gebe es zu

hélas! c'est comme ça: es ist so

sich begeistern

qu'est-ce que c'est bien!: das ist toll!

c'est dingue / dément / fou ⟨ ⟩: das ist verrückt

c'est terrible / sensationnel / super / extra ⟨ ⟩: das ist toll / Spitze / prima

c'est épatant / époustouflant: das ist verblüffend

c'est bath ⟨ ⟩: großartig

c'est le pied ⟨ ⟩: das ist Spitze

c'est génial ⟨ ⟩: das ist genial

chapeau! ⟨ ⟩: alle Achtung

c'est classe ⟨ ⟩: das ist klasse

träumen / wünschen

j'aimerais tellement: ich möchte so gern
j'ai envie de …: ich habe Lust auf …
je crève d'envie de … ⟨ ⟩: ich habe unheimlich Lust auf …
ah! si je pouvais: wenn ich könnte
j'en rêve: ich träume davon
vivement que tu viennes: hoffentlich kommst du bald
pourvu que …: hoffentlich

Sympathie äußern

t'es sympa ⟨ ⟩: du bist nett
t'es un chic type: du bist ein netter Kerl
c'est une fille bien: sie ist eine tolle Frau
t'es chouette ⟨ ⟩: du bist toll
tu me plais: du gefällst mir
je t'aime bien: ich habe dich gern
t'es ma copine ⟨ ⟩: du bist eine gute Freundin

Antipathie äußern

je peux pas le sentir: ich kann ihn nicht leiden
je ne l'aime pas beaucoup: ich mag ihn nicht
il m'est antipathique: er ist mir unsympathisch
je ne peux pas la voir en peinture ⟨ ⟩: ich kann sie überhaupt nicht leiden
je ne peux pas le supporter: ich kann ihn nicht ertragen
je ne peux pas le blairer ⟨ ⟩: ich kann ihn nicht ab
il est débile ⟨ ⟩: er ist bescheuert
elle est chiante ⟨ ⟩: sie ist langweilig
c'est une enquiquineuse ⟨ ⟩: sie ist eine Nervensäge

zufrieden sein

je me sens bien: ich fühle mich wohl
je suis en forme: ich bin fit
je suis bien: ich fühle mich wohl
c'est chouette ⟨ ⟩: das ist toll
c'est sympa ⟨ ⟩: das ist nett
j'ai de la veine ⟨ ⟩: ich habe Glück
j'ai la conscience tranquille: ich habe ein gutes Gewissen
je me la coule douce ⟨ ⟩: ich führe ein leichtes Leben
on les a bien eus ⟨ ⟩: denen haben wir es ganz schön gezeigt
ça me botte ⟨ ⟩: es gefällt mir

Freude empfinden

ça me fait plaisir: das freut mich
je suis vachement content ⟨ ⟩: ich bin sehr zufrieden
je suis fou de joie: ich bin wahnsinnig glücklich

in Liebe sein

j'ai le ticket ⟨ ⟩: ich bin verliebt
je suis amoureux: ich bin verliebt
je suis mordu ⟨ ⟩: ich bin verliebt
je suis folle de lui: ich bin verrückt nach ihm
c'est la passion: es ist die große Liebe
elle me rend dingue ⟨ ⟩: sie macht mich verrückt
c'est le coup de foudre: es ist die Liebe auf den ersten Blick
je suis tombé amoureux: ich habe mich verliebt
il est branché sur moi ⟨ ⟩: er ist auf mich abgefahren
faire des câlins ⟨ ⟩: schmusen
elle me fait marcher ⟨ ⟩: sie führt mich an der Nase herum
elle m'a laissé tomber ⟨ ⟩: sie hat mich im Stich gelassen

elle m'a plaqué ⟨ ⟩: sie hat mich verlassen

Überraschung ausdrücken

c'est pas croyable!: es ist unglaublich

c'est pas possible!: das ist unmöglich

sans blague! ⟨ ⟩: wirklich?

je rêve ou quoi?: ich träume!

ça alors! ⟨ ⟩: was?

tiens!: ha!

c'est surprenant: das ist erstaunlich

j'en suis resté bouche bée: ich bin mit offenem Mund stehengeblieben

j'en reviens pas: ich kann es nicht glauben

pour une surprise, c'est une surprise!: das ist eine Überraschung

je ne m'y attendais pas: das habe ich nicht erwartet

ça m'étonne: das wundert mich

ma parole! ⟨ ⟩: meine Güte

hein? quoi? ⟨ ⟩: was?

qu'est-ce qui se passe?: was ist los?

qu'est-ce que tu fous là? ⟨ ⟩: was machst du hier?

j'en suis tombé sur le cul }!⟩: es hat mich umgehauen

sich unwohl fühlen

je me sens pas bien: ich fühle mich nicht wohl

je suis surmené: ich bin überarbeitet

je suis dépassé: ich bin überfordert

je suis à bout de nerf: ich bin am Ende

je suis crevé ⟨ ⟩: ich bin todmüde

ça me fout en l'air ⟨!⟩: es macht mich fertig

je craque ⟨ ⟩: ich flippe aus

Gleichgültigkeit / Langeweile empfinden

je m'ennuie: ich langweile mich

je m'embête ⟨ ⟩: ich langweile mich

je m'emmerde ⟨!⟩: ich langweile mich

je me fais chier ⟨!⟩: ich langweile mich

je me demande ce que je fous ici ⟨ ⟩: ich frage mich, was ich hier mache

bof ⟨ ⟩: (unübersetzbarer Ausdruck der Gleichgültigkeit)

je m'en moque: das ist mir egal

je m'en fous ⟨ ⟩ / fiche ⟨ ⟩: das ist mir egal

ça me laisse froid: das ist mir egal

qu'est-ce que ça peut faire? ⟨ ⟩: das ist mir egal

j'en rien à foutre ⟨!⟩: das ist mir scheißegal

et alors! ⟨ ⟩: na und!

à quoi bon?: wozu?

on s'en bat l'œil ⟨ ⟩: es läßt uns kalt

peu importe: es ist egal

il est pas chaud ⟨ ⟩: er ist nicht scharf drauf

unsicher sein

je sais pas quoi faire: ich weiß nicht, was ich machen soll

je suis ennuyé: ich weiß nicht, was ich machen soll

ça m'embête ⟨ ⟩: ich weiß nicht, was ich machen soll

je suis embarrassé: ich weiß nicht, was ich machen soll

je suis pas sûr: ich bin unsicher

j'hésite: ich bin unsicher

ça me gêne: es ist mir unangenehm

ça m'emmerde ⟨!⟩: es ist mir unangenehm

enttäuscht sein

je suis déçu: ich bin enttäuscht
ça valait pas le coup ⟨ ⟩: es hat sich nicht gelohnt
j'ai pas de chance: ich habe Pech
si j'avais su: wenn ich gewußt hätte
c'est dommage: schade
tant pis!: kann man nichts machen

schlecht gelaunt sein

il est de mauvais poil ⟨ ⟩: er ist sehr schlecht gelaunt
il est d'une humeur massacrante ⟨ ⟩: er ist sehr schlecht gelaunt
il est de mauvaise humeur: er ist sehr schlecht gelaunt
elle fait la gueule ⟨!⟩: sie zieht eine Fresse
il fait la tête ⟨ ⟩: er schmollt
il boude: er schmollt

deprimiert und traurig sein

je suis déprimé: ich bin deprimiert
j'ai le cafard ⟨ ⟩: ich bin nicht gut drauf
j'ai pas la frite ⟨ ⟩: ich bin nicht gut drauf
je me sens mal dans ma peau: ich fühle mich nicht wohl
j'ai des idées noires: ich sehe alles schwarz
je suis angoissé: ich bin bedrückt
je vais mal: es geht mir schlecht
ça va pas fort ⟨ ⟩: es geht mir nicht besonders gut
je me sens paumé ⟨ ⟩: ich komme mir verloren vor

Angst haben

j'ai peur: ich habe Angst
j'ai la trouille ⟨ ⟩: ich habe Angst
j'ai la frousse ⟨ ⟩: ich habe Angst
je suis pas rassuré: ich habe ein bißchen Angst
j'ai des angoisses: ich habe Ängste

sich Sorgen machen

je me fais du souci: ich mache mir Sorgen
je m'en fais beaucoup ⟨ ⟩: ich mache mir Sorgen
ça me préoccupe: das beschäftigt mich
je suis anxieux / inquiet: ich bin unruhig / nervös

Mitleid haben

je te plains: du tust mir leid
mon pauvre! ⟨ ⟩: mein Armer!
t'as pas de veine ⟨ ⟩: du hast kein Glück
t'as pas de pot ⟨ ⟩: du hast kein Glück
j'aimerais pas être à ta place: ich möchte nicht an deiner Stelle sein
je me mets à ta place: ich kann es gut verstehen
c'est un sale coup ⟨ ⟩: es ist ein harter Schlag
tu me fais pitié: ich habe Mitleid mit dir
ma pauvre cocotte ⟨ ⟩: meine arme Kleine

jemanden trösten

allez, ça s'arrangera ⟨ ⟩: es wird schon gehen
t'en fais pas!: mach dich nicht verrückt!
faut pas t'en faire!: mach dich nicht verrückt
y a pire ⟨ ⟩: es gibt Schlimmeres
c'est pas grave: es ist nicht schlimm

faut pas s'affoler ⟨ ⟩: kein Grund zur Aufregung

erregt und unzufrieden sein

tu me casses les pieds ⟨ ⟩: du nervst mich
tu me tapes sur les nerfs ⟨ ⟩: du nervst mich
tu m'agaces: du nervst mich
tu me fais chier ⟨!⟩: du machst mich an
tu m'emmerdes ⟨!⟩: du gehst mir auf den Nerv
j'en ai par-dessus la tête ⟨ ⟩: ich habe die Nase voll
j'en ai ma claque ⟨ ⟩: ich habe die Nase voll
j'en ai marre ⟨ ⟩: ich habe die Nase voll
j'en ai ras-le-bol ⟨ ⟩: ich habe es satt
quelle vacherie! ⟨!⟩: was für eine Sauerei!
quelle poisse! ⟨ ⟩: Pech
c'est merdique ⟨!⟩: es ist beschissen
c'est chiant ⟨!⟩: es ist beschissen
zut alors! ⟨ ⟩: Mist
quelle barbe! ⟨ ⟩: verflixt
tu parles d'une vie ⟨ ⟩: das nennst du ein Leben?
c'est exaspérant: es ist zum Aus-der-Haut-fahren
c'est dégoutant ⟨ ⟩: es ist ekelhaft
c'est dégueulasse ⟨!⟩: es ist zum Kotzen

sich verteidigen

fiche / fous le camp! ⟨!⟩: hau ab!
laissez-moi tranquille!: lassen Sie mich in Ruhe!
fichez-moi la paix! ⟨ ⟩: lassen Sie mich in Ruhe!

foutez-moi la paix! ⟨!⟩: lassen Sie mich in Ruhe
fais gaffe! ⟨ ⟩: paß auf!
ferme-la! ⟨ ⟩: halt's Maul
ta gueule! ⟨!⟩: halt's Maul
va te faire foutre! ⟨!⟩: geh zum Teufel
tu veux une baffe? ⟨ ⟩: ich haue dir eine runter
je vais te casser la gueule ⟨!⟩: ich haue dir auf die Schnauze

schimpfen / Beschimpfungen

espèce d'idiot / andouille / imbécile / abruti ⟨ ⟩: Vollidiot / Trottel
salaud / salope ⟨!⟩: Drecksau
garce ⟨!⟩: Mistvieh
mufle ⟨ ⟩: Flegel
sale macho ⟨ ⟩: Chauvi
corniaud / couillon ⟨!⟩: blöder Hund / Dummkopf
chauffard ⟨ ⟩: Sonntagsfahrer
sale râleur / rouspéteur ⟨ ⟩: Meckerer
ordure ⟨!⟩: Schwein
connard / con ⟨ ⟩: Arschloch
pauvre mec ⟨ ⟩: dumme Sau
putain ⟨!⟩: Hure
enquiquineur ⟨ ⟩: Nervensäge

und die kleinen sprachlichen Schmiermittel

hein! ⟨ ⟩: nicht wahr
hein? ⟨ ⟩: was?
hein … ⟨ ⟩: also …
ah bon: ach so
eh beh ⟨ ⟩ / **eh bien:** also
et alors! ⟨ ⟩: na und!
et alors?: und dann?
allez! ⟨ ⟩: aber doch!
allez, allez!: los!
tiens: zum Beispiel
tiens! ⟨ ⟩: ach, sieh mal!

tiens!: da hast du's!
dis-donc!: sag mal!
dites donc! ⟨ ⟩**:** hören Sie mal!
bref: mit einem Wort
ma foi: na ja
bel et bien: geradezu
enfin quoi ⟨ ⟩**:** kurz gesagt
un point, c'est tout!: das ist alles
effectivement: in der Tat
cela dit: wenn es so ist
en fin de compte: letzten Endes
faute de quoi: andernfalls
du fait que: dadurch
au fait ⟨ ⟩**:** bei der Gelegenheit

d'ailleurs: außerdem
autant que ce soit ...: es ist besser, wenn ...
d'autant plus que: zumal
dire que: daran zu denken
sans compter que ...: ganz zu schweigen, daß
figurez-vous: stellen Sie sich mal vor
imaginez-vous: stellen Sie sich mal vor
vous vous rendez compte: stellen Sie sich mal vor
et j'en passe ... ⟨ ⟩**:** und so weiter

WÖRTER UND WENDUNGEN VON A – Z

A

les abdominaux: Bauchmuskeln
abordable: erschwinglich
aborder: ansprechen
abruti ⟨!⟩: Vollidiot
s'abstenir: sich enthalten
abuser: zu weit gehen
accélérer: beschleunigen
accessible: zugänglich
en accord avec: im Einklang mit
s'accorder ⟨ ⟩: sich gönnen
accoudé à: aufgestützt auf
l'accrochage ⟨ ⟩: Streit
s'accrocher ⟨ ⟩: sich klammern
accroître: erhöhen
accueillante: gastfreundlich
tu m'achèves ⟨ ⟩: du machst mich
   fertig
l'action sociale: Sozialpolitik
adhérer: Mitglied sein
l'adhésion: Zustimmung
adjacent: nebeneinander
les administrés: Bevölkerung
adorable: nett, entzückend
adorer: über alles schätzen
adoucir: weich machen
une affaire classée: abgeschlossene Sache
l'homme d'affaires: Geschäftsmann
s'afficher ⟨ ⟩: sich zur Schau stellen
l'affilié: Mitglied
affiner la taille: eine schlanke Taille
   bekommen
s'affoler ⟨ ⟩: sich aufregen
les affres exquise: stechende
   Schmerzen
affreux: furchtbar
l'agence pour l'emploi: Arbeitsamt
agrémenté: geschmückt
l'agriculteur: Landwirt
l'ail: Knoblauch
l'aile: Kotflügel

l'aisance: Leichtigkeit, Ungezwungenheit
s'ajuster ⟨ ⟩: zusammenpassen
alcoolo ⟨ ⟩: Alkoholiker
alcooltest: Blasen (Alkohol-Kon-
   trolle bei Autofahrern)
aléatoire: ungewiß
l'alignement: Angleichung
alléchant: lecker
alléger les procédures: das Verfahren erleichtern
allégrement: leicht
allez! ⟨ ⟩: aber doch
aller mal: schlechtgehen
les allocations familiales: Familienbeihilfe
allonger ⟨ ⟩: bezahlen
avoir de l'allure: nach etwas aussehen
l'allusion: Anspielung
ça alors! ⟨ ⟩: na so was! (Ausdruck
   des Staunens)
et alors! ⟨ ⟩: na und!
l'amaigrissement: Abmagerung
l'ambiance: Stimmung
amer: bitter
l'Amerloque ⟨ ⟩: Ami
l'amicale: Verein
amorphe: träge
l'amour flou ⟨ ⟩: lockere Liebesbeziehung
l'ampoule: Glühbirne
les amuseurs de service: Komiker
   vom Dienst
ancestral: uralt
les anciens: ältere Bürger
l'andouille ⟨ ⟩: Trottel
l'angoisse: Angst
A.N.P.E.: Arbeitsamt
Antenne 2: zweites Programm
l'antidote: Gegenmittel
l'appareil ménager: Haushaltsgerät

l'appareil ménager: Haushaltsgerät
l'apparence: Anschein
faire appel à: zurückgreifen auf
l'apéro ⟨ ⟩: apéritif
l'apport: Zusatzgewinn
l'apprenti: Lehrling
apprivoiser: zähmen
l'arbitre: Schiedsrichter
s'arracher quelqu'un ⟨ ⟩: sich um
  jemanden reißen
ça les arrange bien ⟨ ⟩: es paßt ihnen gut
ça ne t'arrangerait pas ⟨ ⟩: du würdest nicht besser aussehen
arriver à: schaffen
ça arrive souvent: es kommt häufig
  vor
le septième Art: Film
l'article de fond: Leitartikel
aspirer à: sich sehnen nach
assermenté: vereidigt
l'assistant-réalisateur: Regieassistent
assister: miterleben, teilnehmen
s'assumer en tant que femme:
  sich als Frau bewußt akzeptieren
l'atout: Trumpf
s'attendre à: mit etwas rechnen
atterrir: landen
attribuer: geben
dès l'aube: vom Morgengrauen an
soyez audible: sprechen Sie deut-
  lich
l'auditeur: Zuhörer
autant que ce soit: es ist besser,
  wenn
d'autant plus que: zumal
la Haute Autorité: Hohe Behörde für
  Rundfunk und Fernsehen
autrui: andere
avancer ⟨ ⟩: vorstrecken
en avance d'un métro ⟨ ⟩: «in» sein
l'averse: Platzregen
avide: gierig
avoir accès à: Zugang haben
avoir l'air tranquille: unverdächtig
  aussehen

avoir de l'allure: nach etwas aussehen
ne pas avoir l'air chaud ⟨ ⟩: nicht
  begeistert scheinen
en avoir sa claque ⟨ ⟩: die
  Schnauze voll haben
avoir la conscience tranquille: ein
  gutes Gewissen haben
avoir de la distinction: distinguiert
  sein
avoir envie: Lust haben
avoir à faire à: zu tun haben mit
ne pas avoir la frite ⟨ ⟩: nicht gut
  drauf sein
avoir hâte: es eilig haben
avoir honte: sich schämen
avoir horreur: hassen
avoir mal au cœur: Übelkeit verspüren
avoir du mal à ⟨ ⟩: Schwierigkeiten
  haben
en avoir marre ⟨ ⟩: es satt haben
avoir pitié: Mitleid haben
en avoir ras-le-bol ⟨ ⟩: es satt
  haben
avoir le ticket ⟨ ⟩: auf jemanden
  abfahren
avoir de la veine ⟨ ⟩: Schwein
  haben
tu en as de bonnes! ⟨ ⟩: du hast gut
  reden
on les a bien eus ⟨ ⟩: denen haben
  wir es ganz schön gezeigt
l'avortement: Abtreibung
avouer: eingestehen
il faut bien l'avouer ⟨ ⟩: man muß
  schon sagen
les grands axes: Hauptverkehrsstraßen

B

la babiole ⟨ ⟩: Kleinigkeit
le bac: Abitur
le badge: Meinungsknopf
la bagarre: Schlägerei
la bagnole ⟨ ⟩: Karre
le bahut ⟨ ⟩: Penne

le baigneur: Puppe
le baisenville ⟨ ⟩: kleiner Koffer mit dem Nötigsten
baiser ⟨ ⟩: bumsen
la baiseuse ⟨ ⟩: eine Frau, die gern vögelt
baisser la radio: leise stellen
faire bander ⟨ ⟩: geil machen
la banque des données: Datenbank
la balade ⟨ ⟩: Spaziergang
se balader ⟨ ⟩: herumlaufen
cent balles ⟨ ⟩: 100 Francs
le ballon: ein Glas für Wein
la banderole: Transparent
la baraque ⟨ ⟩: Haus
quelle barbe ⟨ ⟩: wie mich das nervt
ça a bardé ⟨ ⟩: sie haben sich gefetzt
le barrage: Sperrung, Talsperre
se barrer ⟨ ⟩: abhauen
à la baston ⟨ ⟩: auf der Prügeltour
bastonner ⟨ ⟩: verprügeln
bath ⟨ ⟩: großartig
battre son plein: auf dem Höhepunkt
bavarder: plaudern
en baver ⟨ ⟩: leiden müssen
la bavure: taktischer Fehler
le bazar ⟨ ⟩: Kram
B.D.: bande dessinée: Comics
beaucoup de trucs ⟨ ⟩: eine Menge
la bêche: Spaten
eh beh ⟨ ⟩: Kurzform von eh bien
bel et bien: geradezu
ben ⟨ ⟩: Kurzform von bien
les besoins croissants: wachsende Bedürfnisse
le bétail: Vieh
la bête noire: Schreckgespenst
la bêtise: Dummheit
la bibine ⟨ ⟩: mäßiger Wein
le bicot ⟨!⟩: Araber
c'est bidon ⟨ ⟩: das ist nur Schau
le bidonville: Slum
eh bien ⟨ ⟩: also
le bien-être: Wohlbefinden
bien fait: reif (für Käse)
la bile: Schleim

la bise ⟨ ⟩: Küßchen
bison futé: Verkehrsdienst
sans blague ⟨ ⟩: mach keinen Witz
blasphématoire: gotteslästerlich
le bled ⟨ ⟩: Kaff
le bleu: blauer Fleck
le boche ⟨ ⟩: Schimpfwort für Deutsche
bof ⟨ ⟩: Ausdruck der Gleichgültigkeit
boire un coup ⟨ ⟩: einen trinken
boire un pot ⟨ ⟩: einen trinken
la boîte ⟨ ⟩: Firma, Disco
la boîte de vitesse: Getriebe
bondé: überfüllt
le bordel ⟨ ⟩: Unordnung
la borne ⟨ ⟩: Kilometer
bosser ⟨ ⟩: schuften
ça me botte ⟨ ⟩: es gefällt mir
le boucan ⟨ ⟩: Krach
laisser bouche bée: mit offenem Mund dastehen lassen
le bouchon: Stau
la boucle: Schnalle
boucler ⟨ ⟩: ausfüllen
le bouclier: Schild
bouder: den Rücken kehren
la bouffe ⟨ ⟩: Essen
bouger: sich rühren
la bougie: Zündkerze
bouleverser: umwälzen
le boulot ⟨ ⟩: Arbeit
la boum ⟨ ⟩: Fete
le bouquin ⟨ ⟩: Buch
bourré ⟨ ⟩: besoffen
bourrer ⟨ ⟩: vollstopfen
être branché sur quelqu'un ⟨ ⟩: auf jemanden abfahren
être branché sur les autres ⟨ ⟩: auf die anderen eingehen
se branler ⟨!⟩: wichsen
bref: mit einem Wort
la bricole ⟨ ⟩: Kleinigkeit
bricoler: basteln
faire la bringue ⟨ ⟩: feiern
une brique ⟨ ⟩: eine Million (alte Francs)
le brocanteur: Trödler

bronzer: braun werden
brouiller: durcheinander bringen
drôle de bruit: komischer Lärm
brûler un feu rouge: bei Rot durchfahren
buter: stoßen
la buvette: Getränkestand

C

le câblage: Verkabelung
en cachette: heimlich
le cachot: Kerker
le cadavre ⟨ ⟩**:** Pulle
le cadre: leitender Angestellter
cafouiller ⟨ ⟩**:** nicht zurechtkommen
le cageot: Lattenkiste
la cagette: kleine Lattenkiste
ça caille ⟨ ⟩**:** es ist sehr kalt
cajoler ⟨ ⟩**:** schmusen
la calandre: Kühlerverkleidung
le calendrier: Zeitplan
caler: ausgehen (eines Motors)
faire des câlins: schmusen
le gros câlin ⟨ ⟩**:** intime Zärtlichkeit
le calva ⟨ ⟩**:** Kurzform von Calvados
le camelot: Ramschverkäufer
le canal d'écoulement: Vertriebskanal
le canard ⟨ ⟩**:** Zeitung
le cambriolage: Einbruchdiebstahl
CAP: Abschlußzeugnis einer Berufsschule
le carburateur: Vergaser
le carnet de maternité: Mutterpaß
le carnet de santé: Gesundheitspaß
à carreaux: kariert
carrément ⟨ ⟩**:** offen, direkt
se le carrer quelque part ⟨!⟩**:** sich etwas sonstwohin stecken
la carte grise: Kraftfahrzeugschein
la case: Hütte
se casser ⟨ ⟩**:** abhauen
casser les pieds ⟨ ⟩**:** auf den Wecker gehen

se casser la tête ⟨ ⟩**:** sich den Kopf zerbrechen
causer ⟨ ⟩**:** sprechen
la ceinture de sécurité: Sicherheitsgurt
le ceinturon: Gürtel
célibataire: ledig
le cep de vigne: Rebstock
le cèpe: Steinpilz
certes: gewiß
le certificat de naissance: Geburtsurkunde
CFDT: sozialistische Gewerkschaft/kommunistische Gewerkschaft
cégétiste: Mitglied von CGT
à la chaîne: am Fließband
la chaîne hi-fi: Stereoanlage
la chair de poule: Gänsehaut
la chaleur torride: große Hitze
chaleureux: warmherzig
se chamailler ⟨ ⟩**:** sich zanken
le chambardement: Durcheinander
le champ de vision: Blickfeld
voir trente-six chandelles ⟨ ⟩**:** Sternchen sehen
se changer les idées: sich auf andere Gedanken bringen
chapeau! ⟨ ⟩**:** alle Achtung
je m'en charge: ich mache es selbst
charges comprises: inklusive Umlagen
le châssis: Fahrgestell – Doppelsinn: schöner Frauenkörper
il n'y a pas un chat ⟨ ⟩**:** da ist niemand
ne pas être pas chaud ⟨ ⟩**:** nicht scharf darauf sein
ne pas avoir l'air chaud ⟨ ⟩**:** nicht begeistert sein
le chauffard ⟨ ⟩**:** Sonntagsfahrer, rücksichtsloser Fahrer
chialer ⟨ ⟩**:** weinen
chiant ⟨!⟩**:** beschissen
faire chier ⟨!⟩**:** anmachen
les chiottes ⟨ ⟩**:** Klo
le chômage: Arbeitslosigkeit
choper ⟨ ⟩**:** erwischen
chouette ⟨ ⟩**:** prima

choyé: verwöhnt

chuis ⟨ ⟩: je suis

la ciboulette: Schnittlauch

la cime: Spitze

le ciné ⟨ ⟩: Kurzform von cinéma

la cire: Wachs

les circonstances: Umstände

la cité de transit: Übergangssiedlung

cinglé ⟨ ⟩: durchgedreht

le cinq à sept: Liebe am Nachmittag

la circulaire: Rundschreiben

la circulation: Verkehr

les circuits de motards: Motorradkurs

une paire de claques ⟨ ⟩: ein Paar
Ohrfeigen

en avoir sa claque ⟨ ⟩: die
Schnauze voll haben

claquer la porte ⟨ ⟩: die Tür zuschlagen, abhauen

c'est classe ⟨ ⟩: das ist «in», klasse

la classe informatisée: computerisierter Unterricht

la classe de transition: entspricht
etwa der Sonderschule

les claviers: Keyboards

la clé à molette: verstellbarer
Schraubenschlüssel

le clignotant: Blinker

les clopes ⟨ ⟩: Zigaretten

la clôture: Zaun

le clou de girofle: Nelkengewürz

cloué au lit ⟨ ⟩: ans Bett gefesselt

cocher: ankreuzen

ma pauvre cocotte ⟨ ⟩: meine arme
Kleine

cocu ⟨ ⟩: Hörner haben

le code pénal: Strafgesetzbuch

le code de la route: Straßenverkehrsordnung

**le CODENE: comité pour le désar-
mement nucléaire en Europe:**
Organisation der Friedensbewegung

avoir mal au cœur: Übelkeit verspüren

cogner ⟨ ⟩: schlagen

se cogner: sich stoßen

la cohue: Gedränge

du coin ⟨ ⟩: aus der Gegend

un coin pourri ⟨ ⟩: Mistgegend

coincé ⟨ ⟩: eingeklemmt

coller ⟨ ⟩: gut zusammenpassen

la colo ⟨ ⟩: Kurzform von colonie:
Ferienlager

les colorants cancérigènes: krebserregende Farbstoffe

l'ancien combattant: Kriegsveteran

le commérage: Tratsch

compétent: zuständig

compétitif: konkurrenzfähig

ne pas se compliquer l'existence
⟨ ⟩: sich kein Bein reißen

se comporter: sich verhalten

être à son compte: selbständig sein

sans compter: ganz zu schweigen

petit con ⟨!⟩: kleines Arschloch

une vie à la con ⟨!⟩: Scheißleben

hors concours: außer Konkurrenz

le concubinage: wilde Ehe

en toute confiance: in blindem Vertrauen

le congélateur: Tiefkühltruhe

les congés-payés: abwertende Bezeichnung für Urlauber; etwa vergleichbar mit Neckermanntouristen

connard ⟨!⟩: Arschloch

la connerie ⟨!⟩: Blödsinn

la conscience: Bewußtsein

avoir la conscience tranquille: ein
gutes Gewissen haben

la consolation: Trost

le constat: Feststellung

la contamination: Ansteckung, Verseuchung

se contenter de peu: sich mit wenig
zufrieden geben

le contenu de la cuve: Tankinhalt

la contractuelle: Politesse

le contrevenant: Zuwiderhandelnder

controversé: umstritten

convenir: gut passen

la convocation: Vorladung

la coopérative agricole: Winzergenossenschaft
le copain ⟨ ⟩: Freund
la copine ⟨ ⟩: Freundin
le cordon ombilical: Nabelschnur
le corner: Eckball
le corniaud ⟨!⟩: Dummkopf
la corvée: lästige Arbeit, Quälerei
le couchant: Sonnenuntergang
le couillon ⟨!⟩: blöder Hund
couillonner ⟨!⟩: verarschen
se la couler douce ⟨ ⟩: ein leichtes Leben führen
la couleur criarde: grelle Farbe
le coup de foudre: Liebe auf den ersten Blick
à grands coups de: mit harten Schlägen
ça vaut le coup ⟨ ⟩: es lohnt sich
être dans le coup ⟨ ⟩: dazugehören
le coup d'envoi: Anstoß
un coup dur: harter Schlag
donner un coup de fil ⟨ ⟩: anrufen
le coup franc: Freistoß
le coup de soleil: Sonnenbrand
couper la parole: ins Wort fallen
le coureur ⟨ ⟩: Schürzenjäger
la courroie de transmission: Keilriemen
en cours: unterwegs
le court: Tennisplatz
le contribuable: Steuerzahler
la coutume: Brauch
la couveuse: Brutkasten
craindre: fürchten
craquer ⟨ ⟩: ausflippen
le crâne rasé: rasierter Kopf
la crêche parentale: Krabbelstube
crevé ⟨ ⟩: todmüde
avoir crevé ⟨ ⟩: Reifenpanne haben
se crever ⟨ ⟩: sich abrackern
crever à petit feu: langsam sterben
en crever d'envie ⟨ ⟩: vor Neid platzen, Lust haben
la crique: kleine Bucht
la crise de foie: Gallenschmerzen (typische französische Krankheit)
le crochet romain: römische Waage

la croisière: Kreuzfahrt
le cross: Geländelauf
c'est pas croyable ⟨ ⟩: es ist nicht zu glauben
le cru: Rohes
le grand cru: Wein bester Qualität
la cuisinière à gaz: Gasherd
le cuit: Gekochtes
cuit au soleil: sonnenverbrannt
prendre une cuite ⟨ ⟩: sich besaufen
tenir une cuite ⟨ ⟩: voll sein
le cul ⟨!⟩: Arsch
une histoire de cul ⟨!⟩: Bettgeschichte
le cultivateur: Landwirt
se cultiver: sich bilden
le cumin: Kümmel
la cure de désintoxication: Entziehungskur
la cuvette: Waschschüssel

D

débile ⟨ ⟩: bescheuert
débilos ⟨ ⟩: schwachsinnig
se débrouiller ⟨ ⟩: zurechtkommen
débordé de travail: überfordert
décaper: abbeizen
se déchaîner ⟨ ⟩: toben
la décharge: Schuttabladeplatz
les déchets nucléaires: atomare Abfälle
le décollage: Abflug
déconcerté: verwirrt
déconner ⟨!⟩: spinnen
décontracté: locker
décousu: zusammenhanglos
décrocher ⟨ ⟩: locker lassen
bien se défendre: sich gut halten
défense absolue: strikt verboten
le défi: Herausforderung
se défoncer ⟨!⟩: sich durchschlagen
se défouler ⟨ ⟩: sich abreagieren, sich austoben
dégager: aufhellen (Wetter)

dégonfler: Luft ablassen
se dégonfler ⟨ ⟩: Schiß kriegen
dégoter ⟨ ⟩: entdecken
dégoutant ⟨ ⟩: ekelhaft
la dégradation de la propriété privée: Sachbeschädigung
se dégrader: schlechter werden, sich verschlimmern
dégueu ⟨!⟩: Kurzform von dégueulasse
dégueulasse ⟨!⟩: zum Kotzen
dégueuler ⟨!⟩: kotzen
déguster: genießen
délirant: wahnsinnig
délirant de bonheur: verrückt vor Glück
la demande de remboursement: Rückerstattungsantrag
démanger: jucken
se démaquiller: sich abschminken
les démarches administratives: Behördengänge
démarrer: anspringen, losfahren
long à démarrer ⟨ ⟩: nur langsam auf Touren kommen
la demeure: großes Haus
un demi: ein kleines Bier
dément ⟨ ⟩: verrückt
le démon: Teufel
dénicher: aufstöbern
dense: dicht
dépanner: helfen
être dépassé: überfordert sein
dépasser: überholen
dépasser les bornes ⟨ ⟩: zu weit gehen
le dépaysement: Fremdgefühl
dépeupler: entvölkern
déplorable: verheerend, bedauernswert
déplorer: bedauern
déporter: umpflanzen
dépouiller ⟨ ⟩: beklauen
déraciner: entwurzeln
le dérapage: schleudern
les derniers sortis: letzte Neuheiten
la dérogation: Ausnahmegenehmigung

le désarmement: Abrüstung
descendre quelqu'un ⟨ ⟩: jemanden niederschießen
le désenvoutement: Austreibung böser Geister
se désintoxiquer: sich entgiften
dès que: sobald
être désolé: leid tun
détaillé: ausführlich
détendu: entspannt
le détergent: Reinigungsmittel
être détraqué ⟨ ⟩: verrückt spielen
la déviation: Umleitung
qu'est-ce que tu deviens? ⟨ ⟩: was machst du?
dévorer: schlingen
dicter le courrier: Korrespondenz diktieren
diffuser: senden
le diffuseur de lavande: Lavendelzerstäuber
le dîner aux chandelles: Abendessen bei Kerzenlicht
dingue ⟨ ⟩: verrückt
ça me rend dingue ⟨ ⟩: es macht mich verrückt
ça te dirait?: würde es dir zusagen?
dire que: daran zu denken, daß
dis-donc! ⟨ ⟩: sag mal!
cela dit: wenn es so ist
dites-donc! ⟨ ⟩: hören Sie mal!
le discours aseptisé: ausgewogene Redeweise
discuter de choses et d'autres: über Gott und die Welt reden
se disperser: sich verzetteln
disposer de: verfügen über
les disques: Bremsscheiben, Platten
dissert ⟨ ⟩: Kurzform von dissertation: Aufsatz
la dissipation: Auflösung (Wetter)
la dissuassion: Abschreckung
se distraire: sich unterhalten
la divagation: Umherirren
c'est dommage: schade
le don héréditaire: vererbte Begabung

la banque des données: Datenbank
donner une baffe ⟨ ⟩: eine runterhauen
donner un coup de fil ⟨ ⟩: anrufen
donner la fessée ⟨ ⟩: den Hintern
verbläuen
donner libre cours à: freien Lauf lassen
donner mal au cœur: Übelkeit erregen
se donner un mal fou ⟨ ⟩: sich
große Mühe geben
donner naissance: verursachen, ins
Leben rufen
donner suite à: einem Antrag stattgeben
donner le ton: den Ton angeben
le dortoir: Schlafstadt, Schlafraum
doubler: überholen
douce: zärtlich
la douceur: Süßigkeit
en douceur: sanft
doué: begabt
sans doute: wahrscheinlich
draguer ⟨ ⟩: anmachen, abschleppen
drôle: komisch
drôlement ⟨ ⟩: sehr, überaus
la drum-machine: Schlagzeug
le duvet: Flaum, Schlafsack

E

ébréché: angeschlagen
l'échelle: Größenordnung
à l'échelle de: auf der Ebene
l'échelon: Ebene
l'éclairage: Beleuchtung
l'éclaircie: Aufheiterung
éclatante: strahlend
s'éclater ⟨ ⟩: ausflippen
écœuré ⟨ ⟩: angeekelt
l'économie rurale: Agrarwirtschaft
le petit écran: Bildschirm
l'écrivain: Schriftsteller
à l'écoute des radios libres: hier
sind die freien Radios

être écrasé de dettes: völlig überschuldet sein
s'écrouler: zusammenfallen
l'éditeur: Verleger
effectivement: in der Tat
éfféminé: verweichlicht
s'effondrer: rapid sinken
l'effraction: Einbruch
égaliser: ausgleichen
l'égratignure: Kratzer
l'électeur: Wähler
l'élevage: Viehzucht
éloigné: weit entfernt
embarquer ⟨ ⟩: mitnehmen
embaucher: einstellen
embellir: verschönern
ça t'embête) ⟨ ⟩: das stört dich?
embêter ⟨ ⟩: ärgern
l'embrayage: Kupplung
l'embouteillage: Stau
émettre: senden
emmerder ⟨!⟩: auf den Nerv gehen
s'emmerder ⟨!⟩: sich langweilen
s'emparer de la balle: sich den Ball
holen
l'emploi du temps: Stundenplan
emprunter les itinéraires-bis:
Schleichweg benutzen
enceinte: schwanger
l'encombrement: Stau
encombrer: vollstopfen
encrassé: verschmutzt
s'endetter: sich verschulden
l'énergie marémotrice: Energie aus
Gezeitenkraft
sans engagement: unverbindlich
l'engin: Maschine
un engin à la con ⟨!⟩: Scheißmaschine
l'engouement: Begeisterung
l'engrais: Düngemittel
l'engueulade ⟨ ⟩: Schreierei
s'enfermer: sich in einem geschlossenen Raum wiederfinden
enfin quoi ⟨ ⟩: kurz gesagt
enfoiré ⟨!⟩: Trottel
engager la conversation: ein Gespräch anleiern

je suis ennuyé ⟨ ⟩: ich weiß nicht, was ich machen soll

s'enorgueillir: stolz sein

entreprenant: unternehmungslustig

enquiquineuse ⟨ ⟩: Nervensäge

les grands ensembles: Wohnsilos

ensorcelant: fesselnd

entassé: zusammengedrängt

entassé comme du bétail: zusammengepfercht

l'entrée de service: Dienstboteneingang

envahissant: aufdringlich

envenimer: verschlimmern

avoir envie: Lust haben

l'environnement: Umwelt

s'envoyer en l'air ⟨!⟩: bumsen

envoyer promener ⟨ ⟩: zurückweisen

envoyer sur les roses ⟨ ⟩: zurückweisen

l'éolienne: Windkraftwerk

épanouie: aufgeblüht

l'épiderme: Haut

l'épilation: Enthaarung

épargner: sparen, verschonen

épatant: verblüffend

épater ⟨ ⟩: beeindrucken

époustouflant: verblüffend

épouvanté: entsetzt

l'équilibre des forces: Gleichgewicht der Kräfte

équipé: ausgerüstet

tout équipé: voll eingerichtet

l'équipement: Ausstattung

érafler: schrammen

l'espèce: die Sorte

espèce de: verstärkt eine Beschimpfung

espèce d'idiot ⟨ ⟩: Vollidiot

esquinter ⟨ ⟩: beschädigen

estimer nécessaire: für notwendig erachten

l'étable: Stall

l'établissement de jeux: Spielhalle

l'étal: Stand (Markt)

l'étalement: zeitliche Einteilung

s'étaler ⟨ ⟩: lang hinschlagen

l'état d'âme: innere Verfassung

l'état d'urgence: Ausnahmezustand

l'Etat-providence: Vorsorgestaat

étouffer: ersticken

être très bien avec ⟨ ⟩: sehr gute Beziehungen haben mit

être branché: «in» sein

être branché sur quelqu'un ⟨ ⟩: auf jemanden abfahren

être censé: angeblich

ne pas être très chaud ⟨ ⟩: nicht scharf darauf sein

être à son compte: selbständig sein

être dans le coup ⟨ ⟩: dazugehören

être endetté jusqu'au cou: bis über beide Ohren verschuldet sein

ne pas être très frais ⟨ ⟩: nicht sehr frisch aussehen

être sur ses gardes: auf der Hut sein

être en infraction: gegen das Gesetz verstoßen

être au large: viel Platz haben

être long à démarrer ⟨ ⟩: nur langsam auf Touren kommen

être parent: verwandt sein

être de mauvais poil ⟨ ⟩: schlecht gelaunt sein

y être pour rien ⟨ ⟩: nichts dafür können

être réduit à la misère: verelenden

être rond ⟨ ⟩: betrunken sein

être saturé: es satt haben

être à sec ⟨ ⟩: blank sein

être en train de: dabei sein

s'évader: fliehen

un éventail de possibilités: eine Fülle von Möglichkeiten

évident: klar

l'évier: Spülbecken

éviter pas mal de galères ⟨ ⟩: ziemlichen Ärger sparen

l'ex ⟨ ⟩: der Ehemalige

l'ex-mari: geschiedener Mann

c'est exaspérant: zum Aus-der-Haut-Fahren

l'exaspération: innere Erregung

l'excès de vitesse: Raserei

exciter: erregen
exclu: ausgeschlossen
l'exploitant: Landwirt
l'exploitation: Betrieb
exploiter: ausbeuten
exprès: absichtlich
un express: Espresso
expulser: rausschmeißen
extra ⟨ ⟩: Kurzform von extraordinaire: super
l'extrait du casier judiciaire: polizeiliches Führungszeugnis

F

fabriquer ⟨ ⟩: machen
qu'est-ce que tu fabriques? ⟨ ⟩: was treibst du?
la fac: Kurzform für Fakultät
fâcheux: unangenehm
il a failli: er ist beinah
fainéant ⟨ ⟩: Nichtstuer
s'en faire ⟨ ⟩: sich Sorgen machen
faire abstraction: abstrahieren
faire appel à: zurückgreifen auf
se faire avoir ⟨ ⟩: reingelegt werden
faire bander ⟨!⟩: geil machen
faire la bringue ⟨ ⟩: feiern
faire des câlins: schmusen
faire chier ⟨!⟩: anmachen
faire confiance: vertrauen
se faire dorloter: sich verwöhnen lassen
faire face: nachkommen
se faire faire un gosse ⟨ ⟩: sich ein Kind machen lassen
faire fuir: in die Flucht schlagen
faire gaffe ⟨ ⟩: aufpassen
faire la gueule ⟨ ⟩: eine Fresse ziehen
faire irruption: unerwartet erscheinen
faire la lessive: waschen
faire marcher ⟨ ⟩: an der Nase herumführen
faire mauvais ménage: schlecht zusammenpassen

se faire des mecs ⟨ ⟩: es mit anderen Typen treiben
faire la queue: Schlange stehen
faire une queue de poisson: jemanden schneiden (beim Autofahren)
faire le plein: volltanken
faire le pont: einen Arbeitstag zwischen Feiertagen ausfallen lassen
faire la quête: sammeln
se faire ramasser ⟨ ⟩: aufgelesen
faire le roulement: in Schicht arbeiten
se faire rouler ⟨ ⟩: reingelegt werden
faire un saut: kurz vorbeischauen
faire sauter le permis: Führerschein entziehen
faire un petit somme: ein Schläfchen machen
faire du stop: trampen
faire suer ⟨ ⟩: anöden
faire un tableau noir: schwarzmalen
faire la tête ⟨ ⟩: schmollen
faire des tonneaux: sich überschlagen
faire un tour: eine Runde machen
faire la vaisselle: abwaschen
je lui fais sa fête ⟨ ⟩: dem werde ich was erzählen
on n'a pas que ça à faire: wir haben doch etwas anderes zu tun
vous me faites marrer ⟨ ⟩: sie sind aber lustig
il fait lourd: es ist schwül
j'ai fait une touche avec quelqu'un ⟨ ⟩: jemand fährt auf mich ab
les faits divers: vermischte Nachrichten
au fait ⟨ ⟩: à propos
du fait que: dadurch, daß
se familiariser: sich gewöhnen an
la famine: Hungersnot
farfouiller ⟨ ⟩: wühlen
farineux: mehlig
fauché ⟨ ⟩: blank
faucher ⟨ ⟩: klauen
se faufiler: sich durchschlängeln

faute de clients: aus Mangel an Kunden

faute de quoi: andernfalls

FEN: Lehrergewerkschaft

la fente: Schlitz

ferme-la! ⟨ ⟩: halt die Klappe!

fermer à double tour: den Schlüssel zweimal herumdrehen

la fermette: kleiner Bauernhof

la fête foraine: Rummel

le feu d'artifice: Feuerwerk

la feuille d'impôts: Steuererklärung

feuilleter: durchblättern

ficher en l'air ⟨ ⟩: kaputtmachen

ficher la paix ⟨ ⟩: in Ruhe lassen

se figurer: sich vorstellen

au bout du fil: am Ende der Leitung

la file: Spur

filer ⟨ ⟩: geben, abhauen, flitzen

le fils à papa: Sohn aus reicher Familie

en fin de compte: letzten Endes

le fioul, le fuel: Heizöl

le fisc: Finanzverwaltung

la flânerie: Bummel

le flash d'actualité: Kurznachrichten

fléché: ausgeschildert

flemmard ⟨ ⟩: faul

les flocons d'avoine: Haferflocken

la flotte ⟨ ⟩: Wasser

flotter ⟨ ⟩: regnen

fluide: flüssig

F.N.A.C.: Buch- und Schallplattenkette in den Großstädten

F.O.: konservative Gewerkschaft

ma foi! ⟨ ⟩: na ja!

folichon ⟨ ⟩: lustig

foncer ⟨ ⟩: schnell fahren/gehen

le fonctionnaire: Beamter

à fond: so laut wie möglich

de fond en comble: von Grund auf

le foot: Fußball

le footing: Jogging

forcément: unbedingt

forcer quelqu'un: jemanden zwingen

la formation: Ausbildung

être en forme: sich gut fühlen

ça va pas fort ⟨ ⟩: es geht mir nicht besonders gut

la fortune: Vermögen

le four micro-ondes: Microwellenherd

le fournisseur: Lieferant

fourrer son nez ⟨ ⟩: seine Nase in etwas stecken

foutre en boîte ⟨ ⟩: jemanden auf den Arm nehmen

foutre le bordel ⟨!⟩: Scheiß machen

foutre le camp ⟨!⟩: abhauen

foutre dehors ⟨!⟩: rausschmeißen

se foutre du monde ⟨ ⟩: übertreiben

foutre la paix ⟨!⟩: in Ruhe lassen

qu'est-ce que tu fous là ⟨ ⟩: was machst du hier?

rien avoir à foutre ⟨ ⟩: nichts zu tun haben

ça me fout en l'air ⟨!⟩: es macht mich fertig

se demander ce qu'on fout là ⟨ ⟩: sich fragen, was man hier macht

foutu ⟨ ⟩: kaputt, am Arsch

cette foutue nature ⟨ ⟩: diese verdammte Natur

le foyer des jeunes: Jugendhaus

le foyer rural: Bürgerhaus

fractionner: einteilen

ne pas être frais ⟨ ⟩: nicht frisch sein

ne pas avoir l'air frais ⟨ ⟩: nicht frisch aussehen

le frangin ⟨ ⟩: Bruder

fréquenter ⟨ ⟩: Leute treffen

le fric ⟨ ⟩: Geld

le frigo ⟨ ⟩: Kurzform von frigidaire: Kühlschrank

le frimeur ⟨ ⟩: Angeber

la fringale: Hunger

les fringues ⟨ ⟩: Klamotten

le fripier: Verkäufer für Secondhand-Kleidung

un froid de canard: Hundekälte

la frousse ⟨ ⟩: Angst

la fusée: Rakete

ça ne gâche rien 〈 〉: was auch nicht schlecht ist
le gain de temps: Zeitgewinn
le gamin 〈 〉: Kind
la garce 〈!〉: Mistvieh
être sur ses gardes: auf der Hut sein
garder la ligne: schlank bleiben
il peut se le garder 〈 〉: das kann er behalten
le gardien de but: Tormann
le gars 〈 〉: Mann
se gâter 〈 〉: schlecht werden
pas gâté 〈 〉: nicht mit Schönheit gesegnet
les petits gâtés: die verwöhnten Kleinen
le gel de l'armement nucléaire: Einfrieren der Atombewaffnung
gémir: stöhnen
généralisé: allgemein
ne pas se gêner 〈 〉: sich nicht zurückhalten
c'est carrément la gerbe 〈 〉: das ist das Ende
quel genre?: was für ein?
la gestion: Geschäftsführung
giffler: eine Ohrfeige geben
le gîte rural: Ferienwohnung auf dem Land
le glaçon: Eiswürfel
les godasses 〈 〉: Schuhe
être gonflé: übertreiben
la gonzesse 〈 〉: Weib
le gosse 〈 〉: Göre
la grappe de raisin: Weintraube
la grêle: Hagel
la grève: Streik
la grève tournante: Streik mit wechselndem Schwerpunkt
grillé: durchgebrannt
grossier: taktlos
la grossièreté: Grobheit
se grouiller 〈 〉: sich beeilen
la gueule de bois 〈 〉: Kater
guère: kaum
sale gueule 〈 〉: dreckige Fresse

gueuler 〈 〉: rumschreien
la gym 〈 〉: Kurzform von gymnastique

l'habitat spatial: Raumstation
l'habitué: Stammkunde
hallucinant: blendend
le hameau: Dörfchen, Weiler
l'handicapé: Behinderter
hanter l'esprit: nicht aus dem Kopf gehen
l'harmoniciste: Arrangeur
avoir hâte: es eilig haben
hebdomadaire: wöchentlich
hein 〈 〉: was, nicht wahr
hermétique: unzugänglich
les heures de pointe: Stoßzeiten
l'Hexagone: Frankreich
histoire de faire connaissance: nur um sich ein bißchen kennenzulernen
HLM: Sozialwohnung
la honte: Schande
avoir honte: sich schämen
et puis hop 〈 〉: und dann fix
avoir horreur: hassen
hors-jeu: abseits
l'humeur massacrante 〈 〉: sehr schlechte Laune

i 〈 〉: ils
idiot 〈 〉: Idiot
s'immiscer: sich einmischen
un impératif: ein Muß
n'importe quel: irgendein
les impôts: Steuern
l'imprévisible: das Unvorhersehbare
à l'improviste: plötzlich, unangemeldet
l'inauguration: Eröffnung
inaugurer: einweihen
l'incompatibilité: Unvereinbarkeit
inconscient: ahnungslos

s'incruster: sich einnisten
indéfinissable: undefinierbar
ineffaçable: unvergeßlich
inefficace: ineffektiv
l'ineptie: Unsinn
infaillible: absolut sicher
être en infraction: gegen das Gesetz verstoßen
ingénieusement: erfinderisch
inguérissable: unheilbar
l'initiation: Einführung
initier: einweihen
insidieusement: hinterlistig
insinuer: andeuten
insolite: außergewöhnlich
inspiré: inspiriert
l'institutrice: Volksschullehrerin
insupportable: unerträglich
interpellé: aufgefordert
l'intru: Eindringling
l'intrusion: Eindringen
l'inventivité: Einfallsreichtum
impeccable: perfekt
faire irruption: unerwartet erscheinen
l'IVG: Abtreibung
ivrogne: Säufer

J

jalmince ⟨ ⟩: eifersüchtig
la jalousie: Eifersucht
jambon-beurre: Schinkensandwich
jeter un coup d'œil: einen Blick werfen
le jeûne: Fasten
joindre: erreichen
jouir sans entraves ⟨ ⟩: grenzenlos genießen
la journée continue: Arbeitstag ohne große Mittagspause
la justification: Rechtfertigung
juteuse: saftig

K

K7: Kassette
le képi: Dienstmütze

L

labourer: pflügen
lâcher ⟨ ⟩: im Stich lassen
en laisse: an der Leine
la laitière: Milchfrau, Milchkuh
lamentable: jämmerlich, bedauernswert
se lancer ⟨ ⟩: sich trauen
lancer des vannes ⟨ ⟩: böse Bemerkungen machen
une langue véhiculaire: Verkehrssprache
la lanière: Riemen
larguer ⟨ ⟩: verlassen
le lavabo: Waschbecken
le lave-vaisselle: Spülmaschine
le lecteur de cassettes: Kassettenrecorder
la lévitation: Hochheben einer Person über den Boden ohne irgendeine Hilfe
libérale: kann entlassen werden
la liberté d'expression: Meinungsfreiheit
licencier: entlassen
lié à: in Verbindung mit
à la limite: eigentlich, fast
les lits superposés: Etagenbetten
le livret de famille: Stammbuch
le loubard ⟨ ⟩: Gammler, Rocker
ma louloute ⟨ ⟩: Kosename für Frauen
la lune de miel: Flitterwochen
la lutte sociale: Klassenkampf
luxuriante: üppig
lymphatique: träge

M

un machin pareil ⟨ ⟩: so ein Ding
le maghrébin: Nordafrikaner
le magnétoscope: Video

le maillot de bain: Badeanzug

la main-d'œuvre: Arbeitskraft

se maintenir en forme: sich fit halten

se maîtriser: sich beherrschen

avoir du mal à: Schwierigkeiten haben

mal au cœur: Übelkeit

pas mal de: ziemlich viel

mal en point: schlecht gestellt

se donner un mal fou ⟨ ⟩: sich große Mühe geben

le moindre mal: das kleinere Übel

y a pas de mal à essayer ⟨ ⟩: man kann's ja mal probieren

malgré: trotz

malin: schlau

de manière spartiate: spartanisch

manier: handhaben

la manif ⟨ ⟩: Kurzform von manifestation: Demo

manipuler: rumspielen, handhaben

le manoir: Landsitz

la marée noire: Ölpest

le Marché Commun: Europäische Gemeinschaft

le marché couvert: Markthalle

ne pas marcher ⟨ ⟩: nicht mitmachen

marcher dans la combine ⟨ ⟩: mitmachen

les marginaux: Randgruppen

marquer un but: Tor schießen

marrant ⟨ ⟩: lustig

en avoir marre ⟨ ⟩: es satt haben

vous me faites marrer ⟨ ⟩: Sie sind aber lustig

le masque larvaire: Gesichtsmaske

le match: Spiel

match nul: unentschieden

le matelas pneumatique: Luftmatratze

la maternelle: Vorschule

en matière d'urbanisme: Stadtplanungsangelegenheit

la matraque: Schlagstock

matraquer ⟨ ⟩: einhämmern

maussade: unfreundlich

le mec ⟨ ⟩: Typ

la mèche: Haarsträhne

méconnaissable: unkenntlich

méconnu: verkannt

le mécontentement: Unzufriedenheit

se méfier de: jemanden mißtrauen

le mégot ⟨ ⟩: Kippe

à même: direkt

mener l'offensive: den Angriff leiten

le mensonge: Lüge

mentir: lügen

le menuisier: Tischler

merdique ⟨!⟩: beschissen

le message: Nachricht

la mesure: Maß

la météo: Wettervorhersage

le métèque: Kanake

rien à se mettre: nichts anzuziehen

se mettre au beau: schön werden (Wetter)

mettre sur le dos ⟨ ⟩: verantwortlich machen

se mettre ensemble ⟨ ⟩: zusammenziehen

mettre en fiche: in eine Kartei aufnehmen

mettre la main à la pâte ⟨ ⟩: Hand ans Werk legen

mettre sur pied: organisieren

mettre à la porte: vor die Tür setzen

mettre en valeur: hervorheben

le meublé: möblierte Wohnung

le meurtrier: Mörder

le micro-ordinateur: Mikrocomputer

mignon: niedlich

minable ⟨ ⟩: Niete

le minet ⟨ ⟩: eleganter Jugendlicher

la mini-jupe: Minirock

minuté: eingeteilt

la minuterie: Zeitlichtschaltung

le mioche ⟨ ⟩: Kind

le mirage: Fata Morgana

la mite: Motte

la mi-temps: Halbzeit

mitrailler: viel fotografieren

MJCF: kommunistische Jugendorganisation
MLF: Frauenorganisation
moche ⟨ ⟩: häßlich
c'est moche ⟨ ⟩: das ist blöd
modique: mäßig (Preis)
les mœurs: Sitten
le môme ⟨ ⟩: Kind
leur petit monde: ihre Leutchen
le moniteur: Skilehrer
monter à: fahren nach
se moquer de: gleichgültig sein
vachement mordu ⟨ ⟩: wahnsinnig
verliebt
mortel ⟨ ⟩: todlangweilig
le mot d'ordre: Leitwort
motiver un refus: eine Ablehnung
begründen
une moto grosse cylindrée: schwe-
res Motorrad
le mou: das Weiche
en deux temps trois mouvements
⟨ ⟩: auf schnellstem Wege
le moyen d'existence: Lebensgrundlage
muffle ⟨ ⟩: Flegel

nana ⟨ ⟩: Weibchen
la natalité: Geburtenrate
le néant: Nichts
la nénette ⟨ ⟩: Frau
les néo-ruraux: Neubauern, Aussteiger
niché: versteckt
la notion: Begriff

l'objecteur de conscience: Kriegsdienstverweigerer
à l'œil ⟨ ⟩: umsonst
l'office de placement: Arbeitsvermittlung
opérer: wirken
l'opinion publique: Öffentlichkeit

l'opprimé: Unterdrückter
ordure ⟨!⟩: Schwein
orchestré: arrangiert
l'ordinateur: Computer
l'otage: Geisel
ouais ⟨ ⟩: oui
l'ouïe: Gehör
l'outrage public à la pudeur: die Erregung öffentlichen Ärgernisses

pa ⟨ ⟩: Kurzform von papa
palabrer ⟨ ⟩: schwätzen
pâlotte: bläßlich
la pancarte: Schild, Plakat
paniquer: in Panik geraten
tomber en panne sèche: kein Benzin mehr haben
le panneau: Verkehrsschild
l'homme pantouflard: Stubenhok-
ker
la paperasserie: Papierkrieg
par à coup: von Zeit zu Zeit
le parasol: Sonnenschirm
le parcmètre: Parkuhr
par dessus le marché ⟨ ⟩: und dazu
le pare-brise: Windschutzscheibe
le pare-choc: Stoßstange
être parent: verwandt sein
le pari: Wette
tu parles! ⟨ ⟩: was glaubst du wohl!
tu parles d'une vie: nennst du das
ein Leben?
ma parole ⟨ ⟩: meine Güte
parsemé: bestreut
c'est de la part de qui?: wer ist am
Apparat?
parti ⟨ ⟩: beschwipst
participation aux frais: Kostenbeteiligung
partie intégrante: dazugehörend
les parts: Anteile
passer ⟨ ⟩: daran kommen
passer quelqu'un: weiterverbinden
passer inaperçu: unbemerkt bleiben

qu'est-ce qui se passe?: was ist los?

et j'en passe ⟨ ⟩: und so weiter

le courant passe: es funkt

le passe-partout: anpassungsfähig

se passionner pour: sich begeistern für

le patelin ⟨ ⟩: Dorf

le patois: Dialekt

paumé: verloren

PSU: Splittergruppe der Sozialisten

le patrimoine culturel: Kulturgut

le patron: Arbeitgeber, Wirt

le pavé: Pflasterstein

se payer ⟨ ⟩: sich gönnen

la pédale d'embrayage: Kupplungspedal

pédé ⟨ ⟩: schwul

peinard ⟨ ⟩: relax

pas la peine de faire un dessin ⟨ ⟩: sich Einzelheiten sparen können

peinturlurer: beschmieren

la pelle: Schaufel

peloter ⟨ ⟩: fummeln

le pénalty: Elfmeter

la péniche: Kahn

un pépin ⟨ ⟩: Schwierigkeit

le péquenot ⟨ ⟩: Bauer

la pension alimentaire: Unterhalt

le percepteur: Finanzamt

la perceuse électrique: Bohrmaschine

perché: oben liegend

les percus: Kurzform von percussion: Schlagzeug

le père Noël: Weihnachtsmann

la performance de rêve: traumhafte Leistung

le périmètre: Gebiet

le périphérique: Ring(straßen)

le permis de conduire: Führerschein

PME: Kleinunternehmen

la pétanque: Kugelspiel

le pétard: Knaller

peu importe: egal

la piaule ⟨ ⟩: Zimmer

à pic: steil

picoler ⟨ ⟩: saufen

la pièce de rechange: Ersatzteil

c'est le pied ⟨ ⟩: das ist Spitze

casser les pieds ⟨ ⟩: auf den Wecker gehen

piger ⟨ ⟩: kapieren

le pili-pili: afrikanischer roter Pfeffer

piller: ausplündern

le pinard ⟨ ⟩: Wein

la pinède: Pinienwald

la pioche: Spitzhacke

piquer ⟨ ⟩: klauen

le piquet: Hering

la piquette ⟨ ⟩: saurer Wein

pire: schlimmer

pis ⟨ ⟩: Kurzform von puis: dann, darauf

pisse-en-l'air ⟨ ⟩: Bogenpisser

le pissenlit: Löwenzahn

la piste: Tanzfläche, Spur

le pisteur: Pistenpräparierer

avoir pitié: Mitleid haben

le placard ⟨ ⟩: Knast

le placement: Geldanlage

ne pas en placer une ⟨ ⟩: nichts sagen können

plaisanter: sich über jemanden lustig machen, scherzen

le plaisantin ⟨ ⟩: Spaßvogel

plaquer quelqu'un ⟨ ⟩: mit jemandem Schluß machen

le plan américain: amerikanische Nacht (filmische Technik der Nachtaufnahme)

la planche à voile: Surfbrett

planer: schweben

planifié: programmiert

se planquer ⟨ ⟩: sich verstecken

se planter ⟨ ⟩: Mißerfolg haben

les plaquettes: Bremsbeläge

faire le plein: volltanken

la pléthore: Überfluß

pleuvoir des cordes ⟨ ⟩: in Strömen gießen

le plombier: Klempner

la plongée: Tauchen

le plumet: Hutfeder

la pochette surprise: Wundertüte

le pognon ⟨ ⟩: Zaster

à poil ⟨ ⟩: nackt

être de mauvais poil ⟨ ⟩: schlecht gelaunt sein

un point c'est tout: das ist alles

à la pointe du progrès: an der Spitze des Fortschritts

pointer: Stechuhr stechen

à petits pois: getüpfelt

la poisse ⟨ ⟩: Pech

le polar ⟨ ⟩: Krimi

le politicard ⟨ ⟩: Politikheinis

polluant: umweltverschmutzend

la pollution: Umweltverschmutzung

le porte-parole: Sprecher

à la portée de tous: für jeden erreichbar

à portée de la main: in Reichweite

porter atteinte à: eingreifen in

la pose: Installation

poser un lapin ⟨ ⟩: einen Korb geben

le pot d'échappement: Auspuff

pas de pot ⟨ ⟩: kein Glück

le pote ⟨ ⟩: Kumpel

le potier: Töpfer

le potin: Klatsch

pourri: faul

pourvu de: versehen mit

pourvu que ça dure: hoffentlich bleibt es so

pousser: drängen

pousser au cul ⟨!⟩: anschubsen

la poutre: Balken

le pouvoir d'achat: Kaufkraft

pratiquant: fromm

le précipice: Abgrund

le préjugé: Vorurteil

le prélèvement d'impôts: Steuererhebung

prendre l'air: frische Luft schnappen

prendre son courage à deux mains: seinen ganzen Mut zusammennehmen

prendre une cuite ⟨ ⟩: sich besaufen

prendre sur la figure ⟨ ⟩: was einfangen

prendre son pied ⟨ ⟩: sich seinen Spaß holen

en s'y prenant bien: wenn man es richtig macht

prendre soin de: achten auf

ne pas s'y prêter: nicht dafür geschaffen sein

le prieuré: Kloster

très pris: sehr beansprucht

les primeurs: Frühobst, -gemüse

la prise de conscience: Bewußtwerdung

le prisonnier: Gefangener

les problèmes relationnels: Beziehungsprobleme

les problèmes sentimentaux: Beziehungsprobleme

le procès-verbal: Protokoll

se procurer: beschaffen

les produits maraîchers: Gemüse

la profession libérale: freier Beruf

la progéniture: Nachkommenschaft

la programmation: Programmieren

les projecteurs clignotants: Lightshow

la prolifération: Ausbreitung

promettre la lune ⟨ ⟩: das Blaue vom Himmel versprechen

ça promet! ⟨ ⟩: da kommt was auf uns zu

le promoteur: Bauherr

le pronostic: Tip

prospecter: werben

la prouesse: Spitzenleistung

la province: alles, was nicht Paris ist

le provincial: Nicht-Pariser

le proviseur: Rektor

pu ⟨ ⟩: Kurzform von plus

la pub: Kurzform von publicité: Werbung

les pucerons: Blattläuse

puer ⟨ ⟩: stinken

puiser confiance: Selbstvertrauen schöpfen

putain ⟨!⟩: Hure, auch: verdammt noch mal

la pute ⟨!⟩: Nutte

la quarantaine: um die vierzig
pas question: kommt nicht in Frage
ne quittez pas!: bleiben Sie dran!
  (Telefon)

raboter: hobeln
la racaille: Gesindel
radin ⟨ ⟩: geizig
une radio-K7: Kassettenrecorder
le ralentissement: Behinderung
sale râleur ⟨ ⟩: Meckerer
se faire ramasser ⟨ ⟩: erwischt
  werden
ramassé: aufgelesen
la rançon du succès: Preis des
  Erfolgs
la randonnée: Wanderung
en rangs d'oignons: dicht nebeneinander aufgereiht
se rappliquer ⟨ ⟩: auftauchen
en avoir ras-le-bol: es satt haben
quel rasoir! ⟨ ⟩: Nervensäge
le rassemblement: Versammlung
ne pas être rassuré: ein bißchen
  Angst haben
le rateau: Rechen
rater le virage: aus der Kurve fliegen
ravissant: hinreißend
se ravitailler ⟨ ⟩: sich stärken
à rayures: gestreift
réaugmenter: teurer werden
recéler: bergen
se réclamer de: sich berufen auf
reclasser: umschulen
récolter: ernten
la réconciliation: Versöhnung
reconduire quelqu'un: jemanden
  zurückbringen
récupérer: wiedernehmen
l'usine de recyclage de déchets:
  Wiederaufbereitungsanlage

la redevance: Gebühr
réduire les délais: die Fristen abkürzen
le réfugié: Flüchtling
ça ne vous regarde pas: das geht
  Sie nichts an
le réglisse-disque: Lakritzspirale
le règne animal: Tierreich
régresser: zurückgehen
relever de: zurückführen auf
relier: verbinden
remettre en question: in Frage stellen
ça te remettra: das wird dir guttun
remodeler: die Figur verbessern
le remontant: Stärkungsmittel
remonter la pente: wieder auf die
  Beine kommen
vous vous rendez compte!: stellen
  Sie sich mal vor!
renier: verleugnen
renouer avec la tradition: an die
  Tradition anknüpfen
le renouveau: Erneuerung
rentrer dedans: reinfahren
se rentrer dedans: zusammenstoßen
rentre-lui dedans ⟨!⟩: gib's ihm!
repérer ⟨ ⟩: erkennen
se replier: sich zurückziehen
reprendre l'avantage: die Oberhand gewinnen
le représentant local: örtlicher
  Amtsträger
réprimer: zurückhalten
RER: S-Bahn
le réseau câblé: Kabelnetz
le resquilleur ⟨ ⟩: Schwarzfahrer,
  Schwarzseher
ressentir: empfinden
rester dans le flou: unbestimmt bleiben
rester au pays: in der Heimatregion
  bleiben
il en reste quelque chose: es bleibt
  was übrig
resto ⟨ ⟩: Kurzform von restaurant
le resto U: Mensa

réticent: zurückhaltend
se retirer: sich zurückziehen
les retombées nucléaires: radioaktive Niederschläge
la retraite: Rente
les retrouvailles: großes Wiedersehen
se retrouver à la porte: auf der Straße stehen
en revenant: auf dem Rückweg
le revendeur à la sauvette: Schwarzverkäufer
la revendication: Forderung
revendiquer: fordern
revenir à ses moutons: wieder zur Sache kommen
le réverbère: Straßenlaterne
réviser: lernen
de rien: keine Ursache
rigoler ⟨ ⟩: scherzen
rigolo ⟨ ⟩: lustig
rincer: spülen
ringard ⟨ ⟩: nicht mehr «in»
à la rigueur: eventuell
pour rire: nicht ernst gemeint
tu veux rire! ⟨ ⟩: das ist doch nicht dein Ernst!
les ronds ⟨ ⟩: Geld
être rond ⟨ ⟩: betrunken sein
roter: rülpsen
la roue de charrette: Karrenrad
la roue de secours: Reserverad
bien roulée ⟨ ⟩: gut gebaut (als Frau)
rouspéter ⟨ ⟩: schimpfen
le routier: Fernfahrer
la rupture: Trennung

S

sacré: heilig
le salariat: Lohnarbeit
le salarié agricole: Landarbeiter
salaud ⟨!⟩: Drecksau
la saleté: Dreck
salope ⟨!⟩: Drecksau
la salopette: Latzhose
les santiags: Cowboy-Stiefel

saoûl ⟨ ⟩: besoffen
se saouler ⟨ ⟩: sich besaufen
vachement sapé ⟨ ⟩: unheimlich elegant
saturé: überfüllt
être saturé: es satt haben
sauter: explodieren
et que ça saute! ⟨ ⟩: aber schnell
savourer: genießen
la séance de bronzage: Bräunung
la séance individuelle: Einzelsitzung
la scène de ménage: Ehestreit
être à sec ⟨ ⟩: blank sein
le sécateur: Gartenschere
le séchoir à cheveux: Fön
le secouriste: Sanitäter
la Sécurité sociale: Sozialversicherung
séduire: verführen
séduisant: charmant
au sein de: innerhalb
la semence: Samen
la sensation: Empfindung
sensationnel: toll
le sentier: Pfad
se sentir mal à l'aise: sich unwohl fühlen
serein: ausgeglichen
la sérénité: innerer Friede
le service routier: Straßendienst
la serviette hygiénique: Monatsbinde
le score: Spielstand
la silhouette élancée: schlanke Figur
la similitude: Ähnlichkeit
sinon: sonst
du simple au double: doppelt soviel
le site: Ort
la situation de famille: Familienstand
le ski de fond: Langlaufski
le slogan: Parole
snobinard ⟨ ⟩: snobistisch
SMIC: gesetzlich garantierter Mindestlohn

la société d'abondance: Überfluß-
gesellschaft
la société de consommation: Konsumgesellschaft
le soixante-huitard: der 68er
solitaire: einsam
un petit somme: Nickerchen
des sommes folles: wahnsinnige
Summe
somptueux: prächtig
la sono: Anlage (Musik)
s'en sortir: davonkommen
les sous ⟨ ⟩**:** Geld
souffler: verschnaufen
souffrant: krank
le souk: arabischer Markt
soulager: erleichtern
le sourcil: Augenbraue
le squatter: Hausbesetzer
le stage: Workshop
le standard: Telefonzentrale
le standing: Komfort
la station d'hiver: Winterurlaubsort
la station thermale: Kurort
le stationnement interdit: Parkverbot
la stupéfaction: Erstaunen
subsister: weiterbestehen
la sucette: Lutscher
se sucrer ⟨ ⟩**:** mehr nehmen als
einem zusteht
suivi: regelmäßig
suivre avec bienveillance: mit
Wohlwollen verfolgen
le summum: Inbegriff
superbe: herrlich
superflu: überflüssig
supprimer: abschaffen
sûr de soi: selbstsicher
le surgénérateur: Schnellbrüter
surmené: überarbeitet
pas surprenant: kein Wunder
le sursaut de joie: Aufschrei der
Freude
le suspect: Verdächtiger
sympa ⟨ ⟩**:** Kurzform von sympathique: sympathisch
le syndicat: Gewerkschaft

les synthés: Synthezisor
le système clos: geschlossenes
System

T

tabasser ⟨ ⟩**:** zusammenschlagen
la tache de rousseur: Sommersprossen
la taille au-dessous: eine Nummer
kleiner
tandis que: während
tant que: solange
en tant que: als
tant pis!: kann man nichts machen!
le tapage nocturne: nächtliche
Ruhestörung
taper ⟨ ⟩**:** hauen
la tare: Plage
le tas: die Menge
un tas de possibilités: ein Haufen
von Möglichkeiten
le taulard ⟨ ⟩**:** Knacki
teint: gefärbt
la trentaine: um die dreißig
la télé ⟨ ⟩**:** Kurzform von télévision:
Fernsehen
la télématique: Bildschirmtext,
Datenverarbeitung
témoigner de: dokumentieren
un temps de saison: Frühlingswetter, Sommerwetter, je nachdem
les tennis: Turnschuhe
la tension: Spannung
la tentation: Verlockung
tenter: versuchen
la tenue vestimentaire: Kleidung
le terminal: Terminal
le terrain vague: Brachgelände
terrible ⟨ ⟩**:** toll
ça va pas la tête ⟨ ⟩**:** sie haben eine
Macke
en avoir par-dessus la tête: es satt
haben
se casser la tête ⟨ ⟩**:** sich den Kopf
zerbrechen
le Teuton ⟨ ⟩**:** Deutscher

la thérapie comportementale: Verhaltenstherapie

avoir le ticket pour quelqu'un ⟨ ⟩: auf jemanden abfahren

tiens: zum Beispiel, da hast du's, ach sieh mal

le tiercé: Pferderennen

le tiers provisionnel: Steuervorauszahlung (ein Drittel der geschätzten Jahressteuerschuld)

le tilleul: Lindenblüte

le tirage: Auflage

se tirer ⟨ ⟩: abhauen

tirer à gauche: nach links ziehen

tiré à quatre épingles: sehr elegant

tirer dans le tas: in die Menge schießen

la tisane: Kräutertee

au même titre que: wie

à juste titre: mit Recht

le toit de chaume: Strohdach

tomber amoureux de: sich verlieben in

tomber à pic: gerade richtig kommen

tomber enceinte: schwanger werden

tomber sur ⟨ ⟩: stoßen auf

j'en suis tombé sur le cul ⟨!⟩: es hat mich umgehauen

tonifier: kräftigen

faire des tonneaux: sich überschlagen

toper: einschlagen

le topinambour: Erdapfel

le torchon ⟨ ⟩: Dreckblatt

le torse-nu: nackter Oberkörper

touchons du bois ⟨ ⟩: toi, toi, toi

la tournée: Runde

le tourne-vis: Schraubenzieher

Monsieur Tout-le-monde: Herr Jedermann

le toxicomane: Drogenabhängiger

tracasser: Sorgen verursachen

le tract: Flugblatt

la traction électrique: elektrischer Antrieb

traduire: ausdrücken

à ce train-là: bei dem Tempo

traînasser ⟨ ⟩: sich herumtreiben

traîner ⟨ ⟩: rumhängen, rumlungern

traire: melken

la traite: Rate

transmettre: weiterleiten

le mode de transport: Verkehrsmittel

traquer: verfolgen

le travail en équipe: Teamarbeit

le travail au noir: Schwarzarbeit

la trayeuse: Milchmaschine

trempé jusqu'aux os: bis auf die Haut durchgenäßt

trépidant: lebhaft

la tresse: Zopf

se trimballer ⟨ ⟩: herumlaufen

trinquer ⟨ ⟩: ausbaden, anstoßen

le trognon: Kerngehäuse

tromper: untreu sein

le troquet ⟨ ⟩: Kneipe

le troupeau ovin-caprin: Schaf- und Ziegenherde

y trouver son compte: auf seine Kosten kommen

le truc ⟨ ⟩: Ding

le tube: Hits

U

UNEF: studentische Gewerkschaft

l'utopie rustique: Utopie des Landlebens

V

vachement ⟨ ⟩: unheimlich, wahnsinnig

quelle vacherie ⟨!⟩: was für eine Sauerei

vain: vergeblich

vallonné: hügelig

la valse-musette: traditioneller Walzer

valorisant: gut fürs Selbstwertgefühl

ça vaut le coup ⟨ ⟩: es lohnt sich
il vaut mieux: es ist besser
ça vaut la peine: es lohnt sich
avoir de la veine ⟨ ⟩: Schwein haben
le velouté: eine Art Suppe
la verveine: Eisenkraut
un verre de rouge: Glas Rotwein
la vidange: Ölwechsel
le vidéotex: Videotext
la vieille fille: alte Jungfer
vierge: Jungfrau
vieux jeu: altmodisch
violer: vergewaltigen
le visiophone: Bildtelefon
le viticulteur: Winzer
vivement ton appel!: hoffentlich rufst du bald an!
le vœu: Wunsch
le voilier: Segelboot
voir trente-six chandelles ⟨ ⟩: Sternchen sehen

voir les choses en rose: die Dinge rosig sehen
la volaille: Geflügel
le voyou: Strolch

le water ⟨ ⟩: Toilette

y a ⟨ ⟩: Kurzform von il y a: es gibt

la zézette ⟨ ⟩: Möse
les zippies ⟨ ⟩: Hippies
le zizi ⟨ ⟩: Pimmel
la zone ⟨ ⟩: Arbeitervorort
la ZUP: Siedlung ohne Infrastruktur
zut ⟨ ⟩: verflixt

KURZFORMEN

l'apéro ⟨ ⟩: apéritif
ben ⟨ ⟩: bien
le bac ⟨ ⟩: baccalauréat: Abitur
le calva ⟨ ⟩: Calvados
chais pas ⟨ ⟩: je ne sais pas
chuis ⟨ ⟩: je suis
le ciné ⟨ ⟩: cinéma
dégueu ⟨!⟩: dégueulasse: zum Kotzen
la dissert ⟨ ⟩: dissertation: Aufsatz
extra ⟨ ⟩: extraordinaire: super
le frigo ⟨ ⟩: frigidaire: Kühlschrank
la fac ⟨ ⟩: faculté
la gym ⟨ ⟩: gymnastique
i ⟨ ⟩: ils

K 7 ⟨ ⟩: cassette
ouais ⟨ ⟩: oui
pa ⟨ ⟩: papa
pis ⟨ ⟩: puis: dann
pu ⟨ ⟩: plus
pub ⟨ ⟩: publicité: Werbung
rens. et doc. ⟨ ⟩: renseignements et documentation: Auskunft und Material
resto ⟨ ⟩: restaurant
resto U ⟨ ⟩: restaurant universitaire: Mensa
sympa ⟨ ⟩: sympathique
la télé ⟨ ⟩: télévision: Fernsehen
y a ⟨ ⟩: il y a: es gibt

ABKÜRZUNGEN

A.N.P.E.: agence nationale pour l'emploi: Arbeitsamt

B.D.: bande dessinée: Comics

CAP: certificat d'aptitude professionelle: Abschlußzeugnis einer Berufsschule

CFDT: confédération française et démocratique du travail: sozialistische Gewerkschaft

CGT: confédération générale du travail: kommunistische Gewerkschaft

CODENE: comité pour le désarmement nucléaire en Europe: Organisation der Friedensbewegung

FEN: fédération de l'Education nationale: Lehrergewerkschaft

FNAC: Buch- und Schallplattenkette in den Großstädten

FO: force ouvrière: konservative Gewerkschaft

HLM: habitation à loyer modéré: Sozialwohnung

I.V.G.: interruption volontaire de grossesse: Abtreibung

MJCF: mouvement des jeunes communistes de France: kommunistische Jugendorganisation

MLF: mouvement de libération de la femme: Frauenorganisation

P.M.E.: petites et moyennes entreprises: Kleinunternehmer

P.S.U.: parti socialiste unifié: Splittergruppe der Sozialisten

R.E.R.: S-Bahn

SMIC: salaire minimum interprofessionnel de croissance: gesetzlich garantierter Mindestlohn

UNEF: union nationale des étudiants français: studentische Gewerkschaft

ZUP: zone à urbaniser en priorité: Siedlung ohne Infrastruktur

Die Bildermacher

Die Toncassette zum Buch

« Französisch im Alltag »

Zu diesem Sprachbuch haben wir eine 1 1/2-stündige Ton-Cassette hergestellt. Viele der Dialoge und Alltags-Szenen aus dem Buch haben Franzosen und Französinnen als Kurz-Hörspiele vertont.

Hier ist lebensnah zu hören und zu üben, wie Franzosen sich in der Kneipe, auf dem Markt, in der Disko, auf der Straße, beim Streiten oder beim Flirten unterhalten. Ein genauer Fahrplan durch die Cassette und Vokabelhilfen für weitere Begriffe und Redewendungen sind in einem kurzen Begleittext abgedruckt.

Falls im örtlichen Buchhandel nicht erhältlich, kann diese Cassette für **14,80 DM** (+ 3,50 DM Versandkosten, per Scheck oder Überweisung auf Post-scheckkonto 45544-609 PSA Ffm) auch direkt bei Network bestellt werden.

Kostenloser Prospekt mit weiteren 40 Network-Produktionen liegt der Bestellung bei oder kann auch separat mit Postkarte angefordert werden. Auf Wiederhören!

**Network
Medien-Cooperative
Verlag & Medien-
Service
Hallgartenstr. 69
6 Frankfurt 60
Tel.: 06 11/45 17 37**

A·N·D·E·R·S · R·E·I·S·E·N

1089/7a–b

sachbuch
rororo

Die anderen Reisebücher.
Zum Lesen in der Geschichte.
Zum Lernen für eine neue Kultur.
Zum Spaßhaben in der Wirklichkeit.

panther

Zur Sache

Armanski, Gerhard
Junge, komm bald wieder
Von der Bundeswehr
5233

Arz, Astrid/
Kloos, Barbara-Maria
Mund auf, Augen zu
Essen zwischen Lust
und Sucht
5076

Bongartz, Dieter/
Goeb, Alexander
Das Drogenbuch
4690

Irrwege
Ein Psychiatrie-Buch
4867

Cousins, Jane
Make it happy
Das Buch über Liebe,
Lust und Sexualität
für Anfänger, Ratlose,
Draufgänger
4495

Grossmann, Thomas
schwul – na und?
4866

Grupp, Michael
Umschalten
Energiefibel
Anders leben 1
4457

Kraushaar, Elmar
Rote Lippen
Die ganze Welt des
deutschen Schlagers
5087

Michelsen, Jens
**Der Himmel wird
instandbesetzt**
Aufbruch in der Kirche
5050

Penth, Boris/
Franzen, Günter
Last Exit
Punk: Leben im toten
Herz der Städte
4880

Rollin, Marion/
Krey, Michael
Dach überm Kopf
Vom Wohnen – Berichte,
Tips, Erfahrungen – 4691

Vogt-Hägerbäumer,
Barbara
**Ein bißchen schwanger
gibt es nicht**
Das Buch zum
Thema Abtreibung
4969

Züfle, Manfred/
Jürgmeier
Paranoia City
oder Zürich ist überall
4979

Herausgegeben
von
Jutta
Lieck

rororo

panther

Literatur zur Sache

Anders, Knut
Auf zu neuen Ufern
Eine Arbeitslosgeh-
geschichte
4960

Eppendorfer, Hans
Barmbeker Kuß
Szenen aus
dem Knast
4667

Fröhlich, Roswitha
**Ich konnte einfach
nichts sagen**
Tagebuch einer
Kriegsgefangenen
4470

Goeb, Alexander
**Er war sechzehn,
als man ihn hängte**
Das kurze Leben des
Widerstandskämpfers
Bartholomäus Schink
4768

Göhre, Frank
Im Palast der Träume
Kinogeschichten
5190

Kahl, Reinhard
Schule über leben
Handbuch für
Unbelehrbare
5234

Kirchner, Wolfgang
**„Denken heißt zum
Teufel beten"**
Roman über eine
Jugendsekte
4582

Marcus, Maria
Das Himmelbett
Geschichten über
Liebe, Lust und
Sexualität
4906

Martin, Hansjörg
Frust
Schule lebens-
länglich . . . ?
4990

Der Verweigerer
4508

Tondern, Harald
**Colombian
Connecton**
Drogenkrimi
4455

Wochele, Rainer
Absprung
Geschichte
eines Entzugs
4819

Herausgegeben
von
Jutta
Lieck

rororo

1075/8 a

Anthologien

ro ro ro